KB122414

신라 상·중대 중앙행정제도 발달사

신라 상·중대 중앙행정제도 발달사

정 덕 기 지음

혜안

책을 펴내며

이 글은 2019년에 제출한 필자의 박사학위논문(「新羅 上·中代 中央行政制度 硏究」)를 수정·보완한 것이다. 석사학위논문을 2009년에 제출했으므로, 박사학위논문을 쓰기까지 10년이 걸린 셈이다. 책을 펴내며 옛 기억을 들추니, 글마다 부은 열정이 바람에 스치는 듯하다. '벼슬'을 많이 알면 자료를 잘 읽을 듯해 시작한 공부가 꼬리를 물더니, 평생을 해도 다 못할 학업으로 남았다. 공부하는 과정은 전쟁 같았지만, 남은 일이 더 많아서 좋은 듯하다.

이 글은 신라 상대~중대에 자국 전통과 경험을 쇄신·개선하고, 타국의 사례를 참고한 '天下化·世界化'를 진행하면서, 자국의 국가운영체제를 만들어갔던 과정을 다루고 있다. 오늘날 주요한 화두 중 하나는 자국 문화를 세계적 문화로 발달시키는 '방법'일 듯하다. 필자가 살아갈 한국이 나갈 길은 선진 문물의 수용과 변형일까? 자국 전통과 경험의 개선과 쇄신일까? 이 글을 쓰며 가장 많이 물어본 질문이었다.

東夷 세계에서 가장 후진적인 신라는 고구려·백제와 자웅을 다투었고, 중대 초에 삼국을 통일하였다. 신라가 삼국 항쟁에서 생존하고 통일을 전망하려면 국가체제와 운영방식의 질적 발전을 도모해야 하였다. 이 과정에서 작동한 정책적 기조는 자국 전통과 경험의 개선과

쇄신, 즉 '동이 전통(夷)을 바탕으로 외래적 요소(唐)를 참고하는 것(相雜)'이다. 통일신라체제가 당제와 비슷한 부분이 있지만, 당제만으로 이해할 수 없는 부분이 많은 것은 신라의 제도 정비에 '이·당 상잡'이 정책적 기조로 녹아있기 때문이다. 이상을 논증하고자, 필자는 신라 고유 관청인 '典', 監典(감이 장관인 전)의 재편'을 설명하고, 중대 중앙행정제도의 주요 6관직체계 및 定員 구조를 분석하였다. 이를 통해 필자는 신라 중대의 중앙행정제도가 '피라미드 구조'가 아닌 '두 개의 허리 구조'로 구축되었고, 이 구조는 상고기의 관청 운영 경험을 '아래에서 위로·소규모에서 대규모로'의 방향성 아래 재편하며 나타났다고 이해하였다. 필자는 이를 당 '상서 6부'의 형성과정과 비교하여, 한·중 양국이 선택한 '天下國家의 행정체제'가 통일신라체제·당제라고 평가하였다. 이 글은 이러한 고민을 담아 지었지만, 남은 고민이 더 많은 것 같다.

이 글을 지으면서 선학에 대한 예를 갖추지 못한 부분이 있다면, 이것은 모두 필자의 탓이다. 책을 내기에 갈 길이 멀지만, 지금까지의 연구를 거칠게 정리하고 한 발짝 더 나아가기 위한 중간 점검으로 생각하려고 한다.

이 글이 나오기까지 많은 분들의 도움을 받았다. 가장 먼저 학부 과정부터 학문의 길로 끌어주시고, 석사·박사과정을 지도해주셨던 이인재 선생님께 필설로 형용할 수 없는 감사를 드린다. 동양사와 사료 공부의 중요성을 알려 주셨던 지배선 선생님, 항상 묵묵한 공부를 강조하셨던 오영교 선생님, 대학원 생활을 넉넉히 배려해주신 왕현종 선생님께도 고개 숙여 감사드린다. 많이 모자랐던 필자의 글을 꼼꼼히 읽어주시며 심사를 정성껏 맡아주셨던 서의식 선생님과 전덕재 선생님을 비롯한 심사위원 선생님들께 어떻게 감사를 드려야 마땅한지 모르겠다. 심사위원 선생님들의 노고가 없었다면 이 책은 나오지 않았을 것이다. 4서 3경을 통해 문헌학의 기초인 한학을 지도해주셨던 지두환, 이석형, 양일모 선생님께도 깊은 감사를 드린다. 한국고등교육재단에서 세 분 선생님과의 인연을 엮어주지 않았다면, 이 글을 쓰기는 쉽지 않았을 것이다. 험난한 학위과정에 웃고 울어주던 대학원 사람들과 젊은 학자의 치기를 받아 주셨던 선생님들께는 더 좋은 글로 찾아뵙겠다는 말만 올릴 뿐이다.

출판 여건이 어렵지만, 이 글의 출판에 선뜻 나서주셨던 혜안출판사 관계자 여러분께 머리 숙여 감사의 말씀을 올리려 한다. 무엇보다

가방끈만 길어지는 아들의 공부를 애타는 마음으로 바라보시던 어머님과 늘 형의 편을 들어주던 동생에게 감사할 따름이다.

2021년 7월

緣好堂에서

차 례

책을 펴내며 5

표·그림 차례 11

1장 서론 13

　1. 연구 목적 및 연구사 검토 ·· 13

　2. 문제 제기와 대안 ··· 31

2장 上·中代 典·部의 정비 41

　1. 典의 再整備와 東市典 ··· 46

　　1) 有司·所司의 용례분석과 監典 ··· 46

　　2) 東市典의 성립과정과 조직체계 ··· 62

　2. 部의 성립과 兵部의 整備 ·· 73

　　1) 將軍의 제도화와 兵部의 成立 ··· 73

　　2) 兵部의 조직 정비와 병마 행정의 변화 ······································ 91

3장 中代 주요 6관직의 相當位體系와 그 행정적 의미 107

　1. 職官 上의 相當位體系 ··· 113

　　1) 相當位의 자료적 보완 ·· 113

　　2) 주요 6관직의 相當位體系 ··· 124

　　2. 주요 6관직의 행정적 역할과 관직 분화양상 ································ 135

4장 中代 중앙행정제도의 정원 구조와 그 原形　165

　　1. 定員의 계량화와 두 개의 허리 구조 ································· 175
　　　　1) 定員의 자료적 보완과 정원통계의 정리 ················· 175
　　　　2) 중앙행정관직의 정원과 두 개의 허리 구조 ················· 204

　　2. 관청의 구성 원리와 중앙관청 조직의 原形 ····················· 209
　　　　1) 관청의 계통별 등급분류와 기본 조직 ····················· 209
　　　　2) 관청 조직의 原形과 構成 原理의 함의 ····················· 229

5장 결론　271

　참고문헌　289
　출전　297
　찾아보기　299

〈표-1〉 部·府의 5등 관직과 골품 신분·공복·상당위의 관계 ················ 28
〈표-2〉 장관의 관직명을 통한 19典의 분류 ···························· 61
〈표-3〉 東市典의 조직체계 ······································· 70
〈표-4〉 監이나 監의 동급관직이 설치된 관청의 조직 ···················· 72
〈표-5〉 상고기 軍事·內外兵馬事·兵馬事를 담당한 관인 일람 ·············· 75
〈표-6〉 이사금시기 대외전쟁의 수행자 일람 ························· 78
〈표-7〉 이사금시기 대외전쟁의 수행자 유형 ························· 79
〈표-8〉 마립간시기~병부성립 이전 본기의 축성기사 일람 ················ 86
〈표-9〉 병부의 정비과정과 시기별 운영 ··························· 95
〈표-10〉 선행연구에서 지적된 卿의 상당위·골품신분·복색규정 ············ 110
〈표-11〉 좌우이방부·좌우사록관의 조직 ························· 116
〈표-12〉 사천왕사성전 이하 5개 寺成典의 조직 ····················· 124
〈표-13〉 상당위의 유형과 유형별 사례 및 대표관직명 일람 ·············· 125
〈표-14〉 卿 중 경과 상당의 사례 비교 ··························· 129
〈표-15〉 4개 사성전 적위의 연혁 ······························· 133
〈표-16〉 주요 6관직과 상당위 및 공복 ·························· 136
〈표-17〉 간접서술방식이 활용된 卿의 상당위 ······················ 143
〈표-18〉 舍知·舍知 동급관직의 경덕왕대 개칭명 일람 ················· 154
〈표-19〉 동시전·병부의 조직과 주요 6관직의 관계 ··················· 162
〈표-20〉 직관 上의 관직 서술 구조와 倉部의 사례 ··················· 176
〈표-21〉 직관 上의 분주와 유형 일람 ··························· 180
〈표-22〉 六部少監典의 조직 ····································· 194
〈표-23〉 44개 중앙관청의 관직·관원편성 일람 (1) ··················· 197
〈표-24〉 주요 6관직과 기타 관직의 1관직 당 평균 정원 ··············· 200
〈표-25〉 44개 중앙관청의 관직·관원편성 일람 (2) ··················· 202
〈표-26〉 산술 규모별 관청 분류 ······························· 211
〈표-27〉 본기의 정원단위 ······································· 218

〈표-28〉 44관청의 계통과 등급별 분류 ·· 222
〈표-29〉 일반관청 계통의 령급 관청(部·府) 조직체계 일람 ············· 230
〈표-30〉 일반관청 계통의 경급 관청 조직체계 일람 ·························· 233
〈표-31〉 일반관청 계통의 감급·대사급 관청 조직체계 일람 ·········· 238
〈표-32〉 일반관청 계통에 소속된 29개 관청 조직의 구성 원리 ········ 240
〈표-33〉 '屬司 署'의 각급별 분류 ·· 242
〈표-34〉 예부와 예부 屬司의 관청 조직 구성 원리 ························· 243
〈표-35〉 성전의 조직체계 일람 ·· 244
〈표-36〉 성전 조직의 구성 원리 ·· 250
〈표-37〉 육부 사무 관계 관청 일람 ·· 252
〈표-38〉 각급별 육부 사무 관계 관청의 평균 정원과 조직 구성 원리 ··············· 254

〈그림-1〉 신라 중앙행정관직의 정원과 '두 개의 허리 구조' ···················· 205
〈그림-2〉 '두 개의 허리 구조'와 '첫 번째 허리'의 발생과정 모식 ·················· 260

1장

서론

1. 연구 목적 및 연구사 검토

동이 세계의 상대적 후발주자인 신라는 주변 小國 및 고대 집권국가 간 항쟁을 거쳐 성장하였고, 7세기에 고구려·백제를 멸망시키면서 통일을 달성하였다. 신라는 국가의 양적 확대에 따라 확장된 세계관의 변화를 국가체제에 계속 반영하고, 거듭된 국가체제 재편을 통해 국가 운영의 효율성을 높이면서 고구려·백제를 추월하였다. 이것은 신라의 중앙행정제도에 반영되었다. 따라서 신라 중앙행정제도에 대한 연구 는 '한국적 세계화의 原形'을 고찰할 수 있다는 점에서 중요하다.

이것은 『삼국사기』 찬자들의 신라 관제 인식에서도 볼 수 있다. 『삼국사기』 찬자들은 3권의 직관지를 갖춰 신라 一代의 제도를 서술하 고, 職官 上의 서문에서 신라 관제의 성격·특징을 '唐·夷相雜', 즉 중국적· 외래적 요소(唐)와 동이적·전통적 요소(夷)가 섞였다고 총평하였다. 직관지 찬자에게 당의 관호는 기원·업무·정원·존비·대우 등을 알 만한 것(其義若可考)이나, 신라 관호는 유래·의미를 알 수 없는 것(不知所以言

之之義)이었다. 이것은 세월이 오래되고 文記의 결락이 많기 때문인데, 고려 인종 23년(1145)경에 알 만한 것을 채록하였더니 '唐·夷가 서로 섞였다(相雜)'라고 한 것이다.

고려 지식인들이 신라 관제를 '당·이 상잡'으로 총평할 수 있었던 것은 신라사의 전개 과정에 그처럼 평가할 만한 정책적 기조·현상이 있기 때문이다. 삼국통일전쟁 전후한 한·중 양국은 天下體制의 변동을 겪으면서 天下化를 진행하였다.[1] 이 흐름에 신라도 적극 대응하며 후대에 '당·이 상잡'으로 평가되는 정책적 기조를 수립하고, 기조에 부합하는 정책을 시행하였다. 이로 인해 '京外·外外·上下의 相雜'으로 평가할 수 있는 현상이 나타났고, 당제의 활용 정도에 대한 논쟁과 후삼국의 혼란이 전개되었다. 후삼국 극복과정에서 제시된 국가통치 원칙의 대강이 고려 태조의 "殊邦異土, 不必苟同"이며, 殊邦異土論의 원류는 신라의 '당·이 상잡'에서 찾을 수 있다.[2]

이 점에서 12세기 중반 『삼국사기』 찬자들의 신라 관제에 대한 총평은 간결하나 유의미하다. 唐制와 夷制에 대한 인식·전거의 부족은 차치

---

1) 김용섭, 『東 아시아 역사 속의 한국문명의 전환』, 지식산업사, 2008, 137~139쪽. 이 글에서 '천하화'란 현대의 세계화와 유사한 의미이며, 전근대사회에서 자의든 타의든 동아시아 문명을 보편적·세계적 문명으로 인정·수용해 '천하체제'에 편입하는 과정을 말한다(김용섭, 위의 책, 2008, 20쪽). 세계 문명을 자국에 수용하거나, 세계체제 속에 자국 문명을 자리매김하는 것도 세계화·천하화 형태의 하나이다. 본서에서는 자국사의 전개 과정에서 자국 전통을 기초로 세계적 보편성을 구축·획득하는 과정을 세계화·천하화로 규정한다.

2) 이인재, 「나말여초의 사회변동과 후삼국」, 『한국중세연구』 10, 2010 / 이인재, 『북원경과 남한강 불교문화』, 혜안, 2016, 119~135쪽. 이 글에서 활용된 '당·이 상잡'의 개념과 사례에 대해서는 '丁德氣, 「신라 중고기 중앙행정체계 연구」, 연세대학교 대학원 석사학위논문, 2009 ; 丁德氣, 「신라 중앙행정관직의 재검토 -『삼국사기』직관 上의 주요 6개 대표 관직을 중심으로-」, 『新羅史學報』 21, 2011'을 참고.

14

해도, 신라의 국가체제에 외래적·전통적 요소의 섞임을 지목했고, 현대 직관지 연구의 시각과도 상통하기 때문이다.[3] 六典體制로 운영되는 고려에서 삶을 영위하였던 『삼국사기』 찬자들이 현대의 연구자들보다 六典에 대한 이해도가 높았을 것임은 당연하다. 그럼에도 전술한 총평이 나타난 것은 전통 요소를 기반으로 외래 요소를 참용하고자한 신라인의 고민이 신라의 국가체제 속에 성공적으로 구현되었음을 의미하기 때문이다.

본서의 목적은 이상의 문제를 중심으로 신라 중앙행정제도의 운영양상과 발달과정을 살피는 것이다. 이 목적을 효율적으로 달성하려면, 중앙행정제도 정비의 실질적 시작지점과 완성지점의 운영양상을 분석하고, 양자를 계통적으로 연결하여 완성지점의 原形을 규명하는 작업이 필요하다. 본서에서 다루고자 하는 동시전·병부에 대한 분석은 중앙행정제도 정비가 실질적으로 시작되는 지점의 운영양상을 정리한 것이다. 중대 말 주요 6관직의 체계·관직 분화양상·정원 구조의 분석은 신라 중앙행정제도 완성지점의 운영양상과 시작·완성지점의 계통 관계를 정리한 것이다. 이러한 작업을 수행하면 신라 上·中代 중앙행정제도의 계승 관계와 신라 중앙행정제도의 通史的·斷代史的 함의를 규명할 수 있다고 기대한다.

신라의 중앙행정제도가 직관 上의 형태로 재편이 두드러지는 시점은 上古期 말·中古期 초이다. 직관 上·新羅本紀('新羅本紀'는 이하 '본기')에서 설치 시점을 전하는 官廳[4] 중 가장 빠른 것은 智證王 9년(508)의 東市典

---

3) 주보돈은 신라의 정치체제가 상대등·시중 등 관직이나 관부의 명칭 등으로 미루어 전통적 요소를 기본으로 하면서도, 고구려·백제를 매개로 받아들인 중국적 요소를 적절히 배합했다고 하였다(주보돈, 「정치체제」, 『새로운 한국사 길잡이 上』, 지식산업사, 2008, 89쪽).

과[5] 法興王 4년(517)의 兵部이다.[6] 동시전·병부는 모두 520년 율령반포 전에 성립하였다. 이후 신라는 중고기에 각종 관청을 정비하였고, 중대에 중고기의 각종 관청을 수정·보완하여 중대 말에 44관청의 체제를 갖추었다.

신라 중앙행정제도에 대한 선행연구에서 대부분 주목한 것은 법흥왕 이후의 체제 정비이다. 마립간시기까지의 신라국왕은 諸干會議의 주재자일 뿐, 사안·정책을 專決할 수 있는 결정권자가 아니라고 보기 때문이다.[7] 따라서 전 신료를 官位로[8] 편제해 행정을 체계화할 수 있는 시기는 '중앙집권적 귀족국가'를 완성하는 중고기로 이해되었다.[9] 여기에는 왕권 강화 후 율령의 반포와 관인을 통한 행정의 정비가 가능하다는

---

4) 官府로 지칭하는 것이 일반적이나, 직관 上에서 府는 관청의 格語로 사용된다. 용어의 혼선을 피하고자 일반명사로서 국가 사무기관을 의미할 때는 官廳으로 쓴다.

5) "智證王 九年置"(『三國史記』 권38, 雜志7, 職官 上, 東市典).

6) "始置兵部"(『三國史記』 권4, 新羅本紀4, 法興王 4년(517) 夏 4월).

7) 全德在, 「六部體制의 전개」, 『新羅六部體制研究』, 一潮閣, 1996.

8) 한국 고대 관인의 정치적 등급·서열체계를 지칭하는 용어로 활용되는 '官階·官位·位階·位制·官等' 등에 대한 연구사적 의의는 김희만에 의해 종합적으로 검토되었다. 이에 따르면 관등은 중국의 官品·일본의 官位와 구별되고 관직 분화 전 신라 고유의 토착적 모습을 나타내는 용어라고 한다(金義滿, 「新羅 "官等" 用語의 檢討」, 『慶州史學』 15, 1996 / 金義滿, 「新羅官等制研究」, 동국대학교 대학원 박사학위논문, 2000, 11~30쪽). 필자도 '관등'이 통용된다는 점을 고려해 논문을 작성한 경험이 있다(정덕기, 「신라 중고기 公服制와 服色尊卑」, 『新羅史學報』 39, 2017(a)). 그러나 직관지에서 관직 취임 자격의 주어로 빈번히 등장하는 것은 '官位'이다(丁德氣, 앞의 논문, 2009, 3쪽 / 丁德氣, 앞의 논문, 2011, 52쪽). 또 지증왕대 尊號를 개정하면서 '新羅國王'에게 부여된 함의는 '聖賢·標位'였다(정덕기, 「6세기 초 신라의 尊號改正論과 稱王」, 『歷史學報』 236, 2017(b), 127쪽). 관위가 관등보다 사료적 근거가 더 많으므로, 본서에서는 관위로 용어를 통일한다.

9) 주보돈, 앞의 논문, 2008, 87~92쪽.

인식이 전제된다.

이러한 인식은 신라 관료제 발달의 시기 구분이나 연구주제에 많은 영향을 미쳤다. 상고기까지는 官位制의 기원·발전과정이나 국정의 의사결정 수단인 회의체의 성격을 해명하는 연구가, 중고기부터는 관위·관직의 분화, 관청의 발달과정, 群臣(臣寮)會議의 실체를 규명하는 연구가 주류를 이루었다. 이러한 인식의 연장선에서 신라 중앙행정관청의 정비는 '상위 관직 설치→관청의 정식설치→하위 관직 충원'의 순서로 진행되었으며,[10) 행정책임자·실무자 임명 후 관청을 구성하는 것이 일반적이라고 여겨졌다.[11)

자료적으로는 중고기 이후에야 部·府 등 직관지에 수록된 형태의 중앙행정관청이 본격적으로 정비되며, 상고기 관청 운영에 대한 자료는 有司·所司 등의 활동에 불과하다. 그러나 관직·관청의 설치가 미숙해도 국가행정은 일정한 절차를 거쳐 집행될 것이므로, 유사·소사의 실체를 규명해 상고기의 행정 운영을 해명하려는 노력이 있었다. 이 과정에서 상고기 유사·소사는 중고기 이후의 유사·소사가 '담당 관청'으로 이해된 것과 달리 시기별 제약을 가해 '하급 실무자'로 이해되었고,[12) "官과 私의 屋舍"처럼[13) 관청의 실존을 알려주는 표현도 '실무

---

10) 여호규, 「중앙정치체제와 권력구조」, 『한국역사입문 ①』, 풀빛, 1995, 143쪽.

11) 金瑛河, 「新羅 中古期의 政治過程試論」, 『泰東古典研究』 4, 1988, 6쪽 / 金瑛河, 『韓國古代社會의 軍事와 政治』, 高麗大 民族文化研究院, 2002, 244쪽.

12) 李鐘旭, 『新羅國家形成史研究』, 一潮閣, 1982, 217쪽 ; 李文基, 「新羅 上古期의 統治組織과 國家形成問題」, 『韓國 古代國家의 形成』, 民音社, 1990, 265~266쪽 ; 宣石悅, 「迎日冷水里新羅碑에 보이는 官等·官職問題」, 『韓國古代史研究』 3, 1990, 198~199쪽 ; 金瑛河, 「新羅 上古期의 官等과 政治體制」, 『韓國史研究』 99·100合, 1997, 57~58쪽 / 金瑛河, 앞의 책, 2002, 232~234쪽 ; 金義滿, 앞의 책, 2000, 167쪽.

분화의 가능성' 정도로 풀이되었다.[14) 유사·소사에 관한 해석이 상고기의 '개인'과 중고기 이후의 '조직'에 비중을 두게 된 원인은 중고기보다 상고기에 정치권력의 밀집도가 낮다고 이해되었기 때문이다.

따라서 신라 중앙행정제도의 정비과정은 중고기 이후 뚜렷이 정비되는 4部·10府, 즉 部·府의 성립·발달을 위주로 정리되었다. 법흥왕~진흥왕(Ⅰ기, 초창기)·진평왕(Ⅱ기, 발전기)·진덕왕(Ⅲ기, 정리기)·신문왕(Ⅳ기, 완성기)의 4시기 구분이 제시되고, 시기별로 둔 관청을 고려하여 특징이 서술되었다. 즉 Ⅰ기에 병부·사정부·품주 등이, Ⅱ기에 위화부·승부·예부·영객부 등이, Ⅲ기에 집사부·창부·[좌]이방부 등이, Ⅳ기에 나머지 관청이 보충된다고 보았다.[15) 특히 Ⅱ기에는 당 尚書六部 중에서 吏, 戶, 禮, 兵의 4部에 상응하는 위화부, 창부와 조부, 예부, 병부 등을 두므로, 당의 상서 6부에 준하는 체제가 등장했다고 평가되었다.[16)

Ⅳ기 이후 관청의 置廢에 대해 景德王代(742~765) 대일임전·전읍서의 合設이 있다가 惠恭王代(765~780)에 復舊되고,[17) 직관 上의 44관청 외 皇福寺成典 등 관청이 더 찾아졌다.[18) 또 孝昭王(692~702)~혜공왕대의

---

13) "大雨浹旬. 平地水三四尺, 漂沒官私屋舍, 山崩十三所"(『三國史記』 권2, 新羅本紀2, 訖解尼師今 41년(350) 夏 4월).

14) 하일식, 『신라 집권 관료제 연구』, 혜안, 2006, 98~99쪽.

15) 李基白, 「稟主考」, 『李相佰博士回甲紀念論叢』, 乙酉文化社, 1964(a) / 李基白, 『新羅政治社會史研究』, 一潮閣, 1974, 140~141쪽.

16) 金哲埈, 「韓國古代國家發達史」, 『韓國文化史大系Ⅰ』, 高麗大 民族文化研究所, 1964 / 金哲埈, 『韓國古代史研究』, 서울대학교 출판부, 1990, 59~62쪽.

17) 『三國史記』 권38, 雜志7, 職官 上, 典邑署·大日任典.

18) 李泳鎬, 「新羅 中代 王室寺院의 官寺的 機能」, 『韓國史研究』 43, 1983 / 이영호, 『신라 중대의 정치와 권력구조』, 지식산업사, 2014 ; 蔡尙植, 「新羅統一期의 成典寺院의 구조와 기능」, 『釜大史學』 8, 1984 ; 尹善泰, 「新羅의 寺院成典과 衿荷臣」, 『한국사연구』 108, 2000.

관원증원, 元聖王(785~798)~哀莊王(800~809)대의 관원감원을 위주로 하는 시기 구분도 제시되었다.[19] 그러나 44관청의 골격은 신라 말까지 유지되므로, 6세기 이후 신라 중앙행정제도는 Ⅲ기의 정비에 Ⅳ기 이후의 보충을 더하여 완성되었다고 알려졌다.

　신라 중앙행정제도 연구에서 部·府를 末字로 쓴 관청이 비상한 관심을 끈 것은 部·府의 함의에 기인한다. 部·府는 당의 상서 6부에 비견되며, 六典體制[20] 등 '중국문물의 수용'을 표현한다. 동시에 部·府의 5등 관직 체계는 신라 전통의 사회제도인 골품제가 관료제에 미친 영향을 나타내는 소재였다. 즉 部·府를 통해 '중국문물의 수용'·'전통적 요소의 영향'을 규명하려고 한 것이다. 部·府에 대한 이해가 심화되면서, 신라의 중앙관청은 전형적인 당의 상서 6部와 차이가 있었음이 밝혀졌다.

---

19) 井上秀雄, 『古代朝鮮』, 日本放送出版協會, 1972 ; 金羲滿, 「新羅의 官府와 官職制」, 『한국 고대사 연구의 현단계』, 주류성출판사, 2009(a) ; 金羲滿, 「新羅 官職體系의 樣相과 그 性格」, 『慶州史學』29, 2009(b). 井上秀雄은 8세기 말부터 나타난 상급 관청의 정원 삭감이 신라 율령체제의 몰락을 보여주는 지표라 하였다.

20) 六典에 관한 이해는 '6部'와 '6法典'으로 대별된다. 대개 고려 이후를 연구하는 논자들은 국가 운영원칙·정령 등을 6개 기본법전으로 편제한 '6법전'을 六典으로 규정하고, 六典體制는 『元典章』에서 시작했다고 이해한다(김인호, 「여말선초 육전체제의 성립과 전개」, 『東方學志』118, 2002 ; 尹薰杓, 「高麗末 改革政治와 六典體制의 導入」, 『學林』27, 2006 / 윤훈표·임용한·김인호 외, 『경제육전과 육전체제의 성립』, 혜안, 2007). 그러나 동아시아에서 『周禮』의 이념적 지향인 6府·6官을 제도와 결합한 최초의 결과물은 『唐六典』이다. 『당육전』의 行用 여부는 차치해도, 상서 6부와 『주례』6官을 결합한 것은 육전체제의 지향을 포함한다(金鐸敏, 「唐六典解題」, 『譯註唐六典』上, 신서원, 2003, 15~24쪽). 6部·6法典은 '국가 주요 정무를 6개 분야(吏·戶·禮·兵·刑·工)로 대별한다'는 이념은 유사하며, 양자의 차이는 해당 정무를 '특정 관청의 장무로 귀속시킬지', '분야별 법전의 원칙'으로 귀속시킬지에 관한 문제이다. 후자의 경우에도 유관 행정업무의 집행은 관청을 통해 이루어지므로, 육전체제의 초기 모습은 장무를 6部에 귀속한 형태이다. 이 점에서 본서에서는 '육전'이란 용어를 사용한다.

이에 신라는 당의 六部主義 대신 대담하게 '사무중점주의'를 채택했다거나,[21] 당제와 일정한 차이는 전제되지만, 六典을 원리적으로 수용하고자 지향했다는 견해가 나타났다.[22]

部·府를 통한 관청발달의 시기 구분, '4部 상응 관청' 설치의 함의에 대한 논의는 신라가 대부분의 6전을 갖추는 기점 및 신라 중앙행정제도의 역사적 위상에 대한 논의이다. 동아시아의 중세국가는 일반적으로 6전을 갖추었기 때문이다. 즉 한국 중앙행정제도 발달사에서 고대·중세의 분기점에 대한 문제가 신라의 部·府와 당의 상서 6부에 대한 다각도의 비교로 나타난 것이다.

이것은 6세기 초부터 신라가 구축한 '동아시아적 보편성'의 문제로 귀결된다. 이와 함께 제기될 것이 '신라적 특수성'의 문제이다. 신라적 특수성은 人選·人事의 영역에서 관위를 매개로 한 '골품제의 強制' 등 중앙행정제도의 운영 측면을 중심으로 논의되었다.

사회·신분제도인 골품제는 관료제의 운영과정에서 신분별 관위의 승진 상한에 영향을 미쳤다고 알려졌다. 17관위를 전체적으로 설명하는 儒理尼師今 9년(32) 봄 기사와[23] 직관 上의 儒理王 9년(32) 기사 중 후자를 중시하고, "(5)대아찬부터[24] (1)이벌찬까지는 오직 진골만 받을 수 있고, 他宗은 받을 수 없다"란[25] 규정이 주목되었다. 또 '色服志,

---

21) 田鳳德, 「新羅의 律令攷」, 『서울대학교논문집』 4, 1956, 336쪽.

22) 李基東, 「新羅 中代의 官僚制와 骨品制」, 『震檀學報』 50, 1980 / 李基東, 『新羅 骨品制社會와 花郎徒』, 一潮閣, 1984, 121~123쪽.

23) 『三國史記』 권1, 新羅本紀1, 儒理尼師今 9년(32) 春.

24) 신라의 관직은 관위 명칭을 관직처럼 사용하는 경우가 많다. 따라서 본서에서는 17관위 성립 이후의 관위를 서술할 때 괄호 문자를 활용하여 등수를 같이 표기하고, 非常位인 太大角干·大角干은 각각 [非(1)]太大角干·[非(2)]大角干으로 표기한다.

法興王制'에26) 전하는 四色公服 중 紫衣群이 (5)대아찬~(1)이벌찬에 해당
하므로, 17관위에 설정된 4색 공복의 단층은 골품제 하의 신분별 단층
으로 여겨졌다. 여기에 '興德王 9년(834)·[唐]太和 8년 下敎' 등 下代 자료에
서 진골·6두품~4두품·평인에 대한 신분별 平服禁令이 보였다.27) 따라
서 골품제의 변화를 전제하더라도, 신라 전 시기에 걸쳐 관인의 보임에
대한 골품제의 강제가 있었다고 설명된다. 다만 진골이라도 낮은 관위
부터 관인으로 생활을 시작한 사례가 발견되므로, '진골독점관위'와
'紫衣群 등 4색 공복의 단층'을 통해 신분별 승진 관위의 상한이 있었다고
여겨졌다. 이로 인해 골품·관위·공복의 관계는 '① 진골=(5)대아찬 이상
=紫衣, ② 6두품=(6)아찬~(9)급찬=緋衣, ③ 5두품=(10)대나마~(11)나마=靑
衣, ④ 4두품=(12)대사~(17)선저지=黃衣'로 정리되었다.28)

部·府를 중심에 둔 논의와 신분별 승진 관위에 대한 모색은 신라
관료제의 틀·운영원칙을 해명하며 나타났고, 직관 上의 해석과 긴밀히
연관되었다. 이를 통해 ① 중고기 이래 정치기구의 성립과 변화, ②
왕권의 강화과정과 성격, ③ 개별 관청의 이해와 정치 운영상의 역할
등에 대한 논의가 다방면에서 진행되었다.29) 본서의 관심은 신라 중앙

25) "置十七等. 一曰, 伊伐湌. …… 五曰, 大阿湌. 從此至伊伐湌, 唯眞骨受之, 他宗則否.
……"(『三國史記』 권38, 雜志7, 職官 上, 儒理王 9년(32)).

26) 『三國史記』 권33, 雜志2, 色服, 法興王制.

27) 『三國史記』 권33, 雜志2, 色服, 興德王 卽位九年·太和 八年 下敎.

28) 김철준은 「昌林寺 無垢淨塔願記」의 (13)사지 金銳가 景文王 8년(868)에는 伊湌에
이르므로, 진골도 하급 관위부터 관직 생활이 시작되었다고 하였다. 따라서
신분제의 제약은 관위의 승진 상한을 말한다고 하였다(金哲埈, 「高句麗·新羅
의 官階組織의 成立過程」, 『李丙燾華甲紀念論叢』, 一潮閣, 1956 / 金哲埈, 『韓國古代
社會研究』, 知識産業社, 1975, 146~148쪽).

29) 현행 연구의 주요 흐름을 검토한 성과를 열거하면 아래와 같다. 申瀅植,
「韓國古代史研究의 成果와 推移」, 『現代 韓國歷史學의 動向』, 一潮閣, 1982 / 申瀅

행정제도의 틀·운영에 대한 문제이므로, 직결되는 성과를 검토하면 아래와 같다.

직관 上의 체제는 ①서문→ ②大輔·17관위→ ③上大等→ ④大角干→ ⑤太大角干→ ⑥44관청으로 구분된다. ⑥44관청은 관청별 줄 바꿈으로 분리되었고, 관청설명을 부기하였다. 이하 관청에 배속된 관직을 설명하고, 관직별 정원·연혁과 관직별 相當位를[30] 정리하였다. ⑥44관청의 배열순서는『舊唐書』, 職官志의 체제를 기준으로 작성되었다는 이해가 제출되었다.[31]

植,『韓國古代史의 新研究』, 一潮閣, 1984 ; 李基白,「韓國學研究 半世紀 - 古代史 - 」,『震檀學報』57, 1984 ; 盧鏞弼,「新羅 中古期 中央政治組織에 대한 研究史的 檢討」,『忠北史學』3, 1990 ; 김기흥,「한국고대사 연구 50년(1945-1995)」,『韓國學報』79, 1995 ; 여호규, 앞의 논문, 1995 ; 김영하,「古代史研究 半世紀의 궤적과 논리」,『光復 50周年 國學의 成果』, 한국정신문화연구원, 1996 ; 朱甫暾,「新羅史研究 50年의 成果와 展望」,『慶州史學』16, 1997 ; 李泳鎬,「統一新羅 政治史 研究의 現況과 方向」,『白山學報』52, 1999 ; 정운용,「신라 중대의 정치」,『한국고대사입문 3』, 신서원, 2006 ; 강종훈,「신라 상대」,『한국고대사 연구의 새 동향』, 서경문화사, 2007 ; 전덕재,「신라 중대」,『한국 고대사 연구의 새 동향』, 주류성, 2007 ; 김영하,「신라 중대의 전제왕권론과 지배체제」,『한국 고대사 연구의 새 동향』, 주류성, 2007 ; 주보돈, 앞의 논문, 2008 ; 하일식,「신분제와 관등제」,『새로운 한국사 길잡이 上』, 지식산업사, 2008. 이 외 본서의 진행에 필요한 중요성과들은 글의 진행 과정에서 별도로 정리한다.

30) 신라는 관직·관위를 '1 : 1'이 아니라 '1 : 多'로 규정하는 '1관직 - 복수관위제'를 썼다. '관위로 표현한 관직별 취임 자격'에 대한 용어로, ① 相當位階(李文基,「新羅時代의 兼職制」,『大邱史學』26, 1984, 44~45쪽)·② 相當官等(金羲滿,「新羅의 衣冠制와 骨品制」,『慶州史學』27, 2008, 21쪽)·③ 相當位(邊太燮,「新羅 官等의 性格」,『歷史教育』1, 1956, 63쪽 ; 丁德氣, 앞의 논문, 2009, 3쪽 ; 丁德氣, 앞의 논문, 2011, 58쪽)·④ 임명가능관등(홍승우,「『삼국사기』직관지의 典據 資料와 신라의 관제 정비 과정」,『新羅文化』45, 2015, 315쪽)·⑤ 관등규정(朴秀淨,「『三國史記』職官志 研究」, 고려대학교 대학원 박사학위논문, 2017, 133쪽) 등이 제시되었다. 본서에서는 '특정 관직에 相當하는 官位'를 약칭해 相當位로 명명한다.

31) 박수정,「『삼국사기』잡지의 편찬과 직관지의 체제」,『한국사학보』41, 2010

직관 上은 대개 ②~⑤는 '職 - 官', ⑥은 '廳 - 職 - 官'의 순서로 정리되었다. ⑥44관청은 시기별 관청의 置廢, 合設·復設 등 연혁과 소속 관직의 초치 정원·변동 정원 등을 서술하였다.

직관 上은 中代 말인 혜공왕대를 '중요 기준시점'으로 삼는 자료이다. 직관 上의 전거는 경덕왕~혜공왕대 상황을 중심으로 애장왕대 개정 기사를 반영했다거나,[32] 대부분의 전거는 경덕왕~혜공왕대의 상황을 반영했다고 알려져 있다.[33] 최근에는 직관 上의 전거가 관제에 대한 '왕의 敎'나 '敎를 집적한 格' 혹은 '敎·格을 집적한 자료'라거나,[34] 직관 上의 낮은 일관성을 주목하여 직관 上의 주요 전거는 '특정 시기의 令集類'나 '특정 시기까지의 敎·格을 집적한 자료'보다 다단계의 재정리·착종을 거친 다종의 자료라는 설명도 나왔다.[35]

직관 上의 전거에 대한 논란이 있지만, 직관 上의 서술방식으로 보아 경덕왕·혜공왕·애장왕을 중요 기준시점으로 서술한 것은 분명하다. 각 관청·관직의 경덕왕대 변동·혜공왕대 復故가 꼼꼼히 기록되었고, 애장왕대의 변동도 상당수가 전하기 때문이다. 직관 上에 기록된 혜공왕대의 사실은 약 19년 동안 유지된 경덕왕대 변경된 관호의 復故, 즉 중대 중앙행정제도로의 復故에 목적을 두었고, 44관청에 속하는 봉은사성전은 혜공왕대에 정비되었다.[36] 따라서 중대 말인 혜공왕

/ 朴秀淨, 위의 논문, 2017, 43~44쪽.

32) 三池賢一, 「新羅內廷官制考 上」, 『朝鮮學報』 61, 1971, 8~9쪽.

33) 이문기는 직관 上의 전거를 ①『구삼국사』 신라본기, ② 별도 추가 자료(寺院成典), ③ 산발적으로 수집한 개별 자료(육부소감전~고관가전), ④ 경덕왕~혜공왕대의 職員令 등 令集類로 분류하였다(李文基, 「『三國史記』 雜志의 構成과 典據資料의 性格」, 『韓國古代史研究』 43, 2006, 235~249쪽).

34) 홍승우, 앞의 논문, 2015, 321쪽.

35) 朴秀淨, 앞의 논문, 2017, 115~127쪽 및 131쪽.

대를 중요 기준시점으로 삼아 직관 上을 파악하면, 상대~중대 관청의
변화상을 모두 살피는 것이 가능하다.

중대 말 신라의 중앙행정제도는 44관청·207＋α개(α=國學博士·助教
의 보직 수) 관직에 785人＋若干人(若干=國學博士·助敎의 정원)이 배치되
었다.[37] 44개 관청은 末字로 보아, 4部 혹 1省·3部와[38] 9府 혹 10府,[39]

---

36) 이영호, 앞의 책, 2014, 296쪽.

37) 관직 총수 중 '＋α'는 국학박사·조교의 관직 수와 정원을 계산하기 쉽지
않아 사용한 것이다("博士, 【若干人, 數不定.】 助教. 【若干人, 數不定.】"(『三國史記』
권38, 雜志7, 職官 上, 國學)). 'α개'·'若干人'을 그대로 두면 계산이 매우 복잡하므
로, 이하 본문에서는 대부분 '207개 관직 785인'으로 표현한다. 총원 '785인＋
若干人'은 채전사의 본문을 존중하고, 직관 上에 누락된 조부사 2인·우이방부
경 1인을 합한 것이다. 유관 논증은 본서 4장에 상세하다.

38) 직관 上에서 部는 執事部·兵部·禮部·倉部이다. 執事部는 진덕왕 5년(651) 稟主가
개정된 것이며, 흥덕왕 4년(829) 省으로 승격되었다. 집사부는 829년 승격
이후 敬順王 9년(935) 신라가 멸망할 때까지 省의 격을 유지하였다(『三國史記』
권38, 雜志 7, 職官 上, 執事省). 즉 執事部(省)은 651~828년까지의 177년 동안은
部로, 829~935년까지의 106년 동안은 省으로 운영되었다. 따라서 651~828년
까지의 중앙행정제도는 4部 체제로, 829~935년까지의 중앙행정제도는 1省-3
部 체제로 운영되었다. 다만 惠恭王 6년(770)에 執事省을 지목하는 기사도 있으
므로("虎入執事省, 捉殺之"(『三國史記』 권9, 新羅本紀 9, 惠恭王 6년(770) 6월
29일)), 770년을 전후해 1省-3部 체제로 운영되었다고 파악할 여지도 있다.

39) 末字로는 10府이나, 工匠府의 포함 여부에 따른 문제가 있다. 대개 府는 令을
장관으로 한 관청으로서 5등 직제로 구성되는 것이 일반적이나, 공장부는
監을 장관으로 한 3등 직제를 갖고 있다(『三國史記』 권38, 雜志7, 工匠府).
말자를 중시하여 府로 보기도 하고(申瀅植, 「『三國史記』 志의 分析」, 『檀國大學校
學術論叢』 3, 1979 / 신형식, 『삼국사기의 종합적 연구』, 景仁文化社, 2011,
589쪽), 말자를 府로 이해해도 담당업무로 보아 例作府의 부속 관청이므로,
주요 관부에 포함하지 않기도 한다(李基東, 앞의 책, 1984, 121~123쪽). 한편
경덕왕대 관호 변경에서 工匠府가 典祀署로 개명되므로, 공장부는 전사서에
'합설·통합'되었다고 보고, 장관의 格·업무의 연계성을 근거로 본래 工匠府署
이나, 직관 上 편찬 당시 '署'가 탈락되었다고도 한다(李仁哲, 앞의 책, 1993,
44~45쪽). 공장부는 직관 上의 서술 위치·관청의 직제·관장 업무로 보아
府로 볼 수 있는 관청은 아니다. 다만 자료적으로는 府이므로, 본문에서는
'9府 혹 10府'로 서술하였다.

19典(1作典＋8成典＋10典)·6署·2館·기타(國學·新宮·京都驛)로 분류된다. 19典은 다시 作典·成典 등 造營·營繕을 맡는 9관청과[40] 수도행정을 맡는 10관청으로 분류된다. 즉 직관 上의 44관청은 말자 상 '部·府·典·署·館· 기타'의 6개 묶음으로 구분된다.

관청 운영에서 가장 많은 관심이 부여된 것은 部·府의 관계로, 部의 위상을 이해하는 방식에 따라 部가 府를 통속했다는 견해와 部가 府를 통속할 수 없다는 견해로 구분된다. 전자는 가장 높은 관청인 병부나 집사부·창부의 발생과정을 중시하면서 部는 府보다 상급 관청으로서 府를 통제했다고 파악한다.[41] 반면 후자는 部·府의 장관인 令의 상당위

---

40) 作典은 京城周作典을 말한다. 成典은 1宮成典(영창궁성전)과 7寺成典(사천왕사 성전·봉성사성전·감은사성전·봉덕사성전·봉은사성전·영묘사성전·영흥 사성전)이 있다. 7寺成典은 成典寺院의 건립·운영과 관련해 상당한 검토가 이루어졌다(浜田耕策,「新羅の寺院成典と皇龍寺の歷史」,『學習院大學文學部研究 年報』28, 1982 ; 李泳鎬, 앞의 논문, 1983 ; 李成市,「新羅中代の國家佛敎と儒敎」, 『東洋史研究』42~43, 1983 ; 蔡尙植, 앞의 논문, 1984 ; 李泳鎬,「新羅 成典寺院의 成立」,『新羅文化祭學術發表論文集』14, 1993 / 이영호, 앞의 책, 2014). '成·作'의 의미가 상통하므로, 9成典은 조영·영선 등 토목 및 건축을 담당하는 관청이다.

41) 신형식은 3가지 이유로 部가 府보다 상위 관청이라고 하였다. 첫째, 中古代의 部族的 전통을 지닌 部가 행정적 의미를 지닌 府를 통할하였다. 다만 부족적 전통과 部의 관계는 뚜렷한 근거를 찾을 수 없다. 둘째, 4部는 중앙행정의 중요 관청이며, 병부는 宰府·실질적 首府로 모든 관직체계는 병부 위주로 편성되었다. 셋째, 部는 府보다 정원이 많으며, 집사부·창부는 품주에서 분화되었고 예부는 屬司를 거느렸다(신형식,『한국고대사의 새로운 이해』, 주류성 출판사, 2009, 505~508쪽). 木村誠는 3가지 이유로 4部·9府를 구분하였 다. 첫째, 部·府 관직의 경덕왕대 개칭명 형태가 다르다. 둘째, 禮部 屬司의 수가 많다. 셋째, 집사부·병부·창부는 기밀사무·군사·재정을 관장하므로, 3部는 당의 3省처럼 국정의 기본방침을 결정한다. 경덕왕대 禮部·9府의 大舍는 당의 寺·監에서 주로 쓴 主簿로 개칭되나, 3部의 大舍는 당 三省의 관직명을 선택적으로 활용하기 때문이다(木村誠,『古代朝鮮の國家と社會』, 吉川弘文館, 2004, 214쪽). 김희만은 집사부·창부가 품주에서 분화되었고, 병부는 최고 관청이며, 禮部는 屬司를 거느리므로, 4部는 10府보다 상위기관이라고 하였다 (金羲滿, 앞의 논문, 2009(a), 472쪽 ; 金羲滿, 앞의 논문, 2009(b), 16쪽).

下限이 대아찬이고, 유사한 직제를 갖는 동격의 관청임을 중시한다. 따라서 部·府의 차이는 속사인 署의 유무뿐이며, 통속관계는 상정할 수 없다고 파악한다.[42] 한편 자료적으로 각 部·府 令의 상당위 上限에 차이가 있음을 중시하고, 이 차이는 서열 관계를 반영했다고 이해하여 관청의 서열구조를 모색하기도 한다.[43]

部·府의 운영을 모색하면서 '令 - 卿 - 大舍 - 舍知 - 史'의 5등 직제에는 많은 관심이 부여되었다. 5등 직제는 형식적 측면에서 '尙書 - 侍郎 - 郎中 - 員外郎 - 主事'로 구성된 당 상서 6부의 流內官 5등 직제와 비교된다. 비교과정에서 강조된 것은 두 가지이다. 첫째, 신문왕 5년(685) 완성된 집사부의 직제는 '中侍 - 典大等 - 大舍 - 舍知 - 史'인데, 경덕왕 6년(747)·경덕왕 18년(759)에 '侍中 - 侍郎 - 郎中 - 員外郎 - 郎'으로 개명되었다. 즉 신라의 部·府 중 집사부 5등 관직의 경덕왕대 개칭명과 당 상서 6部 유내관 5등 관직의 명칭이 유사하다. 둘째, 중대 초 部·府에 사지가 일괄적으로 신설되었다. 사지는 4部에 5인(집사부에 2인과 3部에 각 1인)이, 10府 중 5府(調府에 1인·乘府에 1인·例作府에 2인·船府에 1인·領客府에 1인)에 6인 등 11인만 설치되고, 상당위는 (13)사지~(12)대사에 불과하다. 4部·10府에 사지는 약 0.8인 정도 설치되었고, 상당위도

---

42) 이인철은 5등 직제 관청 중 成典·作典의 장·차관은 타관(他官)이 빈번하게 겸직하였으므로, 署·典·館·기타는 모두 4部·9府보다 격이 낮았다고 파악하였다. 또 4部·9府는 대아찬 이상에서 보임되는 令을 장관으로 한 5등 직제 관청이므로 서열 관계를 설명할 수 없고, 部는 屬司를 갖지만, 府는 속사를 갖지 않는다는 차이만 있다고 하였다(李仁哲, 앞의 책, 1993, 40~42쪽). 하일식은 관청의 병렬구조를 강조하고, 모든 令의 상당위는 (5)대아찬 이상이므로, 令이 장관인 관청은 통속관계를 상정하기 어렵다고 보았다(하일식, 앞의 책, 2006, 292쪽). 박수정도 部·府의 통속관계를 상정하기 어렵다고 하였다(朴秀淨, 앞의 논문, 2017, 188~191쪽).

43) 丁德氣, 앞의 논문, 2011, 76쪽.

대사와 큰 차이가 없다. 그럼에도 군이 중대 초 部·府에 사지가 일괄적으로 신설되는 것은 '唐制로의 지향'을 표출한 정책적 배려라고 본 것이다.[44] 사지 일괄 신설의 목적으로 관료조직의 확대·관료예비군의 보충이나[45] 진덕왕 5년(651) 사지 신설을 토대로 한 新 관직체계의 확립·관료조직의 확대가 지적되기도 한다.[46] 한편 사지는 신라 행정 운영의 전통성을 반영하는 관직으로, 구체성·특수성·전문성이 있는 업무를 맡는다거나,[47] 사지·대사 등 관위와 같은 명칭을 사용한 관직의 기원과 분화양상도 검토되었다.[48] 중앙행정체계에서 사지의 정원이 적으므로, 관료조직·관료예비군 보충에 대한 효과나 신라 고유 관위에 기원을 둔 관직의 신설을 당제의 도입으로 이해할 수 있을지 의문이다.

관위·공복·관직 문제에 관한 해명이 지속되면서, 5등 관직의 담임 신분도 중요 문제로 부상하였다. 部·府 5등 관직의 상당위는 공복의 범위와도 대개 부합하였으므로, 部·府의 5등 직제에 신분제의 강제가 반영되었다고 여겨졌다. 령·대사·사지·사의 상당위는 각각 (5)대아찬 이상·(13)사지~(11)나마·(13)사지~(12)대사·(17)선저지~(12)대사로 규명되었고, 경의 상당위는 논자별로 (11)나마~(6)아찬 혹 (9)급찬~(6)아찬 중 하나를 선택해 주도적인 범주로 이해하였다. 자료에서 집사부전대등의 상당위는 (11)나마~(6)아찬, 병부대감의 상당위는 (9)급찬~(6)아찬으로 나타나며, 양자는 계통을 이루고 있기 때문이다. 따라서 논자별로 상정하는

44) 李基東, 앞의 책, 1984, 123쪽 ; 여호규, 앞의 논문, 1995, 143쪽.
45) 주보돈, 「남북국시대의 지배체제와 정치」, 『한국사 3』, 한길사, 1995, 305쪽.
46) 金羲滿, 「新羅의 王權과 官職制」, 『新羅文化』 22, 2003 / 金羲滿, 앞의 논문, 2009(a).
47) 丁德氣, 앞의 논문, 2011.
48) 金羲滿, 「新羅 官名 '大舍'의 運用과 그 性格」, 『東國史學』 54, 2013.

행정체계·권력구조의 모습·골품제의 단층 등을 고려해 경의 상당위를 이해하며, 일반적으로는 병부대감의 상당위를 따라 (9)급찬~(6)아찬으로 파악한다.[49]

상기 연구의 경향은 직관 上에 수록된 신라의 중앙행정제도를 部·府 위주로 이해한 것이다. 연구가 진행되면서 部·府의 '5등 직제'는 중앙행정의 일반적인 관직체계를 대표할 수 있다고 인식되었다. 따라서 部·府의 5등 직제는 중앙행정 관직체계로 일반화되었으며, 4색 공복의 단층을 매개로 담임 신분에 대한 해명이 추가되었다. 선행연구에서 중요 논의를 도식화하면 〈표-1〉과 같다.

〈표-1〉 部·府의 5등 관직과 골품 신분·공복·상당위의 관계

				[非(1)]태대각간					
				[非(2)]대각간					
				(1)이벌찬					
				(2)이찬					
		자의		(3)잡찬					
				(4)파진찬					
				(5)대아찬					
				(6)아찬					
		비의		(7)일길찬					
				(8)사찬					

49) 경의 상당위를 (11)나마~(6)아찬으로 파악하는 것은 집사부의 위상과 전대등의 사례를 중시한 것이다(李基白,「新羅 執事部의 成立」,『震檀學報』25·26·27合併 號, 1964(b) / 李基白, 앞의 책, 1974). 반면 경의 상당위를 (9)급찬~(6)아찬으로 파악하는 것은 병부의 위상과 대감의 상당위를 중시한 것이다. 이 경우 병부는 집사부보다 상급 관청이고, 다른 관청에 소속된 관직이 대개 병부 관직의 상당위를 답습했다는 점이 강조된다(申瀅植,「新羅兵部令考」,『歷史學 報』61, 1974 / 申瀅植,「新羅의 國家的 成長과 兵部令」, 앞의 책, 1984, 162쪽). 또 집사부의 위상을 인정해도, 골품제의 강제를 고려해 (9)급찬~(6)아찬으로 보기도 한다(李基東, 앞의 책, 1984, 131쪽 ; 李基白·李基東 共著,『韓國史講座 Ⅰ-古代篇』, 一潮閣, 1982, 221쪽).

4두품	5두품	6두품	진골	공복	官位	令	典大等 중시 卿	大監 중시	大舍	舍知	史
					(9)급찬						
				청의	(10)대나마						
					(11)나마						
				황의	(12)대사						
					(13)사지						
					(14)길사						
					(15)대오						
					(16)소오						
					(17)선저지						
4두품	5두품	6두품	진골	공복	官位	令	典大等 중시 卿	大監 중시	大舍	舍知	史
골품신분						중앙관직					

〈표-1〉처럼, 部·府의 5등 직제와 관직별 상당위·관위별 속성·공복의 색·골품신분 등이 복합적으로 정리되면서 신분별 관직에 관한 논의가 진행되었다. 部·府의 장관인 령은 진골독점관직이며, 6두품은 部·府의 차관인 경, 5두품은 대사까지 진출이 가능하다고 여겨졌다. 4두품도 규정적으로 대사·사지에 취임할 가능성이 있으나, 대개 史에 한정되었다고 한다.[50] 이상에서 신분별 중앙관직의 정원·비율이 계산되었고, 하대에는 신분보다 소지한 관위가 더 중요했다고도 한다.[51] 더하여 重位制[52]·兼職制에[53] 대한 기초 연구가 수행되면서, 두 제도 모두 골품

---

50) 李基東, 앞의 책, 1984, 131~134쪽.

51) 金哲埈, 「統一新羅 支配體制의 再調整」, 『한국사 3』, 한길사, 1976 / 金哲埈, 앞의 책, 1990, 173~185쪽. 신라의 중앙관직은 신분별 관직이며, 진골 : 6두품 : 5두품 : 4두품 관직의 정원(백분율)은 36(3.6) : 108(10.8) : 176(17.6) : 680(68)이다. 집단별 배율은 1 : 3.0 : 4.9 : 18.8이다. 신분별 관직의 계서는 피라미드 구조를 이루며 신분제의 제약은 상한 관위만으로 규정되므로, 신분과 관위가 일치하지 않는 현상이 있다. 이로 인해 후대로 갈수록 소지한 관위의 중요성이 강조되어 하급 신분의 상급 신분 사칭 현상도 나타났다.

52) 서의식, 「신라 중위제의 추이와 지배신분층의 변화」, 『역사와 현실』 50, 2003 / 서의식, 「新羅 重位制의 展開와 支配身分層의 變化」, 『新羅의 政治構造와

제 아래에서 진골의 정치적 지위를 보존하는 조치로 풀이되었다.

신분별 관직에 관한 논의가 통설로 인정되면서, '1관직 - 복수관위제'는 동일 신분 내 개인의 능력을 보장하는 조치이며, 조금 더 다양한 관위를 지닌 사람의 경쟁을 유발하기 위한 의도가 투영되었다는 견해도 나타났다.[54] 한편 최근에는 행정제도·사회제도를 각각 파악하려는 의도 아래 직관 上의 전수조사에 입각한 분석을 토대로, '令 - 卿 - 監 - 大舍 - 舍知 - 史'가 중앙행정체계 상 '주요 6관직'임을 규명한 연구도 있었다. 감의 상당위는 (11)나마~(10)대나마이며, 경은 (11)나마~(6)아찬과 (9)급찬~(6)아찬으로 규정되는 두 계통의 경이 병존하다가 (9)급찬~(6)아찬이 더 많이 활용되었고, '대사→ 감→ 경'·'사→ 사지'의 계통별 분화가 있었다고 한다.[55] 또 (6)아찬 이하 관위를 특정 신분의 관위로 볼 수 없고, 진골도 관인으로 활동할 때는 1명의 관인이란 점이 지적되었다.[56] 또 관위·의관의 단층이 개별 신분을 반영한다는 전제는 자체적인 한계가 있다고도 한다. 공복의 규정은 관위의 고하에 따라 구분되고, 본질적으로 공복은 해당 관인의 신분을 드러내는 기능보다 관위를 드러내는 기능을 갖기 때문이다.[57]

身分編制』, 혜안, 2010.

53) 李文基, 앞의 논문, 1984.

54) 김영심, 「6~7세기 삼국의 관료제 운영과 신분제」, 『韓國古代史硏究』 54, 2009, 117쪽.

55) 丁德氣, 앞의 논문, 2011.

56) 이재환은 진골은 왕위쟁탈·귀족회의를 통해 왕권에 반하면서 자신의 이익을 추구한 존재로 볼 수 없고, 왕의 至親이란 의미가 더 크며, '왕의 至親'을 建官·승진의 주요 기준으로 활용한 것이 신라 정치 운영의 특징이라고 하였다 (이재환, 「新羅 眞骨 硏究」, 서울대학교 대학원 박사학위논문, 2015, 150쪽).

57) 이재환은 진골과 두품층이 동일하게 (6)아찬을 받는 경우 모두 緋衣를 입게 되므로, 공복의 색깔은 신분을 표시하는 기능을 할 수 없다고 하였다(이재환,

2. 문제 제기와 대안

전 절은 제도사의 시각에서 신라 중앙행정제도의 이해에 필요한 연구의 흐름을 정리한 것이다. 전 절을 통해 5가지의 주요 결론을 얻을 수 있다. 첫째, 직관 上에 수록된 관청·관직의 발달과정은 실질적으로 중고기부터 정리되었다. 둘째, 관청·관직의 실질적인 발달은 중고기 '왕실의 형성' 이후에 시작되었다고 이해되므로, 중앙행정제도의 정비과정에서 왕·왕실은 일종의 기획자로 이해되었다. 셋째, 신라 중앙행정제도 분석의 틀로 '六部·六典體制의 수용'과 '골품제의 강제'가 중요한 축으로 설정되었다. 양자는 보편성(唐)과 특수성(夷)을 대표한다. 즉 신라는 국가 운영의 틀로 보편적 행정제도를(唐) 수용했지만, 독자적인 행정 운영(夷)이 있었음을 강조하였다.[58] 넷째, 골품제에 입각한 승진 상한 관위 등 신분제의 강제를 받는 행정제도를 운영했음이 중시되었고, 신분제의 구체적인 운영양상은 관위·공복에 관한 연구 성과에서 기인하였다. 다섯째, 部·府의 5등 직제는 중앙행정의 일반적인 관직체

「신라의 '골품제', 그간의 논의와 약간의 전망」, 『한국고대사연구』 87, 2017, 103~104쪽).

58) 唐은 618년에 건국되므로, 중국문물·문화를 상징하는 키워드로 '唐'을 사용하는 것은 6세기부터 논의하는 본서에서는 시기가 약간 빠르다. 그러나 『삼국사기』 찬자들은 중국문물·문화를 상징하는 키워드로 唐을 사용했고, 후대에도 '唐'은 唐風·唐樂 등 '鄕'에 대비한 용어로 사용되었다(武田幸男, 「高麗時代의 鄕職」, 『東洋學報』 47-2, 1964, 12~15쪽 및 26~30쪽 ; 박용운, 『高麗時代 官階·官職 硏究』, 고려대학교 출판부, 1997, 49쪽). 唐을 華·漢 등으로 대체할 수도 있겠지만, 『삼국사기』에는 자료적 근거를 갖는 용어가 없다. 특히 華는 후대의 華·夷 문제와 혼선을 일으킬 가능성이 있다. 書之於後의 未詳官銜에도 唐式 관명이 있고, 현존 직관지의 표제 관함은 대개 6세기 초부터 나타나므로, 당을 협의적 개념으로만 볼 필요가 없다. 따라서 본서에서는 신라를 지칭하는 夷의 상대적 개념으로 종종 唐을 사용하겠다.

계로 상정되며, 관직과 담당 신분을 결합해 이해하였다. 이상에서 선행연구는 신라 중앙행정제도의 제도적 틀, 제도의 정비 방향, 행정제도의 운영자와 기획자에 대한 문제를 종합적으로 해명하였다. 또 신라의 部·府와 당의 상서 6부에 대한 다각도의 비교를 진행하고, 동아시아 관제 발달사 속에서 신라 관제가 지닌 위치를 자리매김하였다.

선행연구에서 중요한 해명이 이루어졌지만, 이에 비례해 많은 문제가 남아 있다. 따라서 본 절에서는 선행연구의 문제를 제기하고, 유관 대안을 제시하면서 본론의 진행을 상술하고자 한다.

유관 선행연구에서 가장 큰 문제는 법흥왕 이후의 중앙행정제도 정비에 대한 강조가 지나치다는 것이다. 이것은 중앙행정제도의 정비가 왕권 강화·율령반포를 전제로 진행된다고 파악했기 때문이다. 이로 인해 상고기 본기의 有司·所司 등 일반명사들이 시기를 달리해 해석되었고, 관청의 실체를 전하는 표현까지도 적극적으로 해명하기 어려웠다. 또 상고기·중고기 이후 중앙행정제도의 계승 관계에 대해서도 적극적으로 해명하기 어려웠다. 이로 인해 자료와 역사상의 불일치가 나타났다.

이것은 왕권 강화·왕실 형성 이후 왕·왕실을 중앙행정제도 정비의 '기획자'로 이해하여 구축된 역사상이 통시적 용어·일반명사인 유사·소사의 해석을 제약하며 나타났다. 더하여 미약한 자료 현황으로 인해 중국에서 유사한 사례를 볼 수 있는 중고기 이후 관청을 중심으로 설명이 진행된 것에도 원인이 있다.

이 과정에서 상고기 중앙행정제도 운영의 역사적 경험은 상대적으로 저평가되었다. 또 중대 중앙행정제도는 6部·6典에 준하는 업무 분담(吏·戶·禮·兵·刑·工)을 모두 갖추지 않아 '육전지향성'만 갖춘 것으로 평가되었다. 따라서 신라 상·중대 중앙행정제도는 같은 시기 중국 대비 다소 미비한 제도로, 같은 시기 중국의 제도는 신라보다 다소 선진적인 제도로 이해될 만한 것으로 여겨졌다.[59]

상고기 관청 운영에 대한 자료가 전하며, 나물 이후 왕실이 안정되고 영역 국가적 면모를 보이므로,[60] 왕권의 強弱·왕실의 형성 여부를 떠나 예제·행정의 발달이 이루어졌다. 따라서 중고기 행정제도 정비는 상고기 행정제도 운영의 역사적 경험을 재편·재정비했다고 이해하고, 직관 上의 관청 조직 구성 원리와 중대 중앙행정제도로 이행하는 과정과 그 함의를 규명해야 한다.

이상의 문제를 해명하기 위해 유용한 시각과 방법론으로 네 가지를 제시할 수 있다. 첫째, 상고기 행정제도의 재편·재정비가 지닌 방향성을 구체화하는 것이다. '재편·재정비'라 해도, 구체적인 방향성은 사안별 변화의 강도 등을 파악하는 인식에 따라 여러 모델을 상정할 수 있다. 따라서 유관 사례 분석을 통해 상고기 행정제도 재편이 지닌 방향성의 실체를 규명해야 한다.

상고기 행정제도 재편이 지닌 방향성을 규명할 때, 『삼국사기』 찬자의 총평인 '당·이 상잡'은 중요한 단서로 작용한다. '唐=可考', '夷=不可考'

---

59) 논자별로 상대적이나, 당제가 신라제보다 선진적이라고 평가하는 시각은 최근 연구에서도 확인된다. 김창석은 김춘추에 의해 貞觀·永徽율령 등 唐制가 도입되어 무열왕의 시대는 신라 법제의 발전도상에서 형식·내용의 측면에서 획기로 볼 수 있다고 하였다(金昌錫, 「신라 중대의 國制 개혁과 律令 改修」, 『歷史學報』238, 2018). 당제는 보편적·선진적인 제도의 하나이고, 신라 제도의 형성과정에 당제도 일정히 수용되었거나 참고로 작용한 부분이 있겠다. 다만 신라제와 당제를 구체적으로 비교하려면, 신라제 연구의 축적, 자료의 보완, 양자에 대한 비교사적 검토를 충분히 진행할 필요가 있다고 생각한다.

60) 강종훈, 앞의 논문, 2007, 76~81쪽.

란 도식은 직관지 내부에서도 다소 차이가 있다. 尙書·左僕射 등은 당제에서 활용되어 비교가 가능한 관함이나, "雜傳記에 보이나 [신라에서] 관을 둔 때·位의 高下를 알기 어려워 직관지 끝에 붙인 것(書之於後)"에 포함되기 때문이다.[61] 그러나 '중국적·외래적인 것(唐)과 한국적·전통적인 것(夷)이 서로 섞였다'는 총평은 중요하다. 『삼국사기』 찬자의 唐制 인식과 夷制에 대한 자료의 부족을 차치해도, 신라 중앙행정제도 이해의 기본 축을 唐制와 新羅制로 제시했기 때문이다.

상기 총평은 『삼국사기』 찬자들이 고려 전기의 수방이토론을 반영한 결과로 나타났을 수도 있다. 그러나 '당·이 상잡'에 고려 전기 지식인의 문제 인식이 투영되었다고 보기 어렵다. 직관지 찬자는 자료의 부족(文記缺落)을 토로하지만, 알 만한 것과 알기 어려운 것을 함께 서술하였다. 또 직관지는 신라의 원전을 존중했다고 알려져 있다.[62] 즉 직관지 찬자의 찬술 태도·원전 연구를 고려하면, 직관지 원전 자료의 變改·재편집 가능성은 적다. 따라서 '당·이 상잡'은 12세기 신라 행정제도 연구의 결론으로 보아야 한다.

후대에 '당·이 상잡'으로 평가되는 정책이 신라 행정제도의 재정비·재편에 시행되었다면, 이것은 6세기 초 이후 신라의 정책적 기조로 볼 수 있다. 한편 '당·이 상잡'은 지증왕대부터 활발히 진행되는 국가체

---

61) "其官衙, 見於雜傳記, 而未詳其設官之始, 及位之高下者, 書之於後"(『三國史記』 권40, 雜志 9, 職官 下). 이 문장 이후 82자에 걸친 사례가 나열되고, 줄을 바꾼 뒤에 '高句麗·百濟職官'이 서술되었다(金富軾 저·이강래 교감, 『原本 三國史記』, 한길사, 1998, 426쪽). 따라서 '書之於後'에 수록하는 사례는 신라 관함이고, 상서·좌복야 등은 당과 유사한 관함이다. 당과 유사한 관함이나 未詳에 해당하므로, '唐=可考·夷=不可考'란 도식은 완전히 성립하지 않는다.

62) 李文基, 앞의 논문, 2006, 235~249쪽 ; 홍승우, 앞의 논문, 2015, 321쪽. 논자별 시각차는 있지만, 고려 시대의 정리보다 신라 쪽 원전에 가깝다고 판단하였다.

제 재편의 방향을 충실히 드러내는 표현이 아니다. 중국과의 교류는 7세기에 활성화되었고, 6세기 신라의 중국문물·제도에 대한 이해도가 고민되기 때문이다. 또 신라인의 세계관은 고구려·백제·중국 등 주변 국과의 접촉을 통해 확장되었겠지만, 세계관의 확장 과정에서 동이·신라 전통을 폐기의 대상으로만 인식했다고 볼 수 없다. 오히려 신라 특유의 제도들이 상당수 남았으므로, 6세기 이후 행정제도 재정비·재편의 방향은 동이·신라 전통을 중심으로, 외래 요소를 참고하는 형태이다.

이와 유사한 양상은 중국사의 전개 과정에도 나타난다. 五胡의 入流를 계기로 劉漢이 성립(304)한 후, 중국은 종족·세계관 등 다방면에서 胡·漢과 胡·胡의 충돌에 대한 문제를 겪었다. 胡·漢의 상호작용이 계속 진행되고, 北魏 효문제시기(417~499)에 '移風易俗' 등이 강조되나, 胡·漢의 전통과 세계관을 일정히 인정하며 융합하는 정책이 시도되었다.[63]

시기의 차는 있지만, 마립간시기 이후의 신라도 세계관의 변화를 겪었다. 마립간시기의 영역 팽창은 고구려·백제라는 두 고대집권국가와 직접적인 항쟁을 초래했기 때문이다.[64] 신라는 생존을 위해서라도 자국 전통의 유지·외래 요소의 참용에 대한 문제를 고민해야만 하였다. 진흥왕대의 영역 팽창 같은 성과는[65] 이러한 고민의 결과이다. 對中 교류가 활성화되는 7세기 후반에도 "중국이 正朔을 반포하지 않아

---

63) 朴漢濟, 「胡漢體制의 展開와 그 性格」, 『講座中國史 Ⅱ』, 지식산업사, 1989.

64) 金瑛河, 「新羅의 發展段階와 戰爭」, 『韓國古代史研究』 4, 1990 / 金瑛河, 앞의 책, 2002.

65) 이기동은 중고기 영역팽창으로 560년대에 신라 최대의 판도를 누렸지만, 중고기 말까지 失地 회복을 꿈꾸는 고구려·백제의 끊임없는 침입으로 국가적 위기에 처했다고 하였다(李基東, 「新羅 花郎徒의 社會學的 考察」, 『歷史學報』 82, 1979 / 李基東, 앞의 책, 1984, 355쪽).

선조 법흥왕 이래 사사로이 기년을 칭했다"는[66] 주장이 선명히 남거나, 尊號改正·公服制定 등 군신 의례의 재정비에 표출되고 있는 원리는 6세기 초 신라가 자국 전통을 위주로 외래문물을 참용했다는 것을 보여준다.[67] 따라서 6세기 이후 신라가 취한 국가체제 재정비·재편의 기조는 '夷·唐 相雜'이었다.

이상에서 보듯 신라 중앙행정제도 연구는 한국행정제도사에서 전통적·독자적 요소를 위주로 외래적·보편적 요소를 참용하려는 이른 시기의 시도를 밝히는 작업이다. 나아가 6세기 이후 신라 중앙행정제도의 재정비·재편과정은 자국 전통에 기초해 天下國家 행정제도로의 질적 발전을 모색하는 과정이다. 따라서 '이·당 상잡'의 시각을 토대로, 상고기 행정제도 재편의 함의를 모색해야 한다.

둘째, 유사한 시기의 인접국에 있었던 사례를 비교사적으로 검토해야 한다. 직관 上은 관청·관직별 업무와 같이 중앙행정제도를 규명하기 위한 필수 정보도 전하지 않는 경우가 상당하다. 부족한 자료는 인접국의 비슷한 사례를 비교사적 입장에서 검토해 보완해야 한다. 따라서 본서에서는 주로 중국 중앙행정제도의 사례를 비교사적 입장에서 검토하고자 한다.

셋째, 유관 사례에 대한 전수조사가 필요하다. 선행연구는 대부분 部·府, 部·府의 5등의 직제를 위주로 이루어진 표본조사이다. 部·府의 함의가 多大하고, 部·府가 상급·주요 관청이란 점은 동의할 수 있다. 그러나 部·府를 표본으로 중앙행정체계의 틀을 논의하는 것은 대표성에서 문제를 제기할 수밖에 없다. 주요 6관직 중 하나인 監이 누락된

---

66) 『三國史記』 권5, 新羅本紀5, 眞德王 2년(648) 冬.

67) 丁德氣, 앞의 논문, 2017(b) ; 丁德氣, 앞의 논문, 2017(a).

채로 논의가 진행되거나, 중앙행정체계에서 ⑽대나마의 활용도가 논자별로 달라지는 것이 단적인 예이다. 따라서 직관 上의 전수조사를 통해 중앙행정체계의 상을 재구축해야 한다.

넷째, 관청의 구성 원리를 파악하는 시각을 '아래에서 위로', '소규모에서 대규모로'로 전환해야 한다. 상고기~중대로의 이행과정에 대한 평가는 여러 가지가 있겠지만, 본질적으로는 신라의 국가 규모가 확대되는 과정이다. 시기별 부침이 있지만, 국가가 주관할 업무는 양적·질적으로 증대되었다. 따라서 국가정책을 기획·집행하는 관청도 양적 증대·질적 변화를 거쳤다. 17관위 중 '大'를 冠稱한 4관위(⑸대아찬·⑽대나마·⑿대사·⒂대오)는 기존 관위(⑹아찬·⑾나마·⒀사지·⒃소오)의 상향 분화로 성립하였고, 관직도 '제감→ 감→ 대감'·'사→ 사지'의 계통별 상향 분화가 나타났다.[68] 관위·관직의 상향 분화는 신라 중앙행정제도의 발달 방향이 한국 고대사의 제 분야가 지향한 발달의 기본방향과 합치되었음을 보여준다. 따라서 중대에 대규모·높은 관격으로 운영되는 관청이라도, 상대에는 소규모·낮은 관격으로 존재·운영되었을 가능성을 검토해야 한다.

본서는 이상의 시각과 방법론에 입각해 아래 순서로 진행할 것이다. 먼저 2장에서는 지증왕~법흥왕대 성립한 동시전과 병부의 정비과정·조직·행정적 구조와 운영양상을 상세히 분석하고자 한다. 두 관청의 분석을 통해 監이 장관인 典(이하 監典)[69] 및 部의 행정적 구조와 운영양

---

68) 丁德氣, 앞의 논문, 2011, 79~80쪽 및 84~86쪽.
69) 19典 중 監이나 監의 동급관직이 장관으로 있는 전은 7개이다. 六部少監典·六部監典 같은 용례가 있으므로, 본서는 監 혹 監의 동급관직이 장관으로 있는 典을 監典으로 지칭한다.

상을 상론하고, '이·당 상잡'의 기조가 6세기 이후 중앙행정제도의 재편에 투영되었음을 논증하겠다.

2장에서 동시전·병부를 대표사례로 제시하는 것은 세 가지 이유가 있기 때문이다. 첫째, 두 관청은 행정적 위상의 차이가 있지만, 율령반포 이전에 성립하였다. 따라서 처음 둔 편년이 명료한 관청 중 가장 이른 시기에 성립하였다.

둘째, 두 관청의 조직은 상급·하급 관청 조직의 정비과정을 보여준다. 동시전은 監典이다. 동시전의 조직은 전형적인 監典의 조직을 다소 변형하였고, 슈이 장관인 관청의 3등관 이하 조직과 관계가 있다. 병부의 조직은 대부분의 部·府, 즉 상급 관청의 조직에 영향을 미쳤다.

셋째, 두 관청의 담당업무·정비과정은 상고기 행정 운영의 변화과정을 구체적으로 드러낸다. 동시전은 동시를 맡는 수도행정 관청이며,[70] 전국·왕경의 물자 유통 등 국가행정을 지원하였다. 국가행정은 "軍國之事" 중 '國事'이며, 수도행정은 '京都의 일'인 '京都事'이다. 즉 동시전의 담당업무는 國事와 京都事의 교집합에 해당한다. 또 동시전은 편년·조직·업무의 측면에서 상고기 有司·所司가 직관 上의 수도행정 관청으로 재편되는 과정을 드러내며, 여러 실무관청의 통할을 위해 상급 관청의 성립이 시작되는 직전 단계의 관청이다.

병부는 "內外兵馬事" 등 人力의 분배를 맡았다. 내외병마사는 이사금 시기부터 존재한 중요 국사의 하나로, 시기별 병마 행정의 방식이 다르다. 병부의 성립과정은 상고기 병마 행정이 중고기 이후 병마 행정으로 전환되는 역사성을 나타낸다. 또 병부는 4部 중 가장 긴

---

70) 丁德氣, 앞의 논문, 2009, 12~16쪽 ; 丁德氣, 앞의 논문, 2011, 61~62쪽.

시간의 정비를 거쳤다. 따라서 병부의 정비과정은 6세기 이후 중앙행정 제도의 재정비과정을 압축적으로 보여준다.

3·4장에서는 2장에서 논의한 요소들이 중대 말 중앙행정제도와 갖는 관계를 밝히고자 한다. 3장에서는 중앙행정관직의 상당위체계, 개별 관직의 담당업무, 관직 분화의 양상을 분석하겠다. 대부분 部·府의 관직체계를 중앙행정의 관직체계로 치환하지만, 部·府의 조직만으로 직관 上의 관직체계를 대표할 수 없다. 따라서 직관 上의 전수조사와 비교사적 방법론에 입각한 정리가 필요하다. 이를 통해 3장에서는 '주요 6관직(令 - 卿 - 監 - 大舍 - 舍知 - 史)'의 상당위체계를 규명하고, 주요 6관직의 담당업무·행정적 함의·관직의 분화양상을 논의하겠다.

4장에서는 중앙행정관직의 정원 구조, 관청의 운영과 구성 원리를 분석하려 한다. 직관 上에서 관직별 정원은 모든 관직에 서술되는 핵심 정보이다. 중요 기준시점에서 관직별 정원을 분석하면, 중대 중앙행정제도는 전형적인 관료제인 '피라미드 구조'가 아니라, 감·사지 의 정원이 급격히 하락하는 '두 개의 허리 구조'이다. '두 개의 허리'는 본질적으로 중앙행정의 효율성 제고를 위한 목적에서 나타났다. '첫 번째 허리'는 상고기 관청인 典, 특히 監典의 재편과정에서 나타났고, 이를 통해 상대 중앙행정제도 재편의 함의를 찾을 수 있다.

'두 개의 허리 구조'는 상고기의 전통적 행정 운영이 '아래에서 위로'· '소규모에서 대규모로'란 방향에서 재편되었고, 중대 중앙행정제도로 계승되었음을 보여준다. 이것은 같은 시기 당제의 발달과정과 본질적 으로 동궤에 있다. 진평왕대 이후 신라·중국은 자국 관료제의 운영과정 에서 유사한 현실 문제에 직면하였고, 문제의 풀이 방식과 최종적인 목표가 비슷하였다. 통일신라체제·당제는 한국·중국이 동궤의 발전을 거쳐 자국의 국가체계를 '천하국가 행정체계'로 변화시킨 산물이다. 이 점에서 상대 중앙행정제도의 정비과정은 자국 전통에 기초해 육전으로 대표되는 보편적 국가 행정원리를 구축·획득하는 과정이었다.

이상을 해명하면, 신라 상고기 관료제 운영의 역사적 경험이 상대·중대 중앙행정제도의 재편에 반영되었음을 드러낼 수 있다. 나아가 신라 중앙행정의 총체적인 모습과 발생 원리를 규명해 동아시아 중앙행정제도 발달사 속 신라 중앙행정제도 발달사의 함의를 해명할 수 있을 것으로 기대한다.

2장

上·中代 典·部의 정비

　신라는 지증왕대에 국가 최고 통치자의 尊號를 '마립간'에서 '신라국왕'으로 改正하였다. 신라국왕은 이사금·마립간의 함의를 계승하고 중국적 요소를 참용하여 '聖賢으로서 位를 標識하는 者(聖賢標位者)'란 함의를 지녔다.[1] 법흥왕대에는 신라 고유 복제를 토대로 중국적 요소를 참용하여 신하의 尊卑를 服色으로 분별한 公服을 제정하였다.[2] 지증왕·법흥왕대의 尊號改正·公服制定은 王禮·臣禮 등 국가 예제의 재편을 의미하고, 양자는 상고기 신라의 전통을 토대로 외래 요소를 참고한 것이다. 이 점에서 양자는 늦어도 지증왕대에 '夷·唐 相雜'의 정책적 기조가 작용하였음을 보여주는 사례이다.

　위의 정책적 기조는 국가 예제의 재정비뿐 아니라, 중앙행정제도의 재정비에도 작용하였다. 신라국왕의 함의로 보아 성현인 신라국왕이 행하는 통치행위의 본질은 標位이다. 공복 같은 국가 예제나 중앙행정제도는 표위를 구현하는 수단의 하나이다. 王者의 통치행위는 국가예

---

1) 정덕기, 「6세기 초 신라의 尊號改正論과 稱王」, 『歷史學報』 236, 2017(b).

2) 정덕기, 「신라 중고기 公服制와 服色尊卑」, 『新羅史學報』 39, 2017(a).

제와 더불어 政令·制度에 기초하는 設官分職을 통해 실질적으로 구현되기 때문이다. 이 점에서 지증왕 이후에 활발히 진행되는 중앙행정제도의 정비도 상고기 행정의 재정비를 전제로 진행되었다. 이것을 잘 보여주는 것이 典·部의 정비이다. 典·部의 정비가 상고기 행정의 재정비를 토대로 이루어졌음은 520년 율령반포 이전에 성립한 동시전·병부의 사례를 검토하면 분명하게 알 수 있다.

동시전은 지증왕 9년(508), 병부는 법흥왕 4년(517)에 설치되었다. 두 관청은 설치시기를 전하는 관청 중에서 가장 이른 시기에 설치되었다. 또 두 관청은 국가 전체 행정에서도 중요성이 높다. 동시전은 京師·京都로 집중된 물자가 '商'행위를 통해 재분배되는 과정·결과를 監督하였고, 병부는 국가 전체의 兵馬行政을 관장하기 때문이다. 즉 율령반포 이전 재화 유통·인력 분배를 담당하는 관청이 먼저 정비된 것이다. 典·部가 중고기~중대에 활발히 재정비되므로, 양자는 520년 이후 행정체계 재정비에 상당한 영향력을 미쳤다.

그러나 양자의 성립·정비과정 및 타 관청과의 관계를 모색한 연구는 많지 않다. 동시의 기능·함의를 '官商·官市' 체계와 결부시켜 해명하는 중에 동시전을 언급하거나,[3] 王京 내 시장인 동시의 위치를 정리하면서 동시전을 언급한 정도이다.[4] 이를 통해 동시전의 담당업무를 구체화할 수 있지만, 기록이 영세한 소규모·하급 관청이란 점에서 아직 연구할 것이 많은 과제이다.

---

3) 김창석, 「관상의 기원과 관시체제」, 『삼국과 통일신라의 유통체계 연구』, 일조각, 2004.
4) 李成市, 「新羅王京の三市について」, 『古代東アジアの社會と文化』, 汲古書院, 2007 ; 金昌錫, 「新羅 왕경 내 市場의 위치와 운영」, 『한국문화』 75, 2016.

병부에 대한 선행연구는 병부성립의 원인 또는 제도적 기원·위상을 살피거나, 兵部令에 대한 이해를 중심으로 이루어졌다. 병부성립의 원인으로 신라의 팽창에 기인한 군사적 수요의 증가,[5] 연맹 이래 병권의 분산성을 극복하여 왕권에 통속시키고, 軍政權·軍令權을 분화시킬 필요성,[6] 국가 차원에서 군사행정을 통일적으로 처리할 필요성[7] 등이 지적되었다.

병부의 제도적 기원으로 이전 시기 정복지의 확장·통치를 위해 설치한 軍主가 주목되었고,[8] '部'라는 명칭상 後魏의 영향을 받았다고도 한다.[9] 중국사에서 육전체제 하의 병부는 隋代에 처음 등장하므로, 신라 병부는 육전 하의 병부와 무관한 신라 고유 관청으로 이해하기도 한다.[10] 한편 병부는 직관 上의 44관청 중 최상의 관청이며, 병부 官員의 관질은 타 관청의 職制에 영향을 주었다는 점이 강조되기도 한다.

더하여 주목된 것이 兵部令이다. 병부령은 定員이 3인이고, 宰相·私臣을 겸할 수 있었다. 병부령이 3인인 이유로 귀족합의제의 전통이 장관직의 복수제로 계승되었다거나,[11] 병부령 간 상호견제를 위한 조치,[12]

---

5) 신형식은 백제·고구려와의 빈번한 충돌과 점령지가 확대되면서, 군사제도의 획일적 지배가 필요하다고 하였다. 이 목표는 지역적 성격을 가진 軍主로는 실현하기 어려웠으므로, 군사권을 전담한 병부가 성립했다고 보았다(申瀅植, 『韓國古代史의 新研究』, 一潮閣, 1984, 152~153쪽).

6) 盧重國, 「法興王代의 國家體制强化」, 『統一期의 新羅社會研究』, 慶尙北道·東國大學校 新羅文化研究所, 1987, 49~52쪽.

7) 李文基, 『新羅兵制史研究』, 一潮閣, 1997, 316쪽.

8) 申瀅植, 앞의 책, 1984, 155~158쪽.

9) 李仁哲, 「新羅 中央行政官府의 組織과 運營」, 『新羅政治制度史研究』, 一志社, 1993, 30쪽.

10) 권영국, 「고려 초기 兵部의 기능과 지위」, 『史學研究』 88, 2007, 479~480쪽.

11) 井上秀雄, 「新羅政治體制의 變遷過程」, 『古代史講座 4』, 學生社, 1962, 201쪽.

王京·地方·전국의 병권을 分掌하려는 의도 등이 지적되었다.[13] 겸직 규정으로 병부령의 강대한 실권이 설명되고, 왕은 병부를 통해 병권을 장악하며 왕권을 강화했다고 이해되었다.[14] 병부령은 상고기 大輔의 기능 중 兵馬權 관계 업무가 분화된 것이므로, 왕권과 밀착된 존재로 상정되었다. 이로 인해 처음 둘 때 군령권도 맡아 上大等과 겸직하나, 진평왕대부터 상대등과 구별되고 전시에만 將軍으로 군사를 지휘한다고 이해되었다.[15] 또 병부령이 병부보다 1년 앞서 설치된 것을 신라 관직의 초기 분화과정에 보이는 謀大等과 연결하기도 한다. 병부령의 前身인 謀大等이 설치되고, 이를 주축으로 병부가 성립해 병부령이 되었다는 것이다.[16] 한편 병부령 설치는 귀족 대표들이 분장하던 병권이 군주 권력으로 회수됨을 말하므로, 고대국가로의 성장을 완료했다는 함의가 있다고도 한다.[17]

---

12) 金哲埈, 앞의 책, 1990, 70쪽.

13) 544년 령 1인의 증치를 1차 증치로, 659년 령 1인의 증치를 2차 증치로 명명하기로 한다. 井上秀雄은 1차 증치가 지방의 군사력을 신라 왕실에 결합하기 위한 조치이며, 2차 증치는 백제·고구려 정복을 위해 통일적 조직 관리를 위한 조치라고 하였다(井上秀雄,「三國史記にあらわれた新羅の中央行政官制について」,『朝鮮學報』51, 1969 / 井上秀雄,『新羅史基礎研究』, 東出判株式會社, 1974, 265~267쪽). 신형식은 1차 증치가 지방 軍主와 大幢 등 軍制에 대한 국가적 통일지배를 위한 조치이며, 2차 증치는 백제 토벌 및 唐軍과의 연합전에 대비한 것이라 하였다(申瀅植, 앞의 책, 1984, 155쪽 및 159쪽). 이문기는 1차 증치가 군역의무자로 구성되는 大幢과 召募兵으로 구성되는 三千幢의 설치로 인한 병부령의 업무증가에 기인하며, 2차 증치는 고구려·백제 정복을 위한 군사를 동원하는 과정에서 군사 관계 업무의 폭증으로 인한 것이라고 하였다(李文基, 앞의 책, 1997, 316쪽 및 320쪽).

14) 金哲埈, 앞의 책, 1990, 59~60쪽.

15) 申瀅植, 앞의 책, 1984, 151~152쪽.

16) 李文基, 앞의 책, 1997, 314~315쪽.

17) 김한규는 병부령이 內外兵馬權을 장악하면서, 이벌찬·이찬 등 귀족 대표들에

병부령에 대한 이해가 심화되면서, "掌內外兵馬事"의 실체에 대해서도 논의되었다. 병권은 군정권·군령권으로 대별되므로, 병부령의 軍令權 장악 문제가 관심사로 부상하였다. 병부령은 大幢將軍을 겸직하고[18] 국왕 측근이 보임되므로,[19] 병부령의 군령권 장악이 설명되었다.[20] 반면 병부령은 군정권만 장악했다는 반론이 제기되었고,[21] "내외병마사"란 무관 선발·병력 충원·무기 및 무구의 생산과 관리로 정리되었다.[22]

동시전·병부에 대한 연구의 흐름은 이상과 같다. 동시전은 영세한 사료와 관청의 격에 대한 문제로 전론을 거의 볼 수 없다. 병부는 제도적 기원이나 병부령을 위주로 이해되었고, 병부의 조직 정비와 이에 수반된 병마 행정의 변화에 대해서는 상대적으로 소홀히 다루어졌다.

동시전·병부는 6세기 이래 중앙행정제도의 재정비과정에서 율령반포 이전에 재정비되었고, 중앙행정에서 지니는 의미도 적지 않다. 전근대 국가의 주요 목표 중 하나가 "足食足兵"이란 점에서 두 관청의

의해 분장된 병권이 군주 권력으로 회수되었다고 보았다. 따라서 신라 중대의 君主는 병부령을 통해 병권을 직접 장악해 장군을 중앙 직속 군단으로 편제할 수 있다는 측면에서 병부령의 설치가 가진 함의를 지적하였다(金翰奎, 『古代東亞細亞幕府體制研究』, 一潮閣, 1997, 352~353쪽).

18) 朱甫暾, 「新羅 中古期 6停에 대한 몇 가지 問題」, 『新羅文化』 3·4, 1987, 33~39쪽. 다만 이 견해에서 병부령의 군령권 장악은 병부령 자체의 권한이 아니라, 병부령이 大幢將軍을 일종의 당연직처럼 겸직하면서 나타난다는 것이므로 주의할 필요가 있다.

19) 盧瑾錫, 「新羅 中古期의 軍事組織과 指揮體系」, 『韓國古代史研究』 5, 1992, 267~268쪽.

20) 李文基, 앞의 책, 1997, 322~327쪽.

21) 李明植, 「新羅 統一期의 軍事組織」, 『韓國古代史研究』 1, 1988, 90쪽 ; 李明植, 『新羅政治史研究』, 螢雪出版社, 1992, 237쪽 ; 李文基, 위의 책, 1997, 308~311쪽. 이문기는 평시에 군정 기구의 장관인 병부령이 군을 관리하며, 전시에 장군단을 편성해 필요 인물에게 군령권을 위임했다고 하였다.

22) 李文基, 위의 책, 1997, 322~327쪽.

담당업무는 중요성이 인정되며, 두 관청의 조직체계는 42개 관청의 재정비와 중요한 관계가 있다. 동시전의 조직체계는 監典의 조직체계에 監 1인을 증원하고 書生을 설치한 것으로, 部·府의 하급 관인 조직과 긴밀히 연관된다. 병부는 가장 먼저 설치된 部로서, 部·府 중 가장 긴 시간을 들여 정비되었다. 또 大監系 卿의 활용·주요 6관직의 相當位를 고려하면,[23] 병부의 조직은 중앙행정관청 조직의 모범이었다. 따라서 양자는 중앙행정관청의 조직체계에 상당한 영향을 미치고 있다.

본 장은 典·部의 대표사례로, 동시전과 병부를 정리하고자 한다. 1절에서는 상고기 有司·所司를 분석하고, 동시전의 성립과정과 조직체계를 분석하고자 한다. 이를 통해 監典의 성립·재편이 지닌 의미를 규명하겠다. 2절에서는 병부의 성립 원인을 將軍의 制度化로 설명하고, 병부조직의 정비과정을 4시기로 나누어 시기별 병마 행정의 변화상을 규명하고자 한다.

1. 典의 再整備와 東市典

1) 有司·所司의 용례분석과 監典

직관 上의 44개 관청 중 말자가 典인 관청은 총 19개이다. 19典은 1作典(京城周作典)·8成典(四天王寺成典·奉聖寺成典·感恩寺成典·奉德寺成典·奉恩寺成典·靈廟寺成典·永興寺成典·永昌宮成典)·10典(大日任典·彩典·

---

23) 丁德氣,「신라 중앙행정관직의 재검토 -『삼국사기』 직관 上의 주요 6개 대표 관직을 중심으로 -」,『新羅史學報』21, 2011, 77~80쪽.

東市典·西市典·南市典·漏刻典·六部少監典·食尺典·直徒典·古官家典[24])으
로 세분된다. 作典·成典의 장관은 令·금하신~대나마이며, 作典·成典은
京城·寺院·宮의 조영·영선을 담당한다. 나머지 10典의 장관은 監~幢이
며, 경도 행정 관련 직무를 담당한다.[25] 성전·작전의 장관은 部·府의
장관과 버금가나, 대개 다른 部·府 장관의 겸직이므로, 典은 독립적인
하위관서로 알려졌다.[26]

이상 典의 장관이 가진 직함은 일률적이지 않고, 말자로 관청의
격을 구분할 수 없다. 다만 典은 部·府·署·館과 달리 관청 명칭과 담당업
무가 한국어순으로 자연스럽게 해석된다. 예를 들어 四天王寺成典은
'사천왕사 만들기·완성하기(成) 담당(典)', 東市典은 '동시 담당(典)' 같은
해석이 가능하다. 즉 典은 말자 자체로는 관청의 격을 알기 어렵지만,
□□典의 □□는 관청의 담당업무로 자연스럽다. 반면 수·당까지의
중국 관제에서 典이 관청의 말자로 사용된 경우는 찾기 어렵다.[27]

---

24) 현재 널리 활용되는 『삼국사기』 교감본은 '古官家典'으로 표기한다(金富軾
    저·이강래 교감, 앞의 책, 1998, 410쪽). 반면 李丙燾는 '古宮家典'으로 읽었다
    (정구복 외 4인, 『개정증보 역주 삼국사기 1』, 한국학중앙연구원, 2012, 526
    쪽). 이인철은 內省 관청으로 보아 '古宮家典'으로 읽었고(李仁哲, 앞의 책,
    1993, 48쪽), 이후 이 설이 수용되었다(申瀅植, 『新羅通史』, 도서출판 주류성,
    2004, 496~497쪽 ; 朴秀淨, 2017, 앞의 논문, 60쪽). 본서는 '옛 官家 담당'이란
    업무가 중앙행정관청에 어울리고, 현행 판본을 존중해 '古官家典'으로 읽는다.
    이른 시기 "官私屋舍"의 용례처럼(『三國史記』 권2, 新羅本紀2, 訖解尼師今 41년
    (350) 夏 4월), '옛 官家', 즉 상고기 관청의 청사 관리를 담당하는 관청으로
    보이기 때문이다.

25) 申瀅植, 위의 책, 2004, 496~497쪽. 신형식은 수도행정 관청을 행정계통에
    따라 분류하였다. 구체적으로 ① 경성주작전 아래 전읍서·대일임전·채전·경
    도역·신궁과 직도전, ② 영창궁성전·육부소감전·고궁가전, ③ 3시전의 3개
    계통으로 구분하였다.

26) 李仁哲, 앞의 책, 1993, 42쪽.

27) 兪鹿年 編著, 「歷代官制表析」, 『中國官制大辭典』, 黑龍江人民出版社, 1992, 1297~

따라서 典은 신라 고유의 행정구조에서 기인하여, 상고기 행정의 경험이 직관지에 수록된 관청의 형태로 전화된 것이다. 이것은 物藏庫事務와 物藏典의 관계로 파악된다. 관련 자료를 A로 인용하였다.

A-①. 처음으로 南堂에서 정사를 들었다(聽政). 漢祇部人 夫道란 자는 집안이 가난하나 아첨하는 일이 없고, 書·算을 잘해 당시에 이름이 드러났다. 왕이 그를 徵하여 아찬으로 삼고 물장고의 사무를 맡겼다.[28]

A-②. 物藏典. 大舍는 4人이다. 史 2人이다.[29]

A-①은 첨해이사금이 南堂에서 처음 聽政하며 조치한 인사이동을 기록하였다. A-①에서 첨해이사금은 '가난해도 아첨하는 일이 없는' 품성과[30] '書·算을 잘한다'는 능력을 들어 부도를 徵했고, 阿湌의 관위를 주어 '物藏庫事務'를 맡겼다(委)고 한다. 부도의 '著名'이 어떤 경로로 이루어졌는지는 알 수 없지만, 첨해이사금은 南堂의 聽政을 통해 부도의 능력을 인지하였다.

A-②의 物藏典은 A-①의 物藏庫에 관계된 관청이다. 물장고·물장전의 설치시기를 정확히 알기는 어렵다. 다만 內省 소속 관청이므로, 내성이

1411쪽. 「歷代官制表析」은 『中國官制大辭典』에 부기된 일종의 관제 통사표 및 설명인데, 典을 관청의 말자로 쓴 경우를 찾아볼 수 없다.

28) "始聽政於南堂. 漢祇部人 夫道者, 家貧無諂, 工書算, 著名於時. 王徵之爲阿湌, 委以物藏庫事務"(『三國史記』 권2, 新羅本紀2, 沾解尼師今 5년(251) 春 正月).

29) "物藏典. 大舍 四人. 史 二人"(『三國史記』 권39, 雜志8, 職官 中).

30) 하일식은 '家貧'을 주목해 夫道가 중소세력의 범주에도 들지 못했던 인물로 보았다. 따라서 이 기사는 당시에 파격적인 사건이므로 기록되었고, 이 기사를 통해 이사금의 임면권 강화과정을 볼 수 있다고 하였다(하일식, 앞의 책, 2006, 97~99쪽).

48

설치되었던 진평왕대 이전에는 이미 물장전이 존재하였다. A-①의 물장고는 곡물·각종 수공업품 등 왕실 운영에 필요한 물품을 수납하여 왕권의 경제기반과 직결된 창고이며, 劍君傳의 '창예창' 등 왕실곡물창고처럼 물장고 산하 보관 품목에 따른 하위창고들이 있다고 한다.[31] 또 물장고는 정부·왕실 재정이 분리되지 않아 稟主가 국가재정을 총괄한 시기에 국가(왕실)의 중요 공예품·보물과 신라 6부민·지방에서 바친 貢納物을 보관한 창고로, 夫道는 품주 아래 물장고의 출납업무를 책임지는 별도의 관리 중의 한 명이라고 보기도 한다.[32] 이상에서 물장고에 관계된 일련의 행정체계가 상정된다.

즉 A-①의 부도가 담당한 물장고사무는 후대 물장전의 전신이 되는 어떤 조직의 업무를 담당했다는 의미이다. 물장고만 아니라 산하에 다른 창고가 있었다면, 적어도 창고별 책임자가 1명씩은 있었다. 따라서 부도가 담당한 물장고사무란 물장고와 산하 여러 창고 간 수발되는 문서를 처리하고, 창고 물품의 총량·입출에 대한 회계 등을 정돈하는 것이 기본이었다. 관위로 보아 부도는 해당 물장고와 관계된 조직의 長을 맡아 업무를 담당한 것이다. 이상에서 상고기 신라에도 유관 업무를 위한 조직이 존재하였음을 보여준다.

부도는 아찬을 받아 물장고사무를 맡았으나, A-②의 물장전에 설치

---

31) 물장고는 寶庫가 아닌 왕실 재정을 위한 창고이다. ①왕이 직접 적임자를 선정·등용했고, ②임명 사유가 문서 행정·계산에 밝았다는 것이며, ③물장전과 명칭이 유사한 태봉의 物藏省이 고려의 왕실 재정을 담당한 小府寺로 계승되기 때문이다(김창석, 앞의 책, 2004, 124쪽).

32) 물장고는 穢宮典(珍閣省) 설치 이전 天賜玉帶·萬波息笛 등 국가(왕실)의 중요 공예품·보물과 공납물을 보관한 창고이다. A-①에서 부도의 청렴성·능력이 강조된 이유도 물장고의 성격과 관계가 있다(全德在, 「新羅 中央財政機構의 性格과 變遷」, 『新羅文化』 25, 2005, 6~11쪽).

된 관원은 대사 4인·사 2인 등 총 6인에 불과하다. 직관 上의 관직별 상당위를 참고하면, 대사의 상당위는 ⒀사지∼⑾나마이며, 사의 상당위는 ⒄선저지∼⑿대사이다.[33] 부도가 받은 아찬은 '大'字를 冠稱한 관위가 분화하지 않았던 상태의 아찬이므로, 훗날의 ⑹아찬보다 높은 관위이다. 그러나 현존 직관 中의 물장전은 대사가 장관이므로, 관청의 격이 상대적으로 낮다. 즉 물장전의 전신에 해당하는 조직은 최소 대아찬 분화 이전의 아찬을 수장으로 했지만, 훗날의 물장전은 이보다 낮은 관격으로 운영되었다. 따라서 물장고사무와 물장전의 관계는 상고기 행정의 재편과정을 일부 보여준다.

상고기 관청운영의 흔적은 B와 같이 有司·所司로 나타난다.

B-①. 곧 有司에 命하여 곳곳에 있는 鰥·寡·孤·獨과 늙고 병들어(老病) 스스로 살아갈 수 없는 사람을 위문하고, 그들을 돌보게(給養) 하였다.[34]

B-②. 令을 내려 말하였다. "지금 倉廩이 (텅) 비고 다하였고, 병장기(戎器)가 무디어져 있다. 만약 水災나 旱災가 있거나, 변경의 변고가 있다면 무엇으로 그것을 막을 것인가? 마땅히 有司에 농사와 누에치기를 권면하고, 무기(兵革)를 벼리어 뜻밖의 일에 대비하게 할 것을 令한다."[35]

---

33) 丁德氣, 앞의 논문, 2011, 70~72쪽.

34) "仍命有司, 在處存問, 鰥·寡·孤·獨·老病不能自活者, 給養之"(『三國史記』권1, 新羅本紀1, 儒理尼師今 5년(28) 冬 11월).

35) "下令曰. "今倉廩空匱, 戎器頑鈍. 儻有水旱之災, 邊鄙之警, 其何以禦之. 宜令有司, 勸農桑, 練兵革, 以備不虞.""(『三國史記』권1, 新羅本紀1, 婆娑尼師今 3년(82) 春正月).

B-③. 큰 비가 열흘이나 와서 平地에 물이 서너 자나 되었고, **官私屋舍**가 물에 잠기고 떠내려갔으며, 산 13곳이 무너졌다.[36]

B-④. **有司**에 **命**하여 전함을 수리하게 하였다.[37]

B-⑤. 오래도록 비가 오지 않으니, **內·外**의 **有司**에 **命**하여 죄수를 검열[慮]하게 하였다.[38]

B-⑥. 비로소 四方의 郵驛을 두었고, **所司**에 **命**하여 官道를 수리하게 하였다.[39]

B-⑦. 비로소 **所司**에 **命**하여 얼음을 저장하게 하였다. 또 舟楫의 이로움에 대한 制를 내렸다.[40]

B는 신라 건국~지증왕 薨去까지의 본기에 보이는 有司 4건·所司 2건·官私屋舍 1건의 용례를 인용한 것이다. B-①·②는 有司, B-③은 官私屋舍, B-④~⑦은 所司의 용례를 보여준다. 출전 상 본기 권1은 유사가, 권3은 소사가 등장해 어떤 시기 구분의 가능성이 있는 것처럼 보이기는 한다. 그러나 유사·소사는 '담당 관청'이란 일반명사이고, 지증왕 이후 본기에도 유사·소사는 각 5건이 등장한다. 따라서 양자는 특정한 시기 구분을 반영한 것이 아니다.

선행연구에서 B의 유사·소사는 대개 관청으로 볼 수 없다는 해석이

---

36) "大雨浹旬, 平地水三四尺, 漂沒官私屋舍, 山崩十三所"(『三國史記』 권2, 新羅本紀2, 訖解尼師今 41년(350) 夏 4월).

37) "命有司修理戰艦"(『三國史記』 권3, 新羅本紀3, 慈悲麻立干 10년(467) 春).

38) "久雨, 命內·外有司慮囚"(『三國史記』 권3, 新羅本紀3, 炤知麻立干 4년(482) 夏 4월).

39) "始置四方郵驛, 命所司修理官道"(『三國史記』 권3, 新羅本紀3, 炤知麻立干 9년(487) 3월).

40) "始命所司藏氷. 又制舟楫之利"(『三國史記』 권4, 新羅本紀4, 智證麻立干 6년(505) 冬 11월).

주류를 이룬다. 상고기 관청 운영의 不在나 미숙성을 전제로 이해하기 때문이다. 대개 유사·소사는 중앙정부조직 중 관직의 전신,[41] 임시적인 국정 업무를 수행한 것에 대한 명칭이나,[42] 하급 실무직,[43] ⑪나마~⑬사지의 하위 관위를 포함한 대사의 전신으로 이해한다.[44] 또 기록 당시 B의 유사·소사가 나름대로 고유의 직무를 가졌으나, 후대에 직무를 찾지 못해 유사·소사로 일괄 기록했다고도 한다.[45] 상기 입장에서 B-③의 '官과 私의 屋舍'도 제한적으로 해석된다. 官의 屋舍는 官舍를 말하나, 독립적인 관부보다 실무 분화의 가능성만 지적된 것이다.[46] 이상에서 유사·소사는 상고기 관청 운영의 미숙함을 전제로 중고기 이후의 관청운영과 차이를 두고, 유관 직무의 담당자로 해석되었다.

그러나 B의 유사·소사는 특정한 시기성을 반영하지 않는 일반명사이므로, 유사·소사의 해석을 제약할 필요가 없다. B-③은 '官·私의 屋舍', 즉 건축물이 등장하였다. B-⑤에는 '內·外의 有司'가 보여, '內'와 '外'에 죄수의 검열을 담당하는 有司의 존재가 확인된다. B-⑦은 '藏氷'의 命을 所司에 내린 것이 처음(始)이라 하므로, 국가 운영이 지속되면서 새로 발생한 업무가 있음을 알려준다. 즉 B-⑦은 '始'와 '始에 속하지 않는 업무'가 『삼국사기』 작성 당시에 다소 구분되었음을 보여준다. 따라서 상고기 본기의 유사·소사는 '담당 관청'으로 해석되며, 상고기의 관청 운영을 보여준다.

---

41) 李鐘旭, 앞의 책, 1982, 217쪽.
42) 李文基, 앞의 논문, 1990, 265~266쪽.
43) 宣石悅, 앞의 논문, 1990, 198~199쪽.
44) 金瑛河, 앞의 책, 2002, 232~234쪽.
45) 金義滿, 앞의 책, 2000, 167쪽.
46) 하일식, 앞의 책, 2006, 98~99쪽.

이상은 행정의 집행방식을 토대로 생각해도 마찬가지이다. 대체로 B의 유사·소사는 왕의 슈·命을 통해 업무를 받았다. 왕의 슈·命이 (하급) 실무자에게 전달되는 방식을 정리하기로 한다.

왕의 슈·命이 (하급)실무자에게 전달되는 방식은 두 가지이다. 첫째, 왕이 (하급)실무자를 직접 引見하고, 인견하는 자리에서 구두나 문서로 슈·命을 내리는 방식이다. 둘째, 왕의 슈·命이 적힌 文書를 전달받는 방식이다. 전자는 사안별로 (하급)실무자가 왕에 대한 謁見을 거침을 의미한다. 실무자급 관인이 왕을 알현하는 일은 A의 夫道처럼 특수한 사례이다. 후대에 관료제가 정비될수록 실무자급 관인이 왕을 알현하는 일은 더 어려워졌을 것이며, 왕이 실무자급 관인을 사안별로 親見할 필요성이 있는지도 의문이다.[47] 즉 왕이 (하급)실무자에게 직접 슈·命을 통해 사안별로 업무지시를 내리는 것은 일반적인 형태가 아니다. 오히려 왕의 슈·命이 전달되는 일반적인 형태는 슈·命이 적힌 文書의 전달이다. 실제로 B-②는 파사이사금이 내린 슈이 직접 인용되었으므로, 왕의 슈·命이 적힌 文書가 전달되었음을 보여준다. 왕의 슈·命이 적힌 문서는 수발계통을 거쳐 내려왔을 것이고, 문서수발계통에는 책임자와 책임자 휘하에 문서를 전달하는 관인이 배속되었을 것이다.[48]

---

47) 시기적 격차가 큰 타국 사례이나, 隋 文帝에 대한 房玄齡·蕭瑀의 평을 참고할 수 있다. 당 貞觀 4년(630) 7월 乙丑일 太宗은 두 사람에게 수 문제를 논하라 하였다. 두 사람은 "자기를 이겨 예를 회복하고, 부지런히 선정에 힘쓰며, 매일 조정에 앉으면 해가 기울 때도 있었고, 5품 이상은 引見하여 일을 논의함에 숙위하는 사람은 반찬을 전해 먹기도 하였다"는 것을 들어 성실했다고 평했다("上謂房玄齡·蕭瑀曰. "隋文, 何等主?" 對曰. "克己復禮, 勤勞思政, 每一坐朝, 或至日昃. 五品已上, 引之論事. 宿衛之人, 傳飡而食. 雖非性體仁明, 亦勵精之主也.""(『舊唐書』 권3, 本紀3, 太宗 下, 貞觀 4년(630) 7월 乙丑). 이 평가에서 坐朝한 수 문제가 引之論事한 대상은 '5품 이상'으로 나타난다.

48) 有司·所司와 관련해「영일냉수리신라비」의 典事人·「울진봉평신라비」의 □事

더불어 생각할 것이 B에 등장한 사안의 규모이다. B의 사안은 진휼에 대한 給養(B-①)·農桑의 勸勉과 戎器의 비축(B-②)·戰艦의 수리(B-④)와 舟楫之利에 대한 制(B-⑦)·慮囚(B-⑤)·官道의 수리(B-⑥) 등으로, 실무자급 관인 개인이 담당하기 어려운 업무들이다. B-①·②가 대표적인 사례이다. B-①의 命을 집행하려면, 급양대상자인 '鰥·寡·孤·獨·老病不能自活者'에 대한 파악이 전제되어야 하고, 급양 기준과 규모를 정하는 논의와 급양의 집행절차가 요청된다. 즉 호구·호구별 경제 상황에 파악·급양 규모의 기준 확정 및 실제 집행이 필요하다. 따라서 후대 調府·倉部 등 戶部 계통 관청들의 협조·협업이 필요하다. B-②의 슈도 마찬가지다. B-②의 倉廩은 문맥상 農桑의 産物 및 戎器를 저장한 창름을 통칭한 것이다. 파사이사금은 2~3종 창름(農桑의 産物 혹 農의 産物·桑의 産物을 보관한 창고와 戎器를 보관하는 창고)의 실태를 '농상의 산물이 부족하고, 융기는 관리가 되지 않았다'고 지적하였다. 따라서 슈은 '농상을 권면하여 부족한 산물을 채우고, 융기는 관리하여 새것처럼 만들라'는 것이다. 즉 후대 호부·병부 계통 업무와 관계된다. 따라서 담당업무의 집행방식을 고려하면, 주무·유관 관청 등 일정한 조직을 상정해야 한다.

B-④의 '전함 수리'는 이보다 앞서 '왜병이 온다고 들었으므로, 船楫을 수리(理)하고, 甲兵을 수선(繕)하라'는 기록에도[49] 나타난다. 또 B-⑦의

大人 등 명령전달자들, 여타 중고기 금석문에 보이는 명령전달자들의 변화를 주목할 필요가 있다. 특히 典事人·□事大人은 다른 관위를 갖는 복수의 인물로 구성되므로, 중요한 단서로 생각된다. 그러나 이는 본서에서 거론하기 어렵다. 금석문별 사안·관청의 업무상 연결에 대한 문제를 비롯해, 명령의 전달방식·집행체계와 명령의 완료에 대한 보고체계 및 그 변화를 검토할 필요가 있기 때문이다. 이상은 금석문 및 시기별 중앙행정체계에 대한 총체적 이해를 전제로 검토해야 하므로, 차후 과제로 삼겠다.

'制舟楫之利'와도 연관성이 있으며, B-⑦ 이후 7년 뒤인 512년 우산국 정벌에서 戰船이 쓰였다.[50] 즉 '船楫·舟楫'은 '戰艦·戰船' 등 '전투용 배'에 관한 업무이다. '배'의 용도와 '배의 관리'라는 업무상 兵部 및 船府署·船府 의 업무와 관계된다. 실제 중고기 이래 문무왕 18년(678)까지 船府署는 병부의 속사였다.[51]

B-⑤에 나타난 '죄수의 검열(慮囚)'은 刑部에 준할 것으로 추정되는 理方府나 例作府 혹 例作典의 업무와 관계된다.[52] B-⑥의 '始置四方郵驛'과 '관도 수리'는 京都驛·乘府의 업무와,[53] B-⑦의 '藏氷'은 氷庫典의 업무와

<hr>

49) "聞倭兵至, 理舟楫·繕甲兵"(『三國史記』 권2, 新羅本紀2, 儒禮尼師今 6년(289) 夏 5월).

50) "于山國歸服. …… 乃多造木偶師子, 分載戰船"(『三國史記』 권4, 新羅本紀4, 智證麻立 干 13년(512) 夏 6월).

51) "船府. 舊, 以兵部大監·弟監, 掌舟楫之事. 文武王 十八年, 別置"(『三國史記』 권38, 雜志7, 職官 上, 船府) ; "始置船府署"(『三國史記』 권4, 新羅本紀4, 眞平王 5년(583) 春 正月).

52) "例作府【一云, 例作典.】. 景德王改爲修例府, 惠恭王復故"(『三國史記』 권38, 雜志7, 職官 上) ; "左理方府, 眞德王 五年, 置. 孝昭王 元年, 避大王諱, 改爲議方府"(『三國史記』 권38, 雜志7, 職官 上) ; "右理方府, 文武王 七年, 置"(『三國史記』 권38, 雜志7, 職官 上). 이방부는 형부, 예작부는 營繕 등 工部 관계 관청으로 이해되며(金哲 埈, 앞의 책, 1990, 60쪽 ; 李基東, 앞의 책, 1984, 122쪽), 이방부와 大理寺·예작부 와 將作寺(監)의 관계가 주목되기도 한다(李仁哲, 앞의 책, 1993, 36쪽). 최근 理方府는 형부이고, 例作府도 입법을 관장해 형부에 가깝다는 설도 제기된다. 선행연구에서 將作과 例作을 연결해 예작부를 工部 관계 관청으로 보았으나 將·例가 상통할 수 없고, 例를 '법식·규칙·규정·전고'로 파악했기 때문이다(朴 秀淨, 앞의 논문, 2017, 190~193쪽). 이방부·예작부 업무를 설명하는 자료는 찾기가 어려우므로, 직관 上의 구성 형태에 대한 분석이나 비교사적 접근이 세밀히 이루어질 필요가 있다.

53) 한정훈은 진평왕 6년(584) 정비된 승부가 牛馬·수레 등 교통수단·교통로 관리·郵驛사무 등 육상교통업무 전반을 관장했다고 보았다. 경도역의 설치연 대는 선부가 병부에서 별치된 문무왕 18년(678)이나, 중앙관제정비가 일단락 되는 신문왕대일 가능성을 지적하였다(한정훈, 「6·7세기 新羅 交通機構의 정비와 그 성격」, 『역사와 경계』 58, 2006, 148~150쪽). 그러나 '始置四方郵驛'은

관계된다. 즉 유사·소사는 현존 직관지 수록 관청의 업무와 일정한 관련성이 상정된다.

이상에서 상고기의 여러 업무도 중고기와 유사하게 관청의 운영을 통해 이루어졌다. 이것은 C처럼 중고기 초 유사·소사의 사례를 분석하면 명료하다.

C-①. 왕이 所司에 命하여 月城 동쪽에 새로운(新) 宮을 쌓으라고 하였는데, 黃龍이 그 땅에 나타났다. 왕이 그것을 의심하여 고쳐 佛寺로 하고, 號를 내려 '皇龍'이라 하였다.[54]

C-②. 有司에 命하여 隄防을 修理하게 하였다.[55]

C는 진흥왕 12년(551) 소사에 내린 命 1건과 진흥왕 18년(557) 유사에 내린 命 1건을 인용하였다. 일단 C-②의 隄防 수리는 工部 계열 관청의 업무에 해당하며, 내용으로 보아 경도와 인근을 포함해 전국을 단위로 하는 命이다. 경도와 인근의 제방 수리는 京城周作典의 업무에 해당한다. 경성주작전은 명칭으로 보아 京城과 주변(周)의 '作'을 담당하는 典이기 때문이다.[56]

없던 역의 신설보다 일부 실시된 우역제를 487년에 전국적으로 확대하거나 법제화했다는 측면으로 이해된다(서영일, 『新羅 陸上交通路 硏究』, 학연문화사, 1999, 58~62쪽). 사료의 편년을 존중하면, 경도역의 설치는 487년 무렵으로 파악된다.

54) "王命所司, 築新宮於月城東, 黃龍見其地. 王疑之, 改爲佛寺, 賜號曰皇龍"(『三國史記』 권4, 新羅本紀4, 眞興王 12년(551) 春 2월).

55) "命有司修理隄防"(『三國史記』 권4, 新羅本紀4, 眞興王 18년(557) 春 3월).

56) 경성주작전은 당 將作監의 업무 중 왕경의 성곽 수리에 대한 업무를 맡았다고도 한다(李仁哲, 앞의 책, 1993, 47쪽). 그러나 이 견해는 城을 이중으로 해석한

한편 C-①에서 진흥왕은 소사에 월성 동쪽에 새로운(新) 宮을 축조할 것을 命했고, 소사는 진흥왕에게 黃龍이 부지에 나타났음(黃龍見其地)을 보고하였다. C-①의 소사는 寺成典·永昌宮成典의[57] 사례에서 '□□(宮)成典'을 생각할 수 있다. 寺·宮 등에 成典을 설치한 것은 문무왕 17년(677) 영창궁성전의 사례를 통해 확인된다. 成典은 □□寺·□□宮의 조영이나, 부속 시설물의 조성(鑄鐘·建塔) 등 토목공사를 위해 설치되었다.

직관 上의 □□寺成典이나 永昌宮成典은 중대에 설치된 관청으로서, 조영 후 각 寺·宮의 중요도 등 여러 이유로 보수·관리·운영(修營)이나 重修[58] 및 奉祀를 담당하는 상설관청으로 전화된 것이다.[59] 다만 상기 이해에서 成典과 成典寺院은 구분해야 한다. 성전은 조영·조성 등 토목·건축의 감독을 위해 설치한 것이며, 성전사원은 상설화된 관리기구인 성전이 설치된 사원이기 때문이다. 즉 본래 성전은 특정한 寺·宮 등 건축 업무를 위하여 일종의 위원회처럼 구성된 관청의 범칭이며, 업무가 종료되면 해체나 일부 존치한 경우가 있는 관청이다.[60] 따라서

것이다. 경성은 경도와 호환될 수 있는 용어이므로, 경성주작전은 경성과 주변의 '作'을 담당한 典으로 이해된다.

57) 永昌宮을 內帝釋宮이나(李泳鎬, 앞의 논문, 1983, 101~102쪽), 天地神 奉祀를 담당하는 永昌神宮(蔡尙植, 앞의 논문, 1984, 20쪽), 무열왕의 願堂(朴南守, 「신라 「法光寺石塔記」와 御龍省의 願堂 운영」, 『한국고대사연구』 69, 2013, 239~241쪽)이나, 본기의 永昌宮으로 보기도 한다(전덕재, 「王宮의 구조와 그 변화」, 『신라 왕경의 역사』, 새문사, 2006, 223~225쪽). 영창궁을 佛堂·神宮·願堂으로 본 것은 직관 上의 成典이 대개 □□寺成典인 것에 기인한다. 그러나 7寺成典은 44관청 중 5~11번째, 영창궁성전은 25번째 관청이므로, 7사성전과 담당업무의 성격을 달리 파악할 가능성도 있다.

58) "重修永昌宮"(『三國史記』 권9, 新羅本紀9, 景德王 16년(757) 秋 7월).

59) 李泳鎬, 앞의 논문, 1983 ; 蔡尙植, 앞의 논문, 1984 ; 尹善泰, 앞의 논문, 2000 ; 尹善泰, 「新羅 中代의 成典寺院과 國家儀禮」, 『신라문화제학술발표논문집』 23, 2002.

C-①의 소사는 처음 새 궁을 건축하라고 명을 받고, 공역 과정에서 황룡이 출현을 보고한 관청으로, 'ㅁㅁ(宮)成典'이다.

진흥왕은 'ㅁㅁ(宮)成典'에서 '黃龍見其地'란 보고를 받은 후, 궁을 고쳐 사찰로 만들고자 하였고, '皇龍'이란 사찰 명칭을 賜號하였다. 문맥상 사찰 명칭인 '皇龍'을 사호 받은 관청도 'ㅁㅁ(宮)成典'이며, 사호 후 '皇龍寺成典' 정도로 명명되었을 것이다. 황룡사 조성을 마친 566년[61] 이후 성전의 존폐 여부는 알기 어렵다. 그러나 丈六像 鑄成(574)[62]·皇龍 寺塔의 創造(645)[63]·태풍으로 인한 황룡사불전의 훼손(674)[64]·황룡사 탑에 벼락이 친 사건(718)[65] 등이 계속 보이므로, 크고 작은 공사가 계속 필요했던 것은 분명하다. 따라서 성전의 존폐를 차치해도 때때로 성전이 구성되어 업무를 진행하였다. 담당업무의 특성상 재화·인력이 지속 투입되어야 하므로, 유관 관청의 협조를 통해 업무를 진행하였음 은 당연하다. 이 점에서 하대 황룡사탑의 改造를 위해 성전이 등장한 것은 이상한 일이 아니다.[66] 또 국가가 공사의 주체를 맡은 사찰은

---

60) 직관 上의 成典은 흔히 '古官制'로 설명되는 조직을 사용하여 전통적인 행정방 식과 연관이 많다. 寺成典 上堂은 집사부典大等의 상당위를 따르며, 관장업무 는 토목공사·역역동원에 관계된다(丁德氣, 앞의 논문, 2011, 76~80쪽). 이는 본서 4장에서 상술한다.

61) "皇龍寺畢功"(『三國史記』 권4, 新羅本紀4, 眞興王 27년(566) 春 2월).

62) "鑄成皇龍寺丈六像, 銅重三萬五千七斤, 鍍金重一萬一百九十八分"(『三國史記』 권4, 新羅本紀4, 眞興王 35년(574) 春 3월).

63) "創造皇龍寺塔, 從慈藏之請也"(『三國史記』 권5, 新羅本紀5, 善德王 14년(645) 3월).

64) "大風毀皇龍寺佛殿"(『三國史記』 권7, 新羅本紀7, 文武王 14년(674) 秋 7월).

65) "震皇龍寺塔"(『三國史記』 권8, 新羅本紀8, 聖德王 17년(718) 夏 6월).

66) 下代 사례이나, 황룡사탑에 벼락이 쳐 改造를 하는 과정("震皇龍寺塔"(『三國史 記』 권11, 新羅本紀11, 景文王 8년(868) 夏 6월) ; "王命有司 改造皇龍寺塔"(『三國史 記』 권11, 新羅本紀11, 景文王 11년(871) 春 정월) ; "皇龍寺塔成, 九層, 高二十二丈" (『三國史記』 권11, 新羅本紀11, 景文王 13년(873) 秋 9월))에 작성된 「皇龍寺

건축물이나 시설물의 높이·넓이 등 규모가 크므로, 건축물에 대한 상시 관리가 필요한 측면이 많았다. 이로 인해 성전을 상설할 확률도 크다.

C의 유사·소사는 관청제가 다소 정비를 본 이후인 중고기 초의 사례이나, 상기 분석에서 B의 사례와 본질적 차이는 없다. 모두 국왕의 令·命을 받았고, 특정 관청의 업무와 일정 정도 연관되며, 관청 간 협조 관계가 상정되기 때문이다. 실제 令·命을 받는 유사·소사는 중대에 5건,[67] 하대에 3건이 보이므로,[68] 상고기 유사·소사에 별도의 시기성을 부여해 해석을 제한할 필요는 없다. 더욱이 『삼국사기』가 12세기의 정리를 거친 작업이므로, '담당 관청'이란 일반명사를 시기별로 구분하지는 않았을 것이다. 즉 상고기 본기에 직관지 수록 관청이 보이지 않으므로, 관청이 운영되지 않았다는 역사상은 지양해야 한다.

오히려 주목할 것은 상고기 유사·소사가 중고기 이후 활용된 여러

九層木塔 舍利函記(利柱本記)」가 주목된다. 이 자료에서 金魏弘은 황룡사탑의 개조를 담당한 성전의 監修成塔事·守兵部令·平章事 伊干이었다(鄭炳三, 「皇龍寺 九層木塔 舍利函記(利柱本記)」, 韓國古代社會研究所 編, 『譯註 韓國古代金石文 3』, 1992, 369~370쪽). 윤선태는 김위홍의 監修成塔事가 다만 탑의 改造와 관련된 임시직일 가능성을 지적하였다(尹善泰, 앞의 논문, 2000, 21쪽).

67) 중대에는 유사 2건·소사 3건이 보인다("命有司徙民於諸王陵園, 各二十戶"(『三國史記』 권6, 新羅本紀6, 文武王 4년(664) 2월) ; "命有司埋骸骨"(『三國史記』 권8, 新羅本紀8, 聖德王 19년(720) 5월) ; "王大驚異之, 厚賞兩家子孫. 仍命所司, 創漢山州 莊義寺, 以資冥福"(『三國史記』 권5, 新羅本紀5, 太宗武烈王 6년(659) 冬 10월) ; "大赦. 王以旣平百濟, 命所司設大酺"(『三國史記』 권6, 新羅本紀6, 文武王 2년(662) 3월) ; "大王會羣臣, 下敎. "…… □□ 三十日爲限, 所司奉行.""(『三國史記』 권6, 新羅本紀6, 文武王 9년(669) 2월 21일 下敎)).

68) 하대에는 유사 2건·소사 1건이 보인다("王命有司 改造皇龍寺塔"(『三國史記』 권11, 新羅本紀11, 景文王 11년(885) 春 정월) ; ""孤之兄弟姉妹, 骨法異於人. 此兒, 背上兩骨隆起, 眞憲康王之子也." 仍命有司, 備禮封崇"(『三國史記』 권11, 新羅本紀11, 眞聖王 9년 冬 10월) ; "下敎. "禁新創佛寺, 唯許修葺. 又禁以錦·繡爲佛事, 金·銀爲器用. 宜令所司, 普告施行""(『三國史記』 권10, 新羅本紀10, 哀莊王 7년(815) 春 3월)).

典의 업무와 연관성이 많다는 점이다. 전술한 것처럼, B-④·⑤·⑥·⑦은 선부서나 선부·예작부 혹 예작전·경도역과 승부·빙고전의 업무와 관계된다. 또 C-①·②는 □□성전·경성주작전의 업무와 관계된다. 승부는 다소 예외이지만, 예작부는 이칭이 典과 관계가 있고, 빙고전·성전·경성주작전 등의 업무와 연결된다. 경도역은 典이 아니나, 수도행정 관청이므로 典과 관련된다.

상고기에 직관지에 수록된 典의 전신으로 볼 수 있는 관청의 운영이 있었다면, 직관지 수록 관청은 상고기 관청이 시간의 경과와 국가의 행정적 필요에 따라 재정비된 것이다. 또 업무로 보아 관계된 관청이 직관 上·中에서 모두 찾아지며, 관청의 格·관원 구성이 각각인 이유는 상고기부터 진행된 관청 재정비의 성격 문제에 기인한다. 상고기 행정의 재정비과정이란 관청의 격과 소속·관장 업무·관원 조직과 정원의 재편 등을 수반하는 작업일 것이기 때문이다.

그러면 상고기 행정 운영이 중고기 이후 행정 운영으로 변화되는 계기와 양자의 영향 관계가 궁금하다. 이것은 전술한 사료로는 구체적인 해명이 어렵다. 이를 위해 주목할 것이 '監이 관장한 典'인 동시전의 사례이다.

監典 중 동시전을 주목하는 것은 典의 특징 때문이다. 典은 관청의 격이나 규모를 말자로 구분하기 어렵고, 〈표-2〉처럼 장관의 관직명을 기준으로 구분하는 것이 유용하다.

〈표-2〉처럼, 직관 上의 19典은 장관의 관직명을 따라 10개 묶음으로 분류된다. ①은 설치연대를 알 수 없으나, 령·경은 聖德王 31년(732)·32년(733)에 설치되었다.[69] 따라서 732년 이전에 관청이 설치되었다면, 대사 - 사지 - 사의 3등 조직으로 운영되었다. ②·③·④는 8成典으로

〈표-2〉 장관의 관직명을 통한 19典의 분류

No.	장관직명	관청명칭	사례총수
①	令	경성주작전	1
②	衿荷臣	사천왕사성전·봉성사성전·감은사성전·봉덕사성전·봉은사성전	5
③	上堂	영묘사성전·영창궁성전	2
④	大奈麻	영흥사성전	1
⑤	監	채전·동시전·서시전·남시전	4
⑥	監郞·監臣	육부소감전	1
⑦	大舍	식척전·직도전	2
⑧	大都司	대일임전	1
⑨	博士	누각전	1
⑩	幢	고관가전	1
		용례합계	19

중대에 설치되었다. ⑧은 태종 무열왕 4년(657)에 설치되었다.[70) 즉 ①·②·③·④·⑧은 관청제가 성숙한 이후에 설치되었다. ⑥은 자료적 편년이 없지만, 늦어도 중고기 초에 설치된다고 파악하는 것이 지배적이다.[71) 또 部別 조직체계로 인해 나머지 監典과 다소 차이가 있고,[72)

---

69) "令 五人. 聖德王 三十一年置. …… 卿 六人. 聖德王三十二年置"(『三國史記』 권38, 雜志7, 職官 上, 京城周作典).

70) "太宗王四年置"(『三國史記』 권38, 雜志7, 職官 上, 大日任典).

71) 육부소감전의 설치시기로 상고기 말·중고기가 지적된다. 이인철은 육부소감전의 설치연대를 자비마립간 12년(469)~지증왕대(500~514)로 보았다. 慈悲麻立干 12년(469) 京都의 坊里를 정한 기사와 「냉수리비」·「봉평리비」의 6部로 보아 육부소감전의 설치연대를 6세기 초까지도 볼 수 있다는 武田幸男의 견해를 주목했기 때문이다(李仁哲, 앞의 책, 1993, 45~46쪽). 武田幸男은 육부소감전이 적어도 6세기 초에 설치된다고 하였다. 「南山新城3碑」(591)의 部監과 監郞·監臣·大奈麻 등 6세기 초 古式의 직명을 주목했기 때문이다(武田幸男, 「新羅六部와 그 展開」, 『民族史의 展開와 그 文化 上』, 창작과 비평사, 1990, 83~87쪽). 전덕재는 육부소감전이 육부체제 해체기인 530년대 이후에 설치된다고 보았다. 육부소감전의 업무상 6부가 행정구역으로 재편된 시기(왕의 소속 部名 冠稱이 탈피된 시기)를 주목했기 때문이다(全德在, 앞의 책, 1996, 132~140쪽 및 149~152쪽). 이문기는 육부소감전의 전신인 육부감전이 중앙

⑨·⑩은 용례가 너무 희소하여 분석이 어렵다.

가장 많은 사례를 지닌 것은 ⑤이나, ⑤ 중에서 서시전·남시전은 효소왕 4년(695)에 설치되었고,[73] 3개 시전의 조직은 동일하다. 즉 ⑤의 용례 중 상고기에 가깝다고 볼 수 있는 것은 채전·동시전의 2개 사례 정도이다. ⑦도 2개 사례를 지니지만, ⑦은 ⑤의 조직에 포함될 수 있다. 따라서 감전을 주목할 필요가 있으며, 2개의 감전 중에서도 동시전은 특히 주목된다. 동시전은 '商을 통한 재화의 분배'를 담당해 국가행정에서의 중요성이 인정되며,[74] 서·남시전 조직의 전형이 되었다. 또 지증왕 9년(508)이라는 관청설치의 편년이 명료하고, 직관 上 수록 관청 중 설치시기를 전하는 것 중에서 가장 이른 시기에 설치되었다. 더하여 部 정비 직전에 성립하였고, 율령반포 이전에 정비되기 때문이다. 따라서 2항에서는 동시전의 성립과정과 조직체계를 분석하고자 한다.

2) 東市典의 성립과정과 조직체계

동시전의 성립과정과 조직체계는 D와 같이 나타난다.

행정관청의 본격적으로 분화되는 진평왕대 무렵에 설치되었고, 상대 말~중대 초에 육부소감전·전읍서로 분화된다고 하였다(李文基, 앞의 책, 1997, 246~253쪽).

72) 『三國史記』 권38, 雜志7, 職官 上, 六部少監典 ; 武田幸男, 위의 논문, 1990, 85~86쪽.

73) "孝昭王四年置"(『三國史記』 권38, 雜志7, 職官 上, 西市典) ; "亦孝昭王四年置"(『三國史記』 권38, 雜志7, 職官 上, 西市典).

74) 김창석은 한국 고대국가의 관시가 가진 의미를 국가재정 운영에 보족적 역할을 수행했다는 점에서 찾았다(김창석, 앞의 책, 2004, 91~92쪽).

D-①. 東市典. 지증왕 9년(508)에 두었다. 감은 2인이다. 位는 ⑾나마에서 ⑽대나마까지로 하였다. 대사는 2인이다. 경덕왕이 고쳐 主事로 하였고, 뒤에 다시 대사를 칭하였다. 位는 ⒀사지에서 ⑾나마로 하였다. 書生은 2인이다. 경덕왕이 고쳐 司直으로 하였고, 뒤에 다시 書生을 칭하였다. 位는 調府의 史와 같다. 史는 4인이다.[75]

D-②. 京都에 東市를 두었다.[76]

D-①·②는『삼국사기』에서 동시전 및 동시의 설치에 관한 자료를 인용한 것이다. D-①은 지증왕 9년(508) 동시전의 설치를 전한다. 직관 上·본기는 동시전의 관장업무를 알려주지 않지만, 명칭상 관장업무는 D-②에 보이는 '京都 東市의 관할'이다.

D에서 주목할 것은 세 가지이다. 첫째, 방위접두어인 '東'이다. 본기는 효소왕 4년(695) 10월 이후부터 경도에 동·서·남으로 구분된 3개의 市가 있었음을,[77] 직관 上은 각 市별로 완전히 동일한 조직의 시전이 설치됨을 전한다.[78] 경도 3市의 상대적 규모의 차를 정확히 알기는 어렵지만, 3市典의 조직은 완전히 일치한다. 따라서 3市의 규모는 대동소이하였다.

---

75) "東市典. 智證王 九年置. 監, 二人. 位自奈麻至大奈麻爲之. 大舍, 二人. 景德王改爲主事, 後復稱大舍. 位自舍知至奈麻爲之. 書生, 二人. 景德王改爲司直, 後復稱書生. 位與調府史同. 史, 四人"(『三國史記』 권38, 雜志7, 職官 上).

76) "置京都東市"(『三國史記』 권4, 新羅本紀4, 智證麻立干 10년(509) 春 正月).

77) "置西·南二市"(『三國史記』 권8, 新羅本紀8, 孝昭王 4년(695) 冬 10월).

78) "…… 監 二人. 大舍 二人. 景德王改爲主事, 後復稱大舍. 書生 二人. 景德王改爲司直, 後復稱書生. 史 四人"(『三國史記』 권38, 雜志7, 職官 上, 西市典) ; "…… 監 二人. 大舍 二人. 景德王改爲主事, 後復稱大舍. 書生 二人. 景德王改爲司直, 後復稱書生. 史 四人"(『三國史記』 권38, 雜志7, 職官 上, 南市典).

둘째, 동시·동시전이라고 지칭되나, 508~509년부터 695년까지 경도에 監典이 설치된 시는 동시 하나이다. 서·남시와 각 시전은 695년에 일괄 설치되었다. 따라서 508~509년부터 695년까지 동시는 경도의 중앙시장이었다.

이상에서 '동시·동시전'이란 명칭이 어느 시점의 것인지가 궁금하다. 3개의 시·시전은 방위접두어로 구분된다. 동시·동시전은 695년 10월 이후 3시가 성립하면서, 경도에 복수로 존재한 시·시전을 구분하는 후대 명칭으로 볼 수도 있다.[79] 그러나 631년 (2)이찬 柒宿과 (6)아찬 石品이 叛亂을 꾀하자, (2)이찬 칠숙을 붙잡아 斬하고, 九族을 誅滅(夷)한 장소도 동시였다.[80] 따라서 동시·동시전은 508~509년의 명칭이다.

이것은 중국 고대 市의 사례로 방증된다. 중국에서 시는 '國의 상징'·'태양신의 강림지인 신성처'에서 기원해 집회를 위한 광장을 갖추며, 동문에 설치되었다. 또 복수의 市가 있어도 죄인의 처형 장소는 동시가 일반적이며, 한 고조 때 大市와 東市는 동일한 것이라 한다.[81] 한국 고대 市의 원형도 '높은 곳에 있는 신성처'에서 기원했으므로,[82] 3시 성립 이전에도 동시로 불렸을 것이다.

셋째, 동시·동시전의 설치 연도에 약 1년의 차이가 있다. D-①에서 동시전은 지증왕 9년(508)에, D-②에서 동시는 지증왕 10년(509) 정월에 설치했다고 한다. D-①에서 월을 밝혀주지 않았으므로, 두 자료의

---

79) 李成市, 앞의 논문, 2007, 425~428쪽.

80) "伊湌 柒宿與阿湌 石品謀叛, 王覺之. 捕捉柒宿, 斬之東市, 幷夷九族"(『三國史記』 권4, 新羅本紀4, 眞平王 53년(631) 夏 5월).

81) 李成九, 「中國古代의 市의 觀念과 機能」, 『東洋史學硏究』 36, 1991, 45~48쪽.

82) 김창석, 「한국 고대 市의 原形과 성격변화」, 『韓國史硏究』 99·100, 1997 / 김창석, 앞의 책, 2004, 53~61쪽.

시차는 최대 만 1년에 해당한다. 동시전의 기본업무를 고려하면, 이 기간의 동시전은 기본업무가 없는 상태가 된다. 이 점에서 시전의 역할과 존재까지도 의문이 든다.

그러나 사료의 기년을 존중한다면, 508년에 훗날 동시의 전신에 해당하는 것이 있었다고 보아야 한다. E는 동시의 전신을 알려준다.

E. 처음으로 京師에 市肆를 열어, 사방의 貨를 통하게 하였다.[83]

E는 소지마립간 12년(490)에 처음으로(初) 京師에 市肆를 열었고(開), 시사를 통하여 '四方의 貨를 通하게 하였다'고 한다. E의 '경사시사'와 '경도동시'는 시사가 동시의 전신이라는 견해와[84] 시사는 수 칸의 상가 건물에 불과하며 본격적인 국가주도 官市는 동시로서 양자 별개라는 견해가 제기되었다.[85] E의 '경사시사'는 동시의 전신으로 보인다. E에서 시사라는 용어·경사라는 장소·'通四方之貨'라는 기능이 주목되기

---

83) "初開京師市肆, 以通四方之貨"(『三國史記』 권3, 新羅本紀3, 炤知麻立干 12년(490) 3월).

84) 李成市는 시사가 협의로는 상점이지만 광의에서는 교역의 장소이므로, 전국 재화의 유통을 담당했다고 하였다. 따라서 동시의 전신으로 시사를 설명하였으며, 508년에는 시사·시전으로 불렸다고 하였다. 효소왕 4년(695) 서시·남시가 증원되면서, 490년 설치한 시사를 동시로 지칭했다고 파악하였다(李成市, 앞의 논문, 2007, 425~428쪽). 필자도 시사를 동시의 전신으로 보지만, 동시라는 명칭은 508년의 것으로 파악하고 있어 약간의 차이가 있다.

85) 김창석은 490년의 시사는 월성 내부나 월성 주변에 설치한 수 칸의 상가건물 정도이며, 본격적인 시장은 동시로서 별개의 시장으로 파악하였다. 근거는 488년 이래 월성이 왕성이었고, 월성에 있던 시사를 동시로 부르면 혼선을 일으킨다는 것이다. 따라서 양자는 별개 시장이며, 동시는 안압지~황룡사 지~북천~명활산성~낭산을 경계로 하는 월성의 동편에 별도로 개설된 시장 이라고 하였다. 또 동시와 동시전의 설치에 대한 시차를 동시의 계획이라는 측면에서 이해하였다(金昌錫, 앞의 논문, 2016, 136~139쪽).

때문이다. 더욱이 490년에는 처음 열었다(初開)고 했으나, 509년에는 두었다(置)고만 하였다. '初'란 부사를 유의하면, 처음에 시사로 운영되다가 동시로 개편된다고 보는 것이 자연스럽다. 더욱이 시사가 수 칸의 상가건물에 불과했다면, '通四方之貨'의 기능수행과 국가행정 속 기여도를 가늠할 수 있을지도 의문이다. 또 약 19년 동안 유지된 시사의 기능 및 시사 상인의 권한을 배제한 채로, 새 관시를 설치하기는 용이하지 않았을 것이다. 민간의 반발이 충분히 예상되며, 민간의 반발을 초래하면서까지 신규 관시를 설치할 필요성이 있는지도 의문이다. 나아가 시사의 기능수행이 불충분했다고 볼 만한 자료도 보이지 않는다. 따라서 508년의 동시전이 관할한 것은 490년 이래 운영된 시사이다.

동시의 전신이 시사이지만, 찬자가 동시를 두었다고 다시 서술한 것은 양자의 차이가 있기 때문이다. D와 E에서 양자의 차이는 시전의 설치 유무이다. 즉 490년 3월~507년까지의 약 17년 동안 동시전이 없었고, 508년 동시전이 두어진 후 509년부터 동시로 나타난다. 즉 동시 단계부터는 국가의 행정력이 적극적으로 개입하였음을 의미한다.

시사는 민간 위주로 운영된 시장을 국가 질서 내에 편입한 것으로 알려져 있다.86) 그러나 490년 시사가 국가 질서 내로 편입되었더라도, 시사 운영에서 국가행정력의 작동영역은 동시보다 적었다. 동시는 상설관청인 동시전의 감독을 받고 있는 상태이기 때문이다. 따라서 찬자가 굳이 509년 동시의 설치를 별도로 서술한 것은 시사의 성격 변화를 나타내기 위한 것이다. 실제 진평왕 50년(628) 여름에 祈雨를 위한 '移市畵龍'이 시행되거나,87) 진평왕 53년(631) 중죄인 및 중죄인의

---

86) 김창석, 앞의 책, 2004, 58~59쪽.

87) "夏, 大旱. 移市, 畵龍祈雨. 秋·冬民飢, 賣子女"(『三國史記』권4, 新羅本紀4, 眞平王

九族에 대한 처형이 이루어졌다. 따라서 국가의 행정력이 동시의 운영에 작용하였다. 또 후대 사례이나, 물가동향을 파악하고 도량형을 통제하거나,[88] 時政의 得失에 대한 정보 획득은[89] 시전을 통해 가능하였다.

시전이 설치되는 실질적 이유는 국가가 시사에 행정력을 침투시켜야 할 필요가 있기 때문이다. 이것과 관련해 주목할 것이 소지마립간 12년(487)의 관도 수리·우역 설치와 지증왕 3년(502)의 禁殉葬下令 및 牛耕勸農이다.[90] 487년의 조치로 京師를 중심으로 하는 물자·행정의 연결망이 정비되었고, 490년 시사의 설치로 이어졌다.[91] 502년에는 노동력 확보를 위한 令과 州·郡의 主에게 심경농법의 도입에 관한 命을 내리고[92] 생산력의 향상을 도모하였다.

50년(628)).

88) 김창석, 앞의 책, 2004, 84~85쪽.

89) "王與左右, 登月上樓四望, 京都民屋相屬, 歌吹連聲. 王顧謂侍中敏恭曰. "孤聞, 今之民間, 覆屋以瓦, 不以茅, 炊飯以炭, 不以薪, 有是耶?" 敏恭對曰. "臣亦嘗聞之如此." 因奏曰. "上卽位以來, 陰陽和風雨順, 歲有年民足食, 邊境謐靜, 市井歡娛, 此聖德之所致也." 王欣然曰. "此卿等輔佐之力也. 朕何德焉!""(『三國史記』 권11, 新羅本紀11, 憲康王 6년(880) 9월 9일).

90) "春 二月. 下令, 禁殉葬. 前, 國王薨, 則殉, 以男·女, 各五人. 至是禁焉. …… 三月. 分命州·郡主, 勸農, 始用牛耕"(『三國史記』 권4, 新羅本紀4, 智證麻立干 3년(502)).

91) 『三國史記』 권3, 新羅本紀3, 炤知麻立干 9년(487) 3월 ; 『三國史記』 권3, 新羅本紀3, 炤知麻立干 12년(490) 3월). 두 기사에 대해 김철준은 지방을 연결하는 교통망이 정비되어, 경주가 경제적 중심지로 등장했음을 의미한다고 하였다(金哲埈, 앞의 책, 1990, 55쪽). 서영일은 순행이 관도 정비 이후에 나타나며, 관도 정비는 王權의 강화·지방지배체제의 안정·대고구려방어체계의 수립 등에 기여하여 정치·경제·사회적 파급효과가 상당했다고 하였다(서영일, 앞의 책, 1999, 309쪽). 김창석은 관도 수리·우역 설치가 군사·행정적 필요와 관상의 활동 지원·공납물 운반의 편의 도모 등 신라 지배영역 내 물자 유통을 원활히 하는 조치였고, 이 조치의 효과가 시사의 설치로 나타났다고 하였다(김창석, 앞의 책, 2004, 91~92쪽).

92) 禁殉葬下令과 牛耕勸農이 같은 해에 나타나므로 농업노동력의 확보 문제로

502년의 정책이 가장 뚜렷한 효과를 드러낼 곳은 경사와 주변이었다. 경사와 주변은 국가의 행정력이 가장 강력하게 미치는 곳이기 때문이다. 따라서 노동력 보호에 대한 국가의 의지가 강력히 전달되고, 농법의 전파속도도 상대적으로 빨랐을 것이다. 이로 인해 시사의 팽창이 이루어졌다. 487년부터 경사에 통하는 물자의 증대가 예정되었고, 경사와 주변의 생산력 증대로 인해 '通四方之貨'의 기능이 정비례할 것이기 때문이다.

그러나 시사의 팽창이 '通四方之貨'의 순기능만 증대시켰다고 생각하기는 어렵다. 구체적인 자료는 볼 수 없으나, 商행위 과정에서의 분쟁·부당이익을 챙기는 관리[93] 같은 역기능도 증대시켰을 것이다. 역기능의 증대는 결과적으로 순기능을 감소시키고, 경도의 민인에게 피해를 줄 것이었다.

시사와 국가재정의 관계나, 상기 문제의 실질적 피해자가 경사·경도의 민인이란 것을 고려하면, 시사의 역기능 증대는 국가적 문제이자

이해하거나(李基白·李基東 共著, 앞의 책, 1982, 152쪽), 체제경쟁의 승리를 위한 양질의 노동력 보호조치로 접근하기도 한다(金容燮, 「土地制度의 史的推移」, 『韓國中世農業史硏究』, 지식산업사, 2000, 12~14쪽). 또 중앙정부에서 전국적인 행정기구를 통하여 조직적으로 우경권농을 장려했다는 점을 주목하기도 한다(李景植, 『韓國 古代·中世初期 土地制度史』, 서울대학교 출판부, 2005, 59쪽). 기타 牛耕과 생산성향상에 관한 논의는 '김재홍, 「철제농기구와 우경」, 『한국역사입문①』, 풀빛, 1995, 191쪽 ; 김재홍, 「농경의 발전과 고대사회」, 『한국고대사연구의 새 동향』, 서경문화사, 2007, 514~515쪽'을 참고할 수 있다.

93) 唐에서는 ① 파는 사람과 사는 사람이 협상이 되지 않았는데 강제로 팔거나, ② 매매를 장악해 외부인이 사는 것을 허용하지 않거나, ③ 매매 의사를 계속 번복해 쌍방이 간계를 하거나, ④ 상인들이 담합하는 것을 금지했고, 관리의 부당착복은 물가 관리의 측면에서 도둑질로 여겼다고 한다(張晉藩 主編·한기종 외 4인 역, 『중국법제사』, 소나무, 2006, 459~461쪽).

수도 운영의 문제이다. 국가는 시사의 역기능은 억제하고 순기능은 증대시켜, 경도의 민인과 국가 차원의 안정을 도모해야 하였다. 즉 국가·경도 행정에서 시사를 항상적으로 관리할 필요성이 발생하면서 동시전을 둔 것이다. 따라서 동시전의 업무는 수도·중앙행정의 교집합이며, 이로 인해 동시전이 직관 上에 수록된 것이다.

이 점에서 D①·②가 갖는 만 1년의 시차도 이해된다. 시사는 490년에 처음 열렸다(初開). 즉 동시전의 업무는 상고기 말부터 시작되었고, 신라에서 익숙한 업무가 아니다. 따라서 508년부터 509년 정월까지 동시전은 시사의 실정을 조사하고 대책을 강구하는 관청, 즉 후대의 도감이나 현대의 위원회 같은 성격으로 운영되었다. 이 준비를 토대로, 경도 행정을 분장하는 관청으로 동시전이 설치되었고, 509년 이후 본격적으로 동시를 관리했다고 생각한다.

동시를 감독한 동시전은 감 2인 - 대사 2인 - 書生 2인 - 사 4인 등 4職 10人으로 운영되었다. 동시전에 배치된 개별 관직의 설치연대는 알기 어렵지만, 서·남시전의 서술방식을 참고하면 508년에 모두 설치되었다.[94] 서·남시전의 관직은 관청의 설치와 함께 이루어졌고, 이로

---

94) 대사의 활용 가능성, 監의 상당위에 쓴 대나마의 존재 등에서, 508년의 동시전 조직에 대한 문제 제기가 있을 수 있다. 현존 자료상 관위 대나마·대사는 524년의 「울진봉평신라비」에 처음 보이고, 관직 대사는 관위를 관직으로 쓴 사례이기 때문이다. 그러나 동시전은 관청설치연대와 동시의 설치연대가 명료하고, 직관 上의 3시전 조직에 보이는 설명방식도 존중할 필요가 있다. 508년 동시전 조직의 설치를 조정한다면, 4개 관직의 설치연대를 524년 이후 어느 시점으로 조정해야 하며, 4개 관직의 축차·일괄 설치에 대한 문제 및 동시전·동시의 설치연대도 검토가 필요하다. 그런데 4개 관직의 설치연대·설치순서를 조정할 객관적 기준설정이 어렵고, 직관 上의 관청설치 연대·서술방식을 부정하기도 쉽지 않다. 또 금석문은 사안별 자료이므로, 금석문을 통해 직관지에 수록된 관청·관직의 설치연대를 모두 조정하기도 어렵다. 직관 上에 설치연대를 전하는 대사로 연대를 조정하고자 해도, 47職

인해 개별 관직의 설치연대가 생략되었다. 따라서 동시전도 유사한 서술방식을 따른 것이다.[95]

이상을 토대로 동시전의 조직체계를 도식화하면 〈표-3〉과 같다.

〈표-3〉 東市典의 조직체계

No.	관직	인원	상당위							
			(10)大奈麻	(11)奈麻	(12)大舍	(13)舍知	(14)吉士	(15)大鳥	(16)小鳥	(17)先沮知
①	監	2	靑衣							
②	大舍	2		靑衣	黃衣					
③	書生	2				黃衣				
④	史	4				黃衣				

※ ① 인원 단위 : '人'. ② 회색 셀 글자 : 관위별 色衣. ③ 史의 상당위 : 필자 보충.

〈표-3〉은 D-①에 나타난 동시전의 조직체계를 정리한 것이다. 각 관직의 상당위는 監·大舍·書生만 서술되나, 史의 상당위는 보충하였다.

〈표-3〉처럼, 동시전의 관직은 靑衣群·黃衣群 관위를 중심으로 설정되

109人의 대사 중 설치연대를 전하는 대사는 4部와 禮部의 속사 및 調府의 대사 9職 18人뿐이다. 용례의 수가 적고 관청의 格을 고려할 때, 典의 대사는 설치연대가 다를 가능성을 배제할 수 없다. 본서는 직관 上의 서술방식과 자료적 편년에 기준해 508년 동시전조직이 설치된다고 이해하고 논지를 전개하겠다. 앞서 제기한 문제는 차후 지속 연구를 통해 보완하겠다.

95) 직관지에는 관직설치연대와 관청설치연대가 다른 경우나, 관청보다 관직이 먼저 설치된 경우가 많다. 이에 상위관직이 설치된 후 관청이 정식으로 설치되고, 하위관직을 차츰 충원하면서 독립적인 관청체계를 갖춘다고 보기도 한다(여호규, 앞의 논문, 1995, 143쪽). 이처럼 파악하면 설치연대가 전하지 않는 관직을 언제 성립한 것으로 보아야 할지 의문이다. 또 병부처럼, 병부가 설치된 517년에 령 1인만 있는 '1인 관청'도 나타난다. 이에 '1인 관청'이 사실상 행정업무를 집행하기 어려우므로, 禮部·調府의 경우는 장관의 설치를 따라 실무직을 두었다고도 한다(李仁哲, 앞의 책, 1993, 32~34쪽). 이것은 예부·조부를 특수 사례로 설명한 것이다. '1인 관청'을 비롯한 문제의 대안으로 본서는 관직의 설치연대가 없지만, 관청의 설치연대가 있는 경우에는 관청성립 시점에 해당 관직이 모두 설치되었다고 파악한다.

었고, 서생이라는 특수한 관직이 나타난다. 서생·사의 상당위는 동일하지만, 서생은 3개 시전만 설치되므로 시전의 특수성을 반영한 관직이다.

반면 감·대사·사는 직관 上의 다른 관청에서도 사용되었다. 관직명과 상당위로 보아 동일한 관직이 설치된 관청을 찾아보면, 감은 10개 관청, 대사는 26개 관청, 사는 41개 관청을 더 찾을 수 있다. 동급관직을 고려하면, 사용된 관청의 숫자는 더 늘어난다. 감의 동급관직인 佐·赤位는 각각 4개 관청, 대사의 동급관직인 主書·靑位·大司邑·大都司은 7개·6개·1개·1개 관청, 사의 동급관직인 幢은 3개 관청에서 활용되었다.[96]

즉 동시전의 조직체계는 일반적인 관직인 감 - 대사 - 사와 시전의 특수한 관직인 서생으로 구성되었다. 이것은 〈표-4〉와 같이 직관 上에서 감이나 감의 동급관직이 설치된 관청의 조직을 비교하면 쉽게 파악할 수 있다.

〈표-4〉의 19개 관청 중 ⑩전읍서와 ⑳육부소감전 등 육부 사무 관계 관청을[97] 제외하면, 감 아래 대사 - 사를 두었고, 사지를 설치하지 않았다. ①~⑨처럼, 령·경이 설치된 관청에서 감이나 감의 동급관직이 설치되면, 대사 - 사가 설치되었다. 즉 감 - 대사 - 사의 조직은 해당 관청의 하부 조직을 구성한다. 또 ⑪~⑯은 관청 자체가 감 - 대사 - 사의 조직을 취한다. ⑰~⑲는 시전의 조직으로, 감 - 대사 - 사의 체계를 중추로 구성되었고, 서생을 설치하였다.

따라서 시전 조직은 령·경 아래 감을 둔 관청의 하부 조직과 닮았고,

---

96) 丁德氣, 앞의 논문, 2011, 69~73쪽.

97) 육부소감전은 部별로 監郎·監臣이 있었고, 監大舍, 舍知, 監幢등도 설치되어, 部別 분사구조를 취한다. 또 육부소감전·전읍서 등 육부 사무 관계 관청의 조직·체계는 일반관청과 조직의 구성 원리가 다르다. 이에 대해서는 본서 4장에서 상론하겠다.

〈표-4〉 監이나 監의 동급관직이 설치된 관청의 조직

No.	출전순서	관청명칭	令 衿荷臣	卿 大正 上堂	監 佐 赤位	大舍 主書 靑位 大司邑 大都司	舍知	史	木尺	관청별 총계	
										職數	定員
①	05	四天王寺成典	1	1	1	2	·	2	·	5	7
②	06	奉聖寺成典	1	1	1	1	·	2	·	5	6
③	07	感恩寺成典	1	1	1	1	·	2	·	5	6
④	08	奉德寺成典	1	1	1	2	·	2	·	4	7
⑤	11	永興寺成典	·	·	1	·	·	3	·	2	4
⑥	15	司正府	1	3	2	2	·	15	·	5	23
⑦	20	左理方府	2	3	2	2	·	10	·	5	19
⑧	21	右理方府	2	3	2	2	·	10	·	5	19
⑨	22	賞賜署	·	1	1	2	·	8	·	4	12
⑩	24	典邑署	·	·	6	6	15	16	70	7	113
⑪	29	工匠府	·	·	1	2	·	4	·	3	7
⑫	30	彩典	·	·	1	2	·	3	·	3	6
⑬	31	左司祿館	·	·	1	2	·	4	·	3	7
⑭	32	右司祿館	·	·	1	2	·	4	·	3	7
⑮	33	典祀署	·	·	1	2	·	4	·	3	7
⑯	34	神宮	·	·	1	2	·	3	·	3	6
⑰	35	東市典	·	·	2	2	·	6(書生 2)	·	4	10
⑱	36	西市典	·	·	2	2	·	6(書生 2)	·	4	10
⑲	37	南市典	·	·	2	2	·	6(書生 2)	·	4	10
⑳	41	六部少監典	·	·	8	8	6	31(監幢 16)	·	30	53
총계			9	14	38	46	21	141	70		339

※ ① 직·원 숫자는 최종통계 기준. ② '·'는 미설치. ③ 職數·定員의 단위는 각각 '職'·'人'. ④ 상당위로 보아 동급관직은 인원합산. ⑤ 전읍서는 사지 동급직인 中司邑·小司邑이 있어, 7職으로 표기. ⑥ 육부소감전은 部別 分司를 반영. ⑦ '⑰동시전~⑳육부소감전'의 사는 괄호 속에 동급관직과 정원을 표기.

시전과 비슷한 위치의 관청은 감 - 대사 - 사를 중심으로 한 조직을 사용하였다. 이것은 동시전이 상고기 말에 발생해 익숙하지 않은 업무를 담당하였고, 병부성립 직전에 설치된 것에 기인한다. 즉 일반적인 監典 조직에 관청 운영의 특수성을 고려하고, 전통적 행정운영 경험을 기초로 다소 변형을 가한 결과이다.

지금까지 상고기 관청으로서의 전을 주목하고, 監典의 대표사례로 동시전의 발생 배경과 직제를 분석하였다. 본 절의 결과를 약술하면 다음과 같다. 첫째, 동시전은 설치 당시 일종의 도감처럼 활동했다가 관리기구로 굳어진 것이다. 둘째, 동시전은 수도행정의 일부를 분담하여 중앙관청에 소속되었다. 이것은 成典의 설치 원인 및 성격과도 유사하다. 셋째, 동시전에 설치된 관직은 중앙행정에서 두루 쓰인 관직(監 - 大舍 - 史)과 시전의 특수성을 반영한 관직(書生)으로 구분된다. 넷째, 동시전의 조직체계는 감이나 監의 동급관직이 설치된 관청의 전형을 따르면서, 다소 변형이 있다. 이상 典은 상고기 관청 운영의 모습과 재정비를 드러낸 사례이며, 전통적 행정 운영의 경험을 보여주는 관청이다.

2. 部의 성립과 兵部의 整備

1) 將軍의 제도화와 兵部의 成立

전 절에서는 상고기 관청 운영의 전통이 중고기 이후 관청 운영에도 계승되었음을 정리하였다. 6세기 초 신라가 처한 사회·경제적 환경의 변화는 신라 중앙행정제도의 질적 변화를 수반하는 것이다. 직관 上의 典은 대개 수도행정 관청이므로, 전통적 국가행정은 수도행정에 계승되었다. 또 동시전의 성격처럼, 수도행정이자 국가행정을 담당한 典도 많았다. 아울러 직관 中에 많은 典이 배치되므로, 왕실 행정에도 계승되었다. 즉 京都의 일(京都事)이자 국가의 일(國事)인 것이나, 왕실의 일(王室事)에는 전통적 행정방식이 계승되었다.

이와 함께 생각할 것이 국가행정에 나타난 변화요인과 형태이다. 6세기 초의 신라는 마립간시기 주변 여러 소국의 복속·정복을 완료하면서 비약적으로 팽창하였다. 신라 영역의 비약적 팽창은 삼국 간 체제경쟁에서의 생존 문제로 귀결되었고, 신라는 국가체제의 질적 발전을 도모해야 할 상황이었다.

국가 규모의 증대에 비례하여 국가가 감당할 사무의 영역도 확장되었다. 이러한 상황은 시대적 과제로서 國事의 재정비를 요청하였고, 國事 재정비의 대안 중 하나는 部·府 등 상급 관청의 정비로 나타났다.

이 점에서 兵部의 성립·정비과정과 이에 수반된 병마 행정의 변화상을 주목해야 한다. 병부는 율령반포에 앞서 정비가 시작되었고, 6~7세기 중앙행정제도의 재편과정에서 部·府 중 가장 긴 시간 동안 정비되었다. 또 末字와 담당업무로 인해 六典과 긴밀히 관계된다. 나아가 병부는 大監系 卿의 활용·주요 6관직의 상당위를 고려하면, 상급 관청 조직의 모범으로 작용하는 관청이며,[98] 6~7세기 중앙행정제도의 정비과정을 가장 압축적으로 보여주는 사례이다. 본 절은 병부의 성립·정비과정이 가진 함의를 다각도에서 고찰하고자 한다.

법흥왕 4년(517) 설치된 병부는 중고기에 존재한 4개의 部 중 가장 먼저 설치되었고, 兵馬업무를 관장하였다. 병마업무는 상고기 신라에도 존재하는 國事이다. 따라서 517년 병부의 설치는 일차적으로 상고기 병마 행정방식의 재편을 의미한다. 병부의 성립 원인은 상고기의 병마

---

98) 丁德氣, 앞의 논문, 2011, 77~80쪽.

행정이 중고기 이후 형태로 변화할 요인이므로, 상고기 병마 행정의
방식을 먼저 정리하기로 한다.

『삼국사기』, 직관 上은 병부의 담당업무를 전하지 않지만, 본기는
첫 병부령에 보임된 異斯夫가 內·外 兵馬의 일을 담당(掌)했다고 설명하
였다.[99] 이로 미루어 병부의 담당업무도 內·外 兵馬의 일로 볼 수 있다.
해당 업무는 상고기, 특히 이사금시기 본기에서 〈표-5〉처럼 빈번히
등장한다.

〈표-5〉 상고기 軍事·內外兵馬事·兵馬事를 담당한 관인 일람

No.	취임연월	인명	관위	업무(委)	업무(兼知)	비고
①	남해 7년(10) 秋 7월	脫解	未詳	委以軍國政事		大輔·駙馬
②	일성 3년(136) 春 정월	雄宣	伊湌		兼知內外兵馬事	
③	일성 18년(151) 春 2월	大宣	伊湌		兼知內外兵馬事	
④	아달라 1년(154) 3월	繼元	伊湌	委軍國政事		
⑤	나해 12년(207) 春 정월	利音	伊伐湌		兼知內外兵馬事	王子
⑥	나해 25년(220) 春 3월	忠萱	伊伐湌		兼知兵馬事	이음 후임
⑦	나해 27년(222) 冬 10월	連珍	伊伐湌		兼知兵馬事	충훤 후임
⑧	조분 1년(230)	連忠	伊湌	委軍國事		
⑨	조분 15년(245) 春 정월	于老	舒弗邯		兼知兵馬事	
⑩	미추 2년(263) 春 정월	良夫	舒弗邯		兼知內外兵馬事	
⑪	기림 2년(299) 春 정월	長昕	伊湌		兼知內外兵馬事	
⑫	흘해 2년(311) 春 정월	急利	阿湌	委以政要	兼知內外兵馬事	
⑬	실성 2년(403) 春 정월	未斯品	舒弗邯	委以軍國之事		

〈표-5〉는 이사금시기의 본기에서 軍事·內外兵馬事·兵馬事를 담당한
관인을 정리한 것이다. 〈표-5〉에서 ①-⑪ 및 ⑬의 관인은 '委(以)軍國政
事'·'委軍國事'·'委以軍國之事'나 '兼知內外兵馬事'·'兼知兵馬事' 등을, ⑫의

---

99) "拜異斯夫爲兵部令, 掌內外兵馬事"(『三國史記』 권4, 新羅本紀4, 眞興王 2년(541)
　　春 3월).

급리는 '委以政要·兼知內外兵馬事'를 담당하였다. 담당업무의 표현방식은 다소 차이가 있지만, 軍事·(內外)兵馬事는 모두 병마 행정에 관련된다. 따라서 이사금시기의 軍事·(內外)兵馬事는 중고기 병부의 업무와 유사한 것이다.

따라서 〈표-5〉를 분석하면, 이사금시기 병마 행정의 방식을 파악할 수 있다. 〈표-5〉에서 가장 많이 나타나는 유형은 (내외)병마사를 겸하여 담당한(兼知) 것으로, ②·③·⑤·⑥·⑦·⑨·⑩·⑪·⑫의 9건이다. 다음이 군국의 일을 위임받은(委) 것으로, ①·④·⑫·⑬의 4건이다. 兼知內外兵馬事는 해당 관인이 본래 담당하던 특정 업무가 있었고, 사료의 등장 시점에서 (내외)병마사를 기존 업무에 추가하여 담당했다는 표현이다. 본래 담당하던 특정 업무는 자료적으로 찾기 어렵지만, ⑫의 사례에서 政要 등 중요 國事로 이해된다. 즉 兼知內外兵馬事는 중요 國事를 담당한 관인에게 軍事를 더한 형태이다.

委軍國事의 용례에서 주목할 것은 軍事와 國事의 순서이다. 〈표-5〉의 委軍國事는 군사·국사가 동시에 위임됨을 의미하는데, 委軍國事의 용례는 항상 軍事가 우선이고, 國事가 나중에 출전된다. 순서의 차가 중요도를 반영한다면, 이사금시기에는 상대적으로 국사보다 군사를 우선하였음을 보여준다. 兼知內外兵馬事의 사례가 더 많으므로, 이사금시기에는 政要·國事 등을 일정 기간 담당한 후에 內外兵馬事를 담당하는 것이 일반적이었다.

이상 군사·국사는 양자 분리될 수 있는 업무이나, 두 가지 업무 중에서 상대적으로 중요도가 높은 업무는 군사로 판단된다. 중고기 국가체제 재정비의 과정에서 국사를 총괄해 담당한(摠知國事) 상대등의 설치가[100] 병부·병부령의 설치보다 약 40년이나 늦었던 것도 상기 개념의 반영일 것이다.

〈표-5〉에서 이사금시기 (내외)병마사를 관장한 관인은 이벌찬(서불한)·이찬 등의 고관이다. ⑫의 아찬도 있지만, 대아찬 분화 이전의 아찬이었다. 따라서 이사금시기 병마 행정의 기본적인 틀은 고위의 관위소지자가 이사금으로부터 군사·국사를 위임받아 집행하거나, 국사를 담당하던 고관이 군사를 추가적으로 담당하면서 집행하였다.

이상에서 517년 병부의 성립이 지닌 의미 중 하나를 찾을 수 있다. 〈표-5〉의 분석 결과와 이사부의 사례를 종합하면, 양자의 차는 관청의 유무이다. 즉 이사금시기에는 병마 행정의 주체가 고관 개인이나, 이사부는 병부라는 관청의 장관이었다. 물론 〈표-5〉의 고관도 일정한 인력을 동원해 병마 행정을 집행하였을 것이다. 그러나 중고기 이후부터는 병마 업무를 전담하는 상설관청이 마련되었고, 병부령 휘하 屬官이 제도적으로 정원을 갖추어 배치되었다.

이사금시기에 고관이 담당한 병마 업무가 중고기 병부의 담당업무로 재편된 까닭은 여러 가지일 것이나, 상고기 본기에서 주목할 것은 대외전쟁의 실질적인 수행자가 가진 직함의 변화이다. 이사금시기의 대외전쟁 중 教遣型이면서,[101] 구체적인 직함·인명이 나타난 사례를 〈표-6〉으로 정리하였다.

---

100) "拜伊湌哲夫爲上大等, 摠知國事. 上大等官, 始於此, 如今之宰相"(『三國史記』 권4, 新羅本紀4, 眞興王 18년(557) 夏 4월).

101) 대외전쟁의 유형은 軍令權의 집행방식을 기준으로 親率型·敎遣型으로 구분된다. 친솔형이란 국왕이 친히 전쟁을 지휘하는 형태이고, 교견형이란 국왕이 예하 신료에게 명을 내려 명을 받은 신료가 전쟁을 지휘하는 형태이다(李文基, 앞의 책, 1997, 280쪽).

〈표-6〉 이사금시기 대외전쟁의 수행자 일람

No.	연대	관위	관직	인명	交戰國	성격	戰場	戰況	기타
①	탈해 17년(73)	角干	·	羽烏	왜	防	木出島	敗	羽烏전사
②	탈해 21년(77) 秋 8월	阿湌	·	吉門	가야	防	黃山津	勝	吉門승진 (파진찬)
③	파사 15년(94) 春 2월	阿湌	·	吉元	가야	防	馬頭城	勝	
④	파사 17년(96) 9월	·	加城主	長世	가야	防	南鄙	勝	
⑤	파사 27년(106) 秋 8월	·	馬頭城主	·	가야	攻	·	·	
⑥	지마 5년(116) 秋 8월	·	將	·	가야	攻	·	敗	
⑦	아달라 14년(167) 8월	一吉湌	·	興宣	백제	攻	·	勝	
⑧	벌휴 2년(185) 2월	波珍湌	左軍主	仇道	소문국	攻	·	勝	
⑨	벌휴 2년(185) 2월	一吉湌	右軍主	仇須兮	소문국	攻	·	勝	
⑩	벌휴 5년(188) 春 2월	波珍湌	[左軍主]	仇道	백제	防	母山城	勝	
⑪	벌휴 6년(189) 秋 7월	[波珍湌]	[左軍主]	仇道	백제	攻	狗壤城	勝	
⑫	벌휴 7년(190) 秋 8월	[波珍湌]	[左軍主]	仇道	백제	防	圓山鄕 缶谷城 蛙山	未詳 未詳 敗	仇道좌천 (缶谷城主) 후임 좌군주에 薛支보임
⑬	나해 13년(208) 夏 4월	伊伐湌	·	利音	왜	防	境	勝	
⑭	나해 14년(209) 秋 7월	未詳	·	于老	蒲上 八國	攻	未詳	勝	太子于老
⑮	나해 14년(209) 秋 7월	伊伐湌	·	利音	蒲上 八國	攻	未詳	勝	
⑯	나해 19년(214) 秋 7월	·	腰車城主	薛夫	백제	防	腰車城	敗	薛夫전사
⑰	나해 19년(214) 秋 7월	伊伐湌	·	利音*	백제	攻	沙峴城	勝	
⑱	나해 27년(222) 冬 10월	伊伐湌	·	忠萱*	백제	防	牛頭州 熊谷	未詳 大敗	單騎而返 忠萱좌천 (鎭主)
⑲	나해 29년(224) 秋 7월	伊伐湌	·	連珍*	백제	防	烽山下	勝	
⑳	조분 2년(231) 秋 7월	伊湌	大將軍	于老	감문국	攻	·	勝	
㉑	조분 4년(233) 秋 7월	伊湌	[大將軍]	于老	왜	防	東邊 沙道	勝	
㉒	조분 16년(245) 冬 10월	[伊湌]	[大將軍]	于老*	고구려	防	北邊 馬頭柵	不克	조분 15년 伊伐湌
㉓	첨해 9년(255) 秋 9월	一伐湌	·	翊宗	백제	防	槐谷西	敗	翊宗전사
㉔	미추 5년(266) 秋 8월	·	烽山城主	直宣	백제	防	烽山城	勝	直宣승진 (일길찬)

㉕	미추 17년(278) 冬 10월	波珍湌	·	正源	백제	防	槐谷城	勝
㉖	미추 22년(283) 冬 10월	一吉湌	·	良質	백제	防	槐谷城	勝
㉗	유례 9년(292) 夏 6월	一吉湌	·	大谷	왜	防	沙道城	勝
㉘	흘해 37년(346)	伊伐湌	·	康世	왜	防	風島 金城	勝

※ ① 성격 : 신라의 입장 공격·방어를 표기. ② 전황 : 신라가 출병의 목적을 달성하면 勝, 달성치 못하면 敗. 예를 들어 방어전은 방어에 성공하면 勝으로 표기. ③ ⌐⌐ : 필자보충. ④ 인명을 굵게 처리하고 '*'을 부기한 사례 : ⟨표-5⟩와 중복되는 사례.

⟨표-6⟩은 이사금시기 본기 중 대외전쟁의 실질적 수행자와 활동을 연대순으로 정리한 것이다. ⟨표-6⟩의 대외전쟁 수행자는 관위만 소지한 자(①·②·③·⑦·⑬·⑮·⑰·⑱·⑲·㉓·㉕·㉖·㉗·㉘)가 14건, 관직만 소지한 자(④·⑤·⑥·⑯·㉔)가 5건, 관위·관직을 모두 소지한 자(⑧·⑨·⑩·⑪·⑫·⑳·㉑·㉒)가 8건으로 나타난다. 이 외 ⑭于老처럼 太子만 쓴 사례도 있다. 사례 수가 많은 3개 유형 중 일부 인명·관직은 중복이 있으므로, 유형과 인명을 중심으로 재분류하면 ⟨표-7⟩과 같다.

⟨표-7⟩ 이사금시기 대외전쟁의 수행자 유형

No.	尼師今	인명 사례의 유형		
		(ㄱ)관위만 소지	(ㄴ)관직만 소지	(ㄷ)관위·관직 모두 소지
①	(4)탈해	角干 羽烏(①) 阿湌 吉門(②)		
②	(5)파사	阿湌 吉元(③)	加城主 長世(④) 馬頭城主(⑤)	
③	(6)지마		將(⑥)	
④	(8)아달라	一吉湌 興宣(⑦)		
⑤	(9)벌휴			波珍湌 左軍主 仇道(⑧·⑩·⑪·⑫) 一吉湌 右軍主 仇須兮(⑨)
⑥	(10)나해	伊伐湌 利音(⑬·⑮·⑰*) 伊伐湌 忠萱(⑱*) 伊伐湌 連珍(⑲*)	腰車城主 薛夫(⑯)	
⑦	(11)조분			伊湌 大將軍 于老(⑳·㉑·㉒*)

⑧	⑿첨해	一伐湌 翊宗(㉓)		
⑨	⒀미추	波珍湌 正源(㉕) 一吉湌 良質(㉖)	烽山城主 直宣(㉔)	
⑩	⒁유례	一吉湌 大谷(㉗)		
⑪	⒃흘해	伊伐湌 康世(㉘)		
유형별 합계		12명	5명	3명

※ ① 尼師今의 괄호문자 : 代數. ② 인명사례 원문자 : 〈표-6〉의 사례번호. ③ 인명사례 원문자 중 굵게 하고, 원문자 뒤에 '*'을 부기 : 〈표-5〉·〈표-6〉의 중복 사례.

〈표-7〉처럼, 이사금시기의 대외전쟁 수행자를 구분하면, 관위만 소지한 경우가 12명, 관직만 소지한 경우가 5명, 관위·관직을 모두 소지한 경우가 3명이다. 관위만 소지한 자는 이벌찬 6명·파진찬 1명·아찬 2명·일길찬 3명으로 나타난다. 관직만 소지한 자의 직함은 將을 제외하면 모두 □□城主이다. 관위·관직을 모두 소지한 자는 파진찬 左軍主·일길찬 右軍主·이찬 大將軍 등으로 나타난다. 즉 이사금시기 대외전쟁 수행자는 관위만 소지한 경우가 일반적이었고, 城主 등 관직만 소지한 자도 있었으며, 희소하지만 관위를 소지하면서 軍主·大將軍을 받았던 자도 있었다.

〈표-7〉에 나타난 대외전쟁의 실질적인 수행자 중 〈표-5〉에서 정리한 군사·(내외)병마사를 담당한 관인과 중복되는 것은 나해이사금대의 利音·忠萱·連珍과 조분이사금대의 于老뿐이다. 이 중 于老는 조분 15년(245)에야 병마사를 겸하여 담당하였다. 따라서 군사·(내외)병마사의 담당자가 대외전쟁의 수행자로 나타나는 것은 나해~조분이사금대에 국한된 상황이다. 해당 시기를 제외하면, 이사금시기 군사·(내외)병마사를 담당한 사람과 대외전쟁의 실질적인 수행자들은 대부분 중복되지 않는다.

따라서 이사금시기에는 이사금으로부터 군사·(내외)병마사를 위임

받은 고관이 평시에 전반적인 병마 업무를 집행하고, 전시에는 관위소
지자·성주 등이 대외전쟁을 수행하였다. 전시에 군사·(내외)병마사를
위임받은 고관은 대외전쟁 수행자의 인선 및 대외전쟁에 대한 지원
등 각종 병마 업무를 진행하고, 이사금의 판단을 보좌하였다. 그러므로
이사금시기에도 군정권·군령권은 분리될 수 있었던 성격의 권한이며,
이사금시기부터도 군정권·군령권 담당자를 분리하면서 병마 업무가
집행되었다.

그런데 마립간시기부터 병부성립 이전까지는 군사·(내외)병마사를
위임받은 고관을 찾을 수 없고, 대외전쟁은 관위소지자·성주 등과
달리 '將軍'으로 지칭되는 인물이 전쟁을 수행하였다. 유관 자료를
F로 인용하였다.

F-①. 고구려 변경의 장수가 悉直의 뜰에서 사냥하였는데, 何瑟羅城主인
　　　三直이 출병해 막고, 그를 죽였다.[102]

F-②. 왜인이 삽량성에 침입했는데, 이기지 못하고 돌아갔다. 왕이 벌지
　　　·덕지에게 군사를 거느리고 중도에 숨어서 기다리다가 공격할 것을
　　　명하여 크게 쳐부수었다.[103]

F-③. 아찬 벌지·급찬 덕지를 左將軍·右將軍으로 삼았다.[104]

F-④. 왜인이 동쪽 경계를 침범하였다. 왕이 將軍 덕지에게 命해 왜인을

---

102) "高句麗邊將獵於悉直之原, 何瑟羅城主 三直出兵掩殺之"(『三國史記』 권3, 新羅本紀
　　　3, 訥祇麻立干 34년(450) 秋 7월).

103) "倭人侵欲歃良城, 不克而去, 王命伐智·德智, 領兵伏候於路, 要擊大敗之"(『三國史記』
　　　권3, 新羅本紀3, 慈悲麻立干 6년(463) 春 2월).

104) "以阿湌 伐智·級湌 德智爲左·右將軍"(『三國史記』 권3, 新羅本紀3, 慈悲麻立干 16년
　　　(473) 春 正月).

처 패퇴시키니, 죽이고 사로잡은 자가 200여 인이었다.[105)]

F-⑤. 이찬 실죽을 제수해 **將軍**으로 삼고, 일선군 경계의 정부 3천을 징발하여 三年山城·屈山城의 두 성을 고쳐 쌓았다.[106)]

F-⑥. **將軍** 실죽 등이 고구려와 더불어 살수의 뜰에서 싸웠는데 이기지 못하였다.[107)]

F-⑦. 고구려가 백제의 치양성을 포위하였다. 백제가 구원을 청하였다. 왕이 **將軍** 덕지에게 命하여 병사를 이끌고 구원하게 하였다.[108)]

F-⑧. 고구려가 와서 우산성을 공격하자, **將軍** 실죽 등이 泥河의 가로 출격해 그것을 깨트렸다.[109)]

F-⑨. 우산국이 귀복하였다. …… 이찬 이사부가 하슬라주 軍主가 되어 "우산국 사람은 어리석고 사나워 威勢로서 와서 항복하게 하기는 어려우나, 계교를 써서 항복받을 수는 있다"고 말하였다. …… [우산]국인이 두려워하며 곧 항복하였다.[110)]

F는 마립간시기~병부성립 이전의 대외전쟁 수행자를 정리한 것이

---

105) "倭人侵東邊, 王命**將軍** 德智擊敗之, 殺虜二百餘人"(『三國史記』권3, 新羅本紀3, 慈悲 麻立干 19년(476) 夏 6월).

106) "拜伊湌 實竹爲**將軍**, 徵一善界丁夫三千, 改築三年·屈山二城"(『三國史記』권3, 新羅 本紀3, 炤知麻立干 8년(486) 春 正月).

107) "**將軍** 實竹等與高句麗, 戰薩水之原, 不克"(三國史記』권3, 新羅本紀3, 炤知麻立干 16년(494) 秋 7월).

108) "高句麗圍百濟雉壤城. 百濟請救. 王命**將軍** 德智率兵以救之"(『三國史記』권3, 新羅本 紀3, 炤知麻立干 17년(495) 秋 8월).

109) "高句麗來攻牛山城, **將軍** 實竹出擊泥河上破之"(『三國史記』권3, 新羅本紀3, 炤知麻立 干 18년(496) 秋 7월).

110) "于山國歸服 …… 伊湌 異斯夫爲何瑟羅州 軍主, 謂于山人愚悍, 難以威來, 可以計服. …… 國人恐懼, 則降"(『三國史記』권4, 新羅本紀4, 智證麻立干 13년(512) 夏 6월).

다. F-①은 이사금시기처럼 하슬라성주 삼직이 나타나는데, 이사금시기의 遺制로 판단된다. F-②는 벌지·덕지가 왜인을 격퇴한 사례인데, 관위·관직이 모두 등장하지 않는다. 그러나 F-②의 10년 뒤 기사인 F-③에서 아찬 벌지는 좌장군·급찬 덕지는 우장군이 되었다. F-④~⑧은 좌장군 벌지·우장군 덕지·장군 실죽 같은 인물이 등장하며, 대외전쟁이나(F-④ 및 F-⑥~⑧) 성의 改築을 지휘하였다. 이후 F-⑨에서 異斯夫는 軍主라는 직함으로 등장하였다.[111]

F-②~⑧은 좌·우장군 등 구체적인 관직명이 보이고, 관위소지자가 관직으로 장군을 받았다. 또 F-④·⑦은 좌장군 덕지를 장군으로 약칭하였고, 덕지는 백제본기에서도 장군으로 약칭된다.[112] F-⑤도 이찬 실죽이 장군에 제수된 기사이다. F-⑥은 '將軍實竹等'처럼 전시에 복수의 장군이 있음이 표현되었다. 아울러 F-③~⑧이 가진 사료의 시차 상 덕지·실죽은 평시에도 장군으로 활동하였으며, 실죽은 평시 업무로 삼년산성·굴산성의 개축을 지휘하였다.

장군은 '이찬 대장군 우로'처럼, 이사금시기에도 확인된다. 그러나 F-③처럼, 장군은 자비마립간 16년(473)부터 집중적으로 나타난다. 상기 용례분석과 평시에 복수로 존재한 장군의 존재를 고려하면, F의 장군은 분명한 관직명이며, 마립간시기에 대외전쟁을 수행한 자는

---

111) 軍主의 기원은 자료적인 혼란이 있다. 자료적으로 군주의 기원을 구도·구수혜가 받은 좌·우군주로 비정하거나("拜波珍湌 仇道·一吉湌 仇須兮爲左·右軍主, 伐召文國. 軍主之名, 始於此"(『三國史記』 권2, 新羅本紀2, 伐休尼師今 2년(185) 2월)), 이사부가 받은 실직주 군주를 비정하기 때문이다("王親定國內州郡縣, 置悉直州, 以異斯夫爲軍主. 軍主之名, 始於此"(『三國史記』 권4, 新羅本紀4, 智證麻立干 6년(505) 春 2월)). 이는 상고기 병마 행정·무관의 인사나 시기별 차이·원전의 출처 등과 함께 검토되어야 하므로 차후 과제이다.

112) 『三國史記』 권26, 百濟本紀4, 東城王 17년(496) 秋 8월.

장군이었다. 장군은 늦어도 자비마립간대부터 제도적인 상설관직으로 관직으로 등장했다고 파악된다.[113]

장군이 제도적인 상설관직으로 등장한 원인에는 여러 이유가 있겠지만, 가장 주요한 원인은 대외정세의 변화이다. 마립간시기는 고구려·백제와 직접적 항쟁상태로 진입하였다.[114] 이로 인해 마립간시기 병마행정의 중요도는 이사금시기보다 현저히 증가하였다. 또 중고기는 삼국 간 항쟁이 더욱 치열해지는 시기이므로, 이러한 추세는 중고기 내내 유지되었다.[115]

병마 행정의 중요도가 지속적으로 증대하였음은 유관 정책을 통해 알 수 있다. 이사금시기에도 閱兵[116]·군사시설 및 물자점검[117]·戍卒의

---

113) 김한규는 이사금시기 기록이 찬자의 자의적 표현일 수 있으므로, 장군이 제도화된 시기는 좌·우장군이 등장하는 5세기 초로 보는 것이 안전하다고 하였다(金翰奎, 앞의 책, 1997, 352쪽). 정경숙은 斯盧國의 將帥(將軍)이 상고시대 중국처럼 상설관직의 소유자가 아닌 임시직이라고 하였다. 김씨의 왕위세습·5세기 후반 적극적 대외정책의 수행·왕권 신장에 따른 군국정사 구분의 필요성에서 자비·소지마립간 시기 군사권을 전담하는 장군이 대두했다고 파악하였다(鄭敬淑, 「新羅時代 將軍의 成立과 變遷」, 『韓國史研究』 48, 1985, 3~4쪽).

114) 金瑛河, 앞의 책, 2002, 112~124쪽.

115) 李基東, 앞의 책, 1984, 355쪽.

116) "閱兵於關川"(『三國史記』 권1, 新羅本紀1, 婆娑尼師今 15년(94) 秋 8월) ; "大閱關川西"(『三國史記』 권1, 新羅本紀1, 逸聖尼師今 5년(138) 秋 8월) ; "大閱於關川"(『三國史記』 권2, 新羅本紀2, 奈解尼師今 5년(200)) ; "大閱楊山西"(『三國史記』 권2, 新羅本紀2, 味鄒尼師今 20년(281) 秋 9월) ; "大閱於穴城原, 又御金城南門觀射"(『三國史記』 권3, 新羅本紀3, 實聖尼師今 14년(415) 秋 7월).

117) "下令曰, 今倉廩空匱, 戎器頑鈍, 儻有水旱之災邊鄙之警, 其何以禦之, 宜令有司, 勸農桑練兵革, 以備不虞"(『三國史記』 권1, 新羅本紀1, 婆娑尼師今 3년(82) 春 正月) ; "下令曰, 朕以不德有此國家, 西隣百濟, 南接加耶, 德不能綏, 威不足畏, 宜繕葺城壘, 以待侵軼"(『三國史記』 권1, 新羅本紀1, 婆娑尼師今 8년(87) 秋 7월) ; "聞倭兵至, 理舟楫, 繕甲兵"(『三國史記』 권2, 新羅本紀2, 儒禮尼師今 6년(289) 夏 5월).

위로[118]·축성[119]·인재충원 下令[120] 등 병마 행정에 대한 관심은 지대하였다. 상기 관심은 마립간시기에 더욱 증가되었다. 열병[121]·수졸의 위로[122] 등은 지속되고, 鎭의 설치가 나타났다.[123] 특히 마립간시기에는 지속적인 축성이 이루어졌다.

상고기의 축성 기사를 찾아보면, 건국~이사금시기까지는 왕성인 금성과 월성 외 신축성이 3개(加召城·馬頭城·達伐城)이고, 개축성이 1개이다(沙道城). 즉 왕성을 포함해도 신축성 5개, 개축성 1개이다. 초기 기록의 영세성이 있겠지만, 475년이라는 긴 시간 동안 축성 기사는 거의 볼 수 없다. 반면 〈표-8〉처럼, 마립간시기, 특히 자비마립간 6년(463)~병부성립 이전까지 성의 신축·개축이 활발히 이루어졌다.

〈표-8〉은 마립간시기~병부성립 이전까지의 축성기록을 정리한 것이다. 자비마립간 6년(463)부터 지증마립간 5년(504)까지의 41년 동안 25개의 성이 신축되었다. 명활성·월성은 당시 왕성이므로, 왕성 이외 3개의 성이 개축되었다. 즉 41년 동안 왕성을 제외하고도 28개의 성이

---

118) "巡幸長嶺鎭, 勞戌卒, 各賜征袍"(『三國史記』 권2, 新羅本紀2, 阿達羅尼師今 4년(157) 3월) ; "巡幸沙道城, 勞戌卒"(『三國史記』 권2, 新羅本紀2, 阿達羅尼師今 9년(162)).

119) "築加召·馬頭 二城"(『三國史記』 권1, 新羅本紀1, 婆娑尼師今 8년(87) 秋 7월 是月) ; "春 二月, 築城名月城. 秋 七月, 王移居月城"(『三國史記』 권1, 新羅本紀1, 婆娑尼師今 22년(101)) ; "築達伐城, 以奈麻克宗爲城主"(『三國史記』 권2, 新羅本紀2, 沾解尼師今 15년(261) 春 2월) ; "改築沙道城, 移沙伐州豪民八十餘家"(『三國史記』 권2, 新羅本紀2, 儒禮尼師今 10년(293) 春 2월).

120) "命臣寮各擧智勇堪爲將帥者"(『三國史記』 권1, 新羅本紀1, 逸聖尼師今 14년(154) 秋 7월).

121) "大閱"(『三國史記』 권3, 新羅本紀3, 慈悲麻立干 6년(463) 秋 7월).

122) "幸比列城, 存撫軍士, 賜征袍"(『三國史記』 권3, 新羅本紀3, 炤知麻立干 3년(481) 春 2월).

123) "置臨海·長嶺二鎭, 以備倭賊"(『三國史記』 권3, 新羅本紀3, 炤知麻立干 15년(493) 秋 7월).

〈표-8〉 마립간시기~병부성립 이전 본기의 축성기사 일람

No.	연대	신축성		개축성	
		성의 이름	합계	성의 이름	합계
①	자비 6년(463) 春 2월	緣邊의 2城	2	·	·
②	자비 11년(468) 秋 9월	泥河에 1城	1	·	·
③	자비 13년(470)	三年山城	1	·	·
④	자비 14년(471) 春 2월	芼老城	1	·	·
⑤	자비 16년(473) 秋 7월	·	·	明活城(葺, 왕성)	1
⑥	자비 17년(474)	一牟城·沙尸城·廣石城·畓達城·仇禮城·坐羅城	6	·	·
⑦	소지 7년(485) 春 2월	仇伐城	1	·	·
⑧	소지 8년(486) 春 정월	·	·	三年山城·屈山城(改築)	2
⑨	소지 9년(487) 秋 9월	·	·	月城(葺, 왕성)	1
⑩	소지 10년(488) 秋 7월	刀那城	1	·	·
⑪	소지 12년(490) 春 2월	·	·	鄙羅城(重築)	1
⑫	지증 5년(504) 秋 9월	波里·彌實·珍德·骨火等 十二城	12	·	·
	합계	·	25	·	5

신축·개축되었다.

　마립간시기 축성 기사의 현저한 증가는 2가지를 의미한다. 첫째, 고대국가 간 항쟁으로 진입하면서 군사시설과 방어선의 확충이 요청되었다.[124] 둘째, 활발한 정복사업을 통해 국력이 신장되었다. 〈표-8〉처럼 빈번한 축성을 진행할 정도로 재화·인력이 충당되었음을 알 수 있기 때문이다. 단적인 예로, 삼년산성은 공역 기간만 3년이 걸렸으며,[125] 국가는 공역기간 동안 재화·인력을 계속 투입하였다. 이상

---

124) 장창은은 자비~소지 대 축성으로 인해 고구려 세력을 계립령·죽령 이북으로 축출할 수 있었으며, 지증왕대 축성된 12성이 동해안로에 집중된다는 점을 주목하였다. 또 지증왕대 대고구려 방위체계가 완성되고, 하슬라·실직 이남이 신라의 영역으로 경영되었다고 하였다(장창은, 『신라 상고기 정치변동과 고구려 관계』, 신서원, 2008, 188쪽 및 230~236쪽).

125) "築三年山城【三年者, 自興役始終三年訖功, 故名之.】"(『三國史記』 권3, 新羅本紀3, 慈悲麻立干 13년(470)).

마립간시기 병마 행정은 이전 시기보다 國事에서 중요도가 높아졌고, 축성 등 평시 업무도 증가하면서 규모도 커져 있었다.

장군직의 제도화가 나타난 이유 중 하나도 이와 결부된다. 늦어도 자비마립간 이후의 신라는 군사전문가를 상설관직인 장군으로 대우해 병마 행정의 전문성·효율성을 고양하고, 상시적 관리체계를 구축하고 자 하였다. 장군직의 제도화가 진행되면서 마립간시기 병마 행정은 이사금시기와 달리 운영되었고, 이 변화된 병마 행정이야말로 병부성 립의 원인으로 작용하였다.

그러면 병마 행정에서 장군직의 제도화가 초래한 변화의 실체가 궁금하다. 마립간시기부터 委軍國事·兼知(內外)兵馬事의 담당자를 볼 수 없고, 복수의 장군이 평시에도 활동했다는 점이 주목된다. 이는 복수의 장군이 마립간시기 병마 행정을 담당했음을 의미하기 때문이 다. F-③~⑧에 해당하는 473~496년에 아찬 좌장군 벌지·급찬 우장군 덕지·장군 이찬 실죽 등 최소 3인 이상의 장군이 존재하였다. 또 F-③·⑤ 는 평시에 장군이 임명되었던 사례이며, F-⑤의 이찬 실죽은 장군인 벌지·덕지 등이 있었음에도 장군이 된 사례이다.

F-⑤의 실죽처럼, 평시에 임명된 장군은 병마 행정을 담당하였다. 실죽이 장군에 임명되어 담당한 첫 업무는 일선군 경계에서 역부 3,000 명을 징발해 삼년산성·굴산성의 개축을 감독·지휘하는 것이었다.

좌·우장군, 장군이란 직함의 차이는 있지만, 실죽이 군정권을 행사 하므로 덕지·벌지 등도 유사한 권한을 가졌다. 즉 마립간시기의 병마 행정은 복수의 장군이 맡았고, 후대 병부가 관장한 軍政權의 일부를 분산해 관장(分掌)하였다.

군정권은 장군의 권한 중 하나였다. 신라 장군의 군정권 소지에 대한 자료는 많지 않지만, 중국사에 보이는 장군을 통해 이를 생각할 수 있다. 중국사에서 장군은 본래 관직명이 아니고, '軍을 지휘한다(將)'는 행위를 말했다. 春秋 이후 族 질서의 붕괴는 영역적 國의 형성을 초래하였고, 國의 형성은 君 - 卿 - 大夫의 수직적 위계를 정립시켰다. 卿은 軍職에서 軍將에 해당하므로, 卿大夫에는 후대 장군의 성격이 내포되어 있었다. 卿이 軍을 지휘하는 행위를 將軍·將□軍이라 하였고, 戰國 이후 관명으로 정착하였다.126) 전국 시기 장군은 전시에만 임명된 임시직이고, 전한 이후 大將軍·車騎將軍·衛將軍 및 행군 편성에서 유래하는 前·后·左·右將軍 등이 설치되며 상설관직으로 정착하였다.127)

장군은 군주에게 군령권의 상징인 斧鉞을 賜與받아 專殺權·襃賞權 등 독립적인 상벌권을 위임받았고, 장군의 전시 명령은 예하 병사들에게 詔書보다 우선되었다.128) 專殺權·襃賞權 등의 권한은 軍令權을 뒷받침하는 권한이다. 더하여 장군은 인사·군법 집행·부대 재정의 운용이란129) 軍政權을 가졌다. 장군의 권한이 많았으므로, 장군의 활동을

---

126) 閔厚基, 「古代 中國에서의 爵制의 形成과 展開」, 연세대학교 대학원 박사학위논문, 2004, 133~148쪽. 특히 147쪽의 '〈표 4-4〉 『周禮』, 夏官 大司馬의 軍爵表'는 좋은 참고가 된다.

127) 李文基, 앞의 책, 1997, 298~299쪽 ; 賀旭志·賀世慶 編著, 『中國歷代職官辭典』, 中國社會出版社, 2003, 183쪽 ; 정동준, 『동아시아 속의 백제 정치제도』, 일지사, 2013, 79~80쪽. 다만 정동준은 前漢 시기의 장군은 임시직에 더 가까웠다고 파악하였다.

128) 정동준, 위의 책, 2013, 79쪽.

129) 장군의 재정운용권은 김한규가 軍市租의 사례로 자세히 설명한 바 있다. 군시조란 軍中에 세워진 市에서 징수된 稅租로, 장군의 군대가 재정적 독립성을 유지할 수 있는 장치였다. 김한규는 『史記』의 李牧과 馮唐의 사례("李牧者, 趙之北邊良將也. 常居代鴈門, 備匈奴, 以便宜置吏, 市租, 皆輸入莫府, 爲士卒費"(『史記』 권81, 列傳21, 廉頗藺相如列傳) ; "馮唐者, 其大父趙人 …… 臣大父言, 李牧爲趙 將, 居邊, 軍市之租, 皆自用饗士"(『史記』 권110, 列傳42, 張釋之馮唐列傳))로 설명하

88

보조하기 위한 幕府를 개설할 수 있는 권한, 즉 開府權을 가졌다. 따라서 막료의 인사권을 지녔고, 전시의 便宜從事權과 상황에 따라 군례에 입각한 행위가 허용되었다.[130]

요컨대 장군은 군주로부터 軍令權·軍政權에 대한 일체의 권한을 위임받았고, 상기 권한의 원활한 운용을 위하여 開府權을 가졌다. 개부한 장군은 막료의 인사권을 소지함으로써 막부를 장악하였고, 군령권·군정권을 행사하였다.

장군의 권한 중 군례에 입각한 행위·편의종사권·부월 사여 등은 신라의 장군에게도 단편적으로 확인되므로,[131] 신라의 장군도 중국사에서 나타난 장군의 권한을 일정 정도 가졌다. 중국에서 장군이 발생한 시점·상설관직으로 전환된 시점을 고려하면, 마립간시기의 장군도 군령권·군정권을 모두 가졌을 것이다. 실제 실죽은 F-⑤에서 삼년산성 改築의 책임자였고, F-⑥·⑧에서는 군사지휘자이므로, 군령권·군정권을 모두 가진 사례이다. 즉 마립간시기의 병마 행정은 복수의 장군이 군령권·군정권을 분장한 형태였다.

이와 관련해 대두할 문제는 군령권·군정권과 독자적 경제기반을 갖춘 장군이 평시에 복수로 존재한다는 것이다. 장군의 권한이 강대하

였다(金翰奎, 앞의 책, 1997, 32쪽).

130) 김한규는 막부가 장군이 지휘하는 군의 사무소가 설치된 특수한 幕舍라고 하였고, 막부의 기능상 막료는 非戰鬪的·行政的 실무를 담당하는 文法吏·刀筆吏 등으로 구성된다고 하였다. 전한 말 輔政將軍이 성립하자 막부의 기능이 복잡·다양해지고, 보정장군의 정권과 국가권력을 보존하는 역할을 했다고 하였다. 이로 인해 막료는 실무자인 文法吏·刀筆吏에서 장군의 두뇌 역할이 가능한 文學之士들로 대체된다고 하였다(金翰奎, 위의 책, 1997, 20~53쪽).

131) 李文基, 앞의 책, 1997, 299~302쪽. 開府權의 실례는 잘 보이지 않지만, 『三國史記』 권47, 列傳7, 竹竹'에 나타난 '幕客'을 주목할 수 있을 듯하다.

므로, 국가 차원에서 장군의 소재·활동을 파악하고, 장군 사이의 권한·지위를 조정해야 하였다. 또 장군의 평시·전시 업무 수행 결과를 파악하고, 복수의 장군(將軍團)이 전쟁을 수행할 때 기여도도 정리해야 하였다. 나아가 장군의 定員유지와 장군·무관후보자의 관리를 통하여 제도 운영의 안정성을 증대시킬 필요가 있었다.

따라서 장군의 제도화는 현직 장군의 인사·보임·포폄·감찰과 무관후보자의 관리 같은 업무가 국가 차원의 관리 문제로 대두함을 의미하였다. 해당 업무는 이사금시기에도 있었겠지만, 장군이 제도화·상설화되는 과정에서 상기 업무의 양과 중요성은 이사금시기에 비해 급격히 증가하였다. 이로 인해 이미 고위 관위소지자 개인이 담당할 수준을 넘고 있었다. 나아가 재화·인력이 유한한 이상, 효율성을 전제로 복수의 장군이 분장하던 병마 행정권이 일원적으로 처리할 필요성도 제기되었다. 따라서 국가는 한정된 자원을 효율적으로 운영·분배하고, 이를 감독할 수 있는 제도적 장치가 필요하였다.

이상이 중고기 병부의 성립 원인이었다. 중고기 신라는 장군의 군정권을 일정히 회수하여, 병부에 귀속시켰다. 장군의 군정권을 보장한 것은 부대의 운영과 장군의 활동에 대한 자율성을 보장하려는 목적이 전제된다. 따라서 장군의 군정권 일체를 박탈할 수는 없었다. 그러나 효율성을 전제로 일원적인 재화·인력의 분배를 실현하려면, 장군이 분장한 군정권을 회수하는 것은 필수적인 문제였다. 이로 인해 신라는 몇 개의 관직을 관위에 따라 계서적으로 배열하고, 행정 전담 인력을 배치해 국가 차원에서 군정을 관할하였다. 즉 병부는 병마 행정을 체계적·일원적·효율적·상시적으로 관리하려는 의도 아래 성립하였다.

2) 兵部의 조직 정비와 병마 행정의 변화

전 항에서 병부의 성립원인을 상고기 병마 행정의 변화, 특히 장군직의 제도화를 위주로 설명하였다. 장군직의 제도화는 무관후보자의 인사·관리 문제와 병마 행정의 효율성 제고를 위한 제반 업무가 국가 차원의 관리 문제로 대두함을 의미하였다. 이로 인해 517년에는 군정 전담 관청인 병부가 성립하였다.

병부를 중심으로 한 새 병마 행정체계의 구축은 사안의 중요성에도 불구하고, 약 160년이라는 긴 시간 동안 완만하게 정비되었다. '部'가 육전을 비롯한 중국문물의 수용과 관련된다는 점을 고려하면, 병부의 정비는 타국의 유사 관청에서 모범답안을 구할 수도 있었다. 그럼에도 정비에 긴 시간이 소요된 것은 상고기 전통적 병마 행정방식의 재편이란 문제가 있기 때문이다. 따라서 본 항은 병부의 정비과정과 운영양상을 4시기로 구분하고, 시기별 병마 행정의 변화상을 추적하겠다. 병부의 정비과정은 G를 통해 살필 수 있다.

G-①. 처음(始)으로 병부를 두었다.[132]

G-②. 異斯夫를 병부의 슈으로 삼아 內·外 兵馬의 일을 담당하게 하였다.[133]

G-③. 兵部. 슈 1인은 법흥왕 3년(516) 처음(始) 두었다. 진흥왕 5년(544) 1인을 더했다. 태종왕 6년(659) 또 1인을 더했다. 位는 (5)대아찬에서 [非(1)]태대각간으로 하였다. 또 宰相·私臣을 겸할 수 있었다. 大監은

---

132) "始置兵部"(『三國史記』 권4, 新羅本紀4, 法興王 4년(517) 夏 4월).

133) "拜異斯夫爲兵部令, 掌內外兵馬事"(『三國史記』 권4, 新羅本紀 4, 眞興王 2년(541) 春 3월).

2인은 진평왕 45년(623) 처음(初) 두었다. 문무왕 15년(675) 1인을 더했다. 경덕왕이 고쳐 侍郞으로 하였는데, 혜공왕이 다시 大監을 칭했다. 位는 (9)급찬에서 (6)아찬으로 하였다. 弟監 2인은 진평왕 11년(589)에 두었다. 태종왕 5년(658)에 고쳐 大舍로 하였다. 경덕왕이 고쳐 郞中으로 하였는데, 혜공왕이 다시 大舍를 칭했다. 位는 (13)사지에서 (11)나마로 하였다. 弩舍知 1인은 문무왕 12년(672)에 처음(始) 두었다. 경덕왕이 고쳐 司兵으로 하였는데, 혜공왕이 다시 弩舍知를 칭했다. 位는 (13)사지에서 (12)대사로 하였다. 史는 12인이었다. 문무왕 11년(671) 2인을 더했다. [문무왕] 12년(672) 3인을 더했다. 位는 (17)선 저지에서 (12)대사로 하였다. 弩幢 1인은 문무왕 11년(671)에 두었다. 경덕왕이 고쳐 小司兵으로 하였는데, 혜공왕이 다시 옛 것으로 하였다. 位는 史와 더불어 같다.[134]

G-①·②는 병부설치 및 첫 병부령의 임명을, G-③은 병부조직의 정비를 상세히 보여준다. G-③을 따르면, 문무왕 15년(675) 이후 병부는 령 - 대감 - 제감(=大舍) - 노사지 - 사 - 노당의 6職에 27人이 배속되어 운영되었다.

G-①처럼, 병부는 법흥왕 4년(517)에 두었다. G-③에서 령의 설치가

---

[134] "兵部. 令, 一人, 法興王 三年, 始置. 眞興王 五年, 加一人. 太宗王 六年, 又加一人. 位自大阿飡至太大角干爲之. 又得兼宰相·私臣. 大監, 二人, 眞平王 四十五年, 初置. 文武王 十五年, 加一人. 景德王改爲侍郞, 惠恭王復稱大監. 位自級飡至至阿飡爲之. 弟監, 二人, 眞平王 十一年, 置. 太宗王 五年, 改爲大舍. 景德王改爲郞中, 惠恭王復稱大舍. 位自舍知至奈麻爲之. 弩舍知, 一人, 文武王 十二年, 始置. 景德王改爲司兵, 惠恭王復稱弩舍知. 位自舍知至大舍爲之. 史, 十二人. 文武王 十一年 加二人. 十二年 加三人. 位自先沮知至大舍爲之. 弩幢, 一人, 文武王 十一年, 置. 景德王改爲小司兵, 惠恭王復故, 位與史同"(『三國史記』 권38, 雜志7, 職官 上).

법흥왕 3년(516)이므로, 령의 설치가 관청보다 1년 앞선다. G-②는 병부령을 설치하고 25년 뒤에 첫 병부령을 임용해 내외병마사를 관장했다고 한다.[135]

G-③에서 령·대감·제감·노사지·노당의 5職은 始(初)置의 편년을 전하나, 사 12인은 이를 찾을 수 없다. 몇몇 이유에서 사 12인은 병부가 설치된 517년에 설치된 것이다. 첫째, 517년 사 12인이 설치되지 않았다면, 병부는 령 1인으로만 구성된다. 이는 고관이 (내외)병마사를 관장한 이사금시기의 병마 행정과 형식상 큰 차이가 없다. 둘째, 장관과 관청설치의 편년이 명확히 분리되었다. 셋째, 장군이 제도화되면서 인사권을 비롯한 병마 행정업무의 양과 중요성이 급증했다는 점이 병부의 성립 원인이었다. 전술했지만, 병부성립 이전의 병마 행정업무는 양·중요도에서 고관 개인이 담당할 수 있는 범위를 초월하였다. 따라서 령 1인을 보좌하는 행정실무자들이 필요하였다.

진흥왕 5년(544)에 령 1인이 증치되고, 진평왕 11년(589) 제감(중대의 대사) 2인이, 진평왕 45년(623)에 대감 2인이 설치된다. 623년 이후 병부의 변화는 태종무열왕 5년(658) 및 6년(659)부터 시작되므로, 중고기 병부는 령 2인 - 대감 2인 - 제감 2인 - 사 12인의 4職 18人으로 운영되었다.

태종무열왕·문무왕대에 병부는 기존 체계의 보완 차원에서 부분적인 정비가 이루어졌다. 태종무열왕 5년(658) 제감이 대사로 개칭되고,

---

135) 신형식은 G-②를 이사부가 병부령으로 상대등을 겸한 사실로 이해하였다(申瀅植, 앞의 책, 1984, 153~154쪽). 관련 근거로 이사부의 군사적 활동·왕실과의 혈연관계와 법흥왕 16년인 529에 해당하는 『日本書紀』에서 '上臣 伊叱夫禮智'("由是 新羅, 遣其上臣, 伊叱夫禮智 干岐【新羅以大臣爲上臣.】"(『日本書紀』 권17, 繼體天皇 23년(529) 春 3월))를 찾았기 때문이다. 그러나 사료 순서를 강조하면, 이사부는 상대등으로서 병부령을 겸한 것이다.

6년(659) 령 1인이 증치된다. 문무왕 11년(671) 사 2인이 증치되고, 노당 1인이 신설된다. 문무왕 12년(672) 사 3인이 증치되고, 노사지 1인이 신설되며, 문무왕 15년(675) 대감 1인이 증치된다. 따라서 중대 병부는 령 3인 - 대감 3인 - 대사 2인 - 노사지 1인 - 사 17인 - 노당 1인의 6職 27人으로 운영되었다. 이상 병부는 책임자·중간관리자·실무자 등이 계속 충원되었다.

문무왕 15년(675) 병부의 조직을 갖춘 후 관직의 신설·정원의 변동은 찾을 수 없다. 다만 G-③은 중대 말인 경덕왕 18년(759) 정월·2월에 관호의 변경이 있었음을[136] 알려준다. 대감·대사는 시랑·낭중 등 당 상서 6부의 병부 관직명과 유사하게 변경되었고, 노사지·노당은 사병·소사병 등 직무를 드러내는 관직명으로 변경되었다.[137] 경덕왕대의 관호 변경 당시 권한·업무의 조정이 이루어졌는지는 자료적으로 상세하지 않지만, 이 조치는 혜공왕 12년(776)에 복고되었다.[138] 즉 경덕왕대 관호는 약 19년간 사용되므로, 문무왕 15년(675) 이후 병부의 운영에서 큰 변화는 없었다. 따라서 병부의 실질적인 정비는 문무왕 15년(675)을 기점으로 종료되었다. 병부의 조직 정비를 기준으로, 병부의 운영상황을 〈표-9〉처럼 4시기로 구분할 수 있다.

---

136) "改兵部·倉部 卿·監爲侍郎, 大舍爲郎中"(『三國史記』 권9, 新羅本紀9, 景德王 18년 (759) 春 正月) ; "改禮部舍知爲禮, 調府舍知爲司庫, 領客府舍知爲司儀, 乘府舍知爲司牧, 船府舍知爲司丹, 例作府舍知爲司例, 兵部弩舍知爲司兵, 倉部租舍知爲司倉" (『三國史記』 권9, 新羅本紀9, 景德王 18년(759) 2월). 弩幢도 759년 2월 각 部·府의 사지와 함께 개칭되었을 것이다.

137) 丁德氣, 앞의 논문, 2011, 83쪽.

138) "下敎. "百官之號, 盡合復舊""(『三國記』 권9, 新羅本紀9, 惠恭王 12년(776) 春 正月).

94

〈표-9〉 병부의 정비과정과 시기별 운영

중고·중대		중고기						중대							
期數 구분		I (법흥4~진평10)				II (진평11~태종4)			III (태종5~문무10)			IV (문무11~경순19)			
운영 기간		517~588, 71년				589~657, 68년			658~670, 12년			671~936, 265년			
No.	관직	516	517	544	합계	589	623	합계	658	659	합계	671	672	675	합계
①	令	1	·	+1	2	·	·	2	·	+1	3	·	·	·	3
②	大監	×	×	×	×	×	2	2	·	·	2	·	·	+1	3
③	弟監	×	×	×	×	2	·	2	大舍	·	2	·	·	·	2
④	弩舍知	×	×	×	×	×	×	×	×	×	×	·	1	·	1
⑤	史	×	12	×	12	·	·	12	·	·	12	+2	+3	·	17
⑥	弩幢	×	×	×	×	×	×	×	×	×	×	1	·	·	1
시기별 조직운영		令-史 (2職14人)				令-大監-弟監-史 (4職18人)			令-大監-大舍-史 (4職19人)			令-大監-大舍-弩舍知-史-弩幢(6職27人)			

※ ① 숫자 : 초치 정원. ② '+숫자' : 증치정원. ③ 'x' : 미설치. ④ '·' : 변화 없음.

〈표-9〉는 병부의 정비과정과 시기별 운영을 도식화한 것이다. 〈표-9〉처럼, 병부의 운영은 4시기로 구분된다. I기는 517~588년의 71년간이며, 2職 14人으로 운영되었다. II기는 589~657년의 68년간이며 4職 18人으로 운영되었고, III기는 658~670년의 12년간이며, 4職 19人으로 운영되었다. 이 중 II기에서 III기의 변화는 제감이 대사로 개칭되고 령 1인이 증치된 것이므로, II~III기의 80년간 큰 변화는 없었다고 보인다. IV기는 671~936년까지의 265년간이며, 6職 27人으로 운영되었다.

이제 시기별 운영을 구체적으로 살펴보면 다음과 같다. I기 병부는 진흥왕 5년(544)에 완성되었고, 2인의 령이 12인의 사를 관리하면서 병마 행정을 담당하였다. 이 시기 배속된 직제와 인원으로 보아, IV기의 병부가 관할한 모든 업무를 유사한 형태로 담당하지는 않았을 것이다.

I기 병부의 활동과 더불어 생각할 것이 법흥왕 7년(520) 율령의 반포와 진흥왕 2년(541) 첫 병부령의 임명이다. 양자를 고려하면 I기의 병부는 무관의 인사권 관장 절차를 율령에 맞게 정비하고, 병마

행정권의 장악과 집행을 위한 기초 작업을 주로 담당하였다. 복수의 장군이 가졌던 병마 행정권은 개별 장군에게는 특권·기득권으로 인식되었을 것이고, 병마 행정권의 회수과정은 기존 장군들에게 상당한 반발을 초래했을 것이기 때문이다. 병부령 설치 후 첫 병부령이 25년 뒤에나 보임되었던 것도 이와 관련된다.

이상은 I기 병부의 조직을 통해 방증할 수 있다. 령은 중앙행정에서 최고의 행정장관이며, 율령반포와 긴밀히 관계된다. 공복을 제정하면서 중국적 요소를 일부 참작하였으므로, 율령·令도 비슷한 성격이 있을 것이다. 중국사에서 령은 秦·漢代에 사용한 관직이며, 주요 관청의 수장이었다.[139] 즉 령은 율령체계 하 새 행정질서의 수행자로, 병부 등 중요관서의 장관으로 전용된 것이다.

반면 史는 행정에 필요한 장부·문서를 관리하는 말단 관직이며, 중앙행정체계에서 가장 광범위하게 활용된 관직이었다. 사는 각 관청에서 가장 마지막으로 설명되는 것이 일반적이고, 기원한 의미도 記事者였다. 따라서 사는 대부분의 관청에 필요한 장부·문서를 담당하는 행정실무자를 말한다.[140]

I기 병부는 병부에 관계된 율령을 관장하는 령과 말단실무 및 기초 장부를 담당하는 사로만 구성되었다. 따라서 I기 병부는 II기 이후 병부 업무의 일부를 담당하고, 병부가 설치되면서 변형된 병마 관계

---

139) 賀旭志·賀世慶 編著, 앞의 책, 2003, 233쪽.

140) 李基白, 『新羅政治社會史研究』, 1974, 161쪽 ; 李佑成, 「高麗朝의 吏에 對하여」, 『歷史學報』 23, 1964 ; 金光洙, 「高麗時代의 胥吏職」, 『韓國史研究』 4, 1969, 8쪽. 이기백은 사가 말단실무를 담당하는 후대의 吏職으로 정책 결정에 발언권이 없고, 고려시대 여러 관부의 이속에 史·令史·書令史·計史 등 史가 붙는 직이 많은 것도 신라의 사와 관계된다고 하였다. 김광수는 史의 字意는 記事者로, 刀筆의 任을 띤 者(刀筆吏)와 상통하며, 掌務도 記事·刀筆이라 하였다.

업무를 조정하기 위해 필요한 준비를 주로 담당했을 것이다.

Ⅱ기 병부는 진평왕 45년(623)에 완성되었고,[141] 대감·제감 각 2인이 신설되었다. Ⅱ기 조직은 중고기에 완성되었으므로, 중고기 병부의 체계이다. 또 Ⅱ기 조직은 Ⅲ기에도 큰 변동이 있던 것은 아니므로, 중대 초까지 영향을 미쳤다. 따라서 중고기 병부의 4職 체계는 병부조직의 근간으로 볼 수 있으며, 이를 중심으로 신라는 삼국통일전쟁을 수행하였다.

Ⅱ~Ⅲ기 병부의 운영은 Ⅳ기 병부와 비교하여 찾을 수 있다. Ⅳ기 병부에서 주목할 변화는 弩를 접두어로 한 사지·당의 신설과 령·대감·사의 증원이다. 일단 중고기·중대 병부의 조직상 차이는 弩 관련 업무이므로, Ⅱ~Ⅲ기 병부는 Ⅳ기 병부보다 弩 관련 업무를 전문적으로 담당하지는 않았을 것이다. 다만 弩의 개발·배치 시점이 558년임을 고려하면, Ⅰ~Ⅲ기 병부도 弩 관련 업무 자체는 담당하였다. 따라서 후대 노사지·노당의 상당위를 포괄할 수 있는 사 중의 일부가 노 관련 업무를 담당하였다.

이 점에서 늦어도 Ⅱ기 병부부터는 Ⅳ기 병부의 기능을 대부분 발휘할 수 있었다. 다만 Ⅱ기와 Ⅲ기는 령의 증원과 제감이 대사로 개칭되었다는 차이가 있다. 제감은 대부분 무관에 사용된 관직이었다. 한편 대사는 사보다 상위의 장부·문서를 관장하는 관직이었

---

141) 이인철은 船府署의 대감·제감이 진평왕 5년(583)에, 6정의 大官大監·弟監이 진흥왕 10년(549)·23년(562)에 설치되므로, 진평왕 3년(581)부터 령 - 대감 - 제감 - 사로 운영되었다고 보았다(李仁哲, 앞의 책, 1993, 30쪽). 그러나 大官大監·弟監은 군령권 집행에 관계된 조직이므로, 군정권 집행기관의 중간관리자 설치와 지닌 관련성이 모호하다. 병부대감·제감의 설치에 대한 직관 上의 편년이 명료하므로, 본서에서는 이를 중심으로 설명한다.

다.[142] 이 점에서 Ⅲ기는 Ⅱ기보다 병마 행정에 대한 관리기구로서의 성격이 강화되었다.

Ⅱ~Ⅲ기와 Ⅳ기 병부의 차이를 고민할 때 더 생각할 것은 두 가지로, 水軍·船舶에 관한 업무와 弩에 관한 업무의 담당 여부이다. 첫째, Ⅱ~Ⅲ기 병부는 水軍·공사 선박의 수리·수로 교통도 관장했으며, Ⅳ기 병부는 해당 업무가 별도 부서로 이관되었다. 유관 자료로 H를 살필 수 있다.

H-①. 倭兵이 온다고 들어, 배(舟楫)를 수리하고 甲兵을 수선하였다.[143]

H-②. 有司에 命하여, 戰艦을 수리하게 하였다.[144]

H-③. 또 舟楫의 이로움에 대한 制를 내렸다.[145]

H-④. 처음으로 船府署에 대감·제감을 각 1員씩 두었다.[146]

H-⑤. 船府令 1員을 두어 舟楫의 일을 관장하게 하였다.[147]

H-⑥. 선부. 옛날(舊)에 병부의 대감·제감으로 舟楫의 일을 관장하였다 (掌舟楫之事). 문무왕 18년(678)에 따로 두었다(別置). 경덕왕이 고쳐 利濟府라 하였으나, 혜공왕이 옛 것으로 회복하였다.[148]

---

142) 丁德氣, 앞의 논문, 2011, 82~84쪽.

143) "聞倭兵至, 理舟楫·繕甲兵"(『三國史記』 권2, 新羅本紀2, 儒禮尼師今 6년(289) 夏 5월).

144) "命有司修理戰艦"(『三國史記』 권3, 新羅本紀3, 慈悲麻立干 10년(467) 春).

145) "又制舟楫之利"(『三國史記』 권4, 新羅本紀4, 智證麻立干 6년(505) 冬 11월).

146) "始置船府署 大監·弟監各一員"(『三國史記』 권4, 新羅本紀4, 眞平王 5년(583) 春 正月).

147) "置船府令一員, 掌船楫事"(『三國史記』 권7, 新羅本紀7, 文武王 18년(678) 春 正月).

148) "船府. 舊, 以兵部大監·弟監, 掌舟楫之事. 文武王 十八年, 別置. 景德王改爲利濟府, 惠恭王復故"(『三國史記』 권38, 雜志7, 職官 上).

H는 선부의 담당업무와 연혁에 관한 기사를 인용한 것이다. H-①·②·③은 선부의 기원에 관계된 업무로, H-①·③에 舟楫이, H-②에 戰艦이 보인다. 주즙은 일반명사인 '배'보다, 전함을 위주로 지칭한 것이다. H-①의 '理舟楫'은 '繕甲兵'과 동시성을 지닌 조치이며, 조치의 원인은 '聞倭兵至'이기 때문이다. H-③의 주즙도 마찬가지이다. 512년 우산국 정벌에서 戰船이 쓰이기 때문이다.[149] 따라서 전함을 비롯한 선박이나 수군 관계 업무는 이른 시기부터 있었고, 해당 업무에 대한 관청도 운영되었을 것이다. 이것이 중고기에는 '掌舟楫之事'를 담당하는 船府署의 업무로 재편되었다. 그리고 H-④~⑥처럼, 진평왕 5년(583)에 船府署에 대감·제감 각 1員이 설치된 후 船府署는 중고 전 시기에 걸쳐 병부의 속사로 존재하였다.[150] 이후 문무왕 18년(678) 令이 설치되고, 船府로 別置되었다.[151] 따라서 Ⅳ기 병부는 678년 이후 '掌舟楫之事'를 담당하지 않았다. 반면 Ⅱ~Ⅲ기 병부의 업무에는 선부 업무가 포함되었다. 또 전함·수군과 관련되므로, Ⅰ기 병부에서도 유관 업무를 담당하였다.[152]

둘째, Ⅰ~Ⅲ기 병부와 Ⅳ기 병부의 직제로 보아, Ⅳ기 병부는 弩

---

149) "于山國歸服. …… 乃多造木偶師子, 分載戰船. 抵其國海岸, 誑告曰. "汝若不服, 則放
此猛獸, 踏殺之" 國人恐懼. 則降"(『三國史記』 권4, 新羅本紀4, 智證麻立干 13년(512)
夏 6월).

150) 李仁哲, 2003, 앞의 책, 42쪽.

151) 선부의 업무를 김철준은 水軍으로(金哲埈, 앞의 책, 1990, 60쪽), 이기동은
선박·항해로(李基東, 앞의 책, 1984, 122쪽), 이인철은 公私의 船楫과 水軍의
장악으로 보았다(李仁哲, 위의 책, 1993, 37쪽). 한정훈은 수군·선박 업무와
함께 津·橋 등 수상 교통 이용에 필요한 시설물 관리업무도 선부의 업무라고
하였다(한정훈, 앞의 논문, 2006, 152~155쪽).

152) 선부서에 대감·제감이 두어진 해가 583년이고, 선부서의 업무가 상고기의
업무를 재편한 것임을 고려하면, Ⅰ기 병부에서도 선부의 업무를 담당했을
수 있다. 다만 이 문제는 主司-屬司의 기원·체계를 비롯하여 상당한 문제가
해명되어야 하므로, 차후의 과제이다.

관련 사무가 전문화되었다. 문무왕 11년(671)에 弩幢 1인이, 문무왕 12년(672)에 弩舍知 1인이 신설되기 때문이다. I는 본기에서 弩 관련 기사를 인용한 것이다.

I-①. 奈麻 身得이 砲·弩를 만들어 그것을 上奏하니, 그것을 城 위에 두었다.[153]

I-②. 고구려 장군 惱音信이 말갈 장군 生偕와 군사를 합하여 와서 述川城을 공격하였으나 이기지 못하였다. 옮겨 北漢山城을 공격하였다. 포차를 벌여 돌을 날리니, 맞는 陣·屋마다 무너졌다. [북한산]城主 (12)대사 冬陀川은 사람을 시켜서 성 바깥에 鐵蒺蔾를 던지게 하여 人馬가 다닐 수 없게 하였다. 또 안양사의 廩廥를 헐고, 그 자재를 운반하여 성이 무너진 곳마다 즉시 樓櫓를 얽고 絍網을 엮어 마소의 가죽과 솜옷을 매달고, 안에 砲·弩를 설치하여 막았다.[154]

I-③. 당의 사신이 도착하여 詔를 전하고, 弩師 仇珍川 (8)沙湌과 함께 [당으로] 돌아갔다. [당 고종이 구진천에게] 나무로 된 弩(木弩)를 만들게 명했는데, 살을 놓으니 30步가 나아갔다. [당 고종이 구진천에게] 물었다. "듣기로 너희 나라에서 노를 만들어 쏘면 1,000보를 나간다고 하는데, 지금 [나간 것이] 겨우 30步이다. 어찌된 일인가?" [구진천이] 답하였다. "자재가 불량합니다. 만약 본국의 자재를 취하여 그것(木弩)을 만든다면 가능할 것입니다." 천자가 사신을 내려

---

153) "奈麻身得作砲弩上之, 置之城上"(『三國史記』 권4, 新羅本紀4, 眞興王 19년(558) 春 2월).

154) "高句麗 將軍 惱音信, 與靺鞨 將軍 生偕, 合軍, 來攻述川城, 不克. 移攻北漢山城, 列抛車 飛石, 所當陣·屋輒壞. 城主 大舍 冬陀川, 使人擲鐵蒺蔾於城外, 人馬不能行. 又破安養寺廩廥, 輸其材, 隨城壞處, 即構爲樓櫓, 結絍網, 懸牛馬皮綿衣, 內設弩砲以 守"(『三國史記』 권5, 新羅本紀5, 太宗武烈王, 8년(661) 5월 9일【어떤 곳에는 11일.】).

보내어 그것(자재)을 구하였다. 곧 福漢 (10)대나마를 보내어 나무를 바쳤다. 이에 고쳐 만들 것을 명했는데, 쏘았더니 [나간 것이] 60보였다. [당 고종이] 그 까닭을 물었다. [구진천이] 답하여 말하였다. "臣도 그렇게 된 이유를 알지 못하겠습니다. 아마 나무가 바다를 건너면서 습기가 침범하여 그런가 합니다." 천자는 그가 고의로 하지 않은 것을 의심하고, 무거운 죄로써 그를 겁박하였으나, 끝내 그 능력을 다 펼치지 않았다.[155]

I-④. 백관에게 命하여, 的門에서 모여서 수레쇠뇌(車弩)를 쏘는 것을 관람하게 하였다.[156]

I-⑤. 大臣 貞宗·思仁에게 弩兵을 사열하도록 命하였다.[157]

I-①은 신라에서 砲·弩가 개발되어 배치된 것은 늦어도 진흥왕 19년 (558)임을 알려준다. I-②처럼, 砲·弩는 삼국통일전쟁 과정에서도 활용되었으며, 문무왕 2년(662)에도 弩가 사용되었다.[158]

신라 노의 활용과 규모에 대한 구체적인 자료는 찾기 어렵지만, 『太平廣記』新羅條의 長人기사에 '항상 弓弩 수천을 사용하였다(常使弓弩 數千)'고 한 것이나, 『신당서』 新羅傳·『삼국사기』 지리지에 '弩土 수천을

---

155) "唐使到傳詔, 與弩師 仇珍川 沙湌廻. 命造木弩, 放箭三十步. 帝問曰. "聞在爾國, 造弩射一千步, 今纔三十步, 何也?" 對曰. "材不良也. 若取材本國, 則可以作之." 天子 降使求之. 卽遣福漢 大奈麻, 獻木. 乃命改造, 射至六十步. 問其故. 答曰. "臣亦不能知 其所以然. 殆木過海, 爲濕氣所侵者歟." 天子疑其故不爲, 刦之以重罪, 而終不盡呈其 能"(『三國史記』 권6, 新羅本紀6, 文武王 9년(669) 冬).

156) "命百官會的門, 觀射車弩"(『三國史記』 권8, 新羅本紀8, 聖德王 30년(731) 秋 9월).

157) "命大臣 貞宗·思仁, 閱弩兵"(『三國史記』 권8, 新羅本紀 8, 孝成王 5년(741)夏 4월).

158) 김유신은 662년 소정방에게 군량을 전달하고 돌아오는 길에 고구려인의 추격을 받았고, 이에 弩를 일제히 발사하여 고구려군을 패퇴시켰다"(麗人知之 來追, 庾信使萬弩俱發, 麗軍且退"(『三國史記』 권42, 列傳2, 金庾信 中)).

항상 주둔시켰다(常屯弩士數千)'고 한 것이 주목된다. 이 기사는 『太平廣記』 新羅條의 내용이 『신당서』 新羅傳에 서술되고, 『삼국사기』 지리지 편찬 당시 傳聞懸說의 하나로 수록되었다.[159] 기사의 원전이 연구되면서, 743년 魏曜의 견문,[160] 764년 韓朝彩의 견문[161] 혹 768년 顧愔의 『新羅國記』에[162] 기초했다고 알려졌다. 長人의 실체는 6세기 이전부터 빈출하는 왜병, 특히 蝦夷라거나,[163] 7세기 중엽의 말갈로 보기도 한다.[164] 그러나 대개 8세기 중엽의 기사로 알려졌고, 장인의 실체로 발해[165]·신라 북방을 포함한 주변세력(울릉도, 蝦夷, 말갈 등)[166]·신라 주변의 해적이나 일본[167]·북부말갈제족[168] 등이 지적되었다.

　'常使弓弩數千'·'常屯弩士數千'에 등장한 弓弩·弩士의 규모를 그대로 인정하기는 어렵다. 상기 지적된 견문에 기초했더라도 해당 시기 신라가

---

159) "『新書』又云, "東距長人. …… 新羅常屯弩士數千, 守之", 此皆**傳聞懸說**, 非實錄也"(『三國史記』 권34, 雜志3, 地理1) ; "長人者, …… 其國連山數十里, 有峽, 固以鐵闔, 號關門, 新羅常屯弩士數千, 守之"(『新唐書』 권220, 列傳145, 東夷, 新羅) ; "東與長人國接, …… 其境限以連山數千里, 中有山峽, 固以鐵門, 謂之鐵關, 常使弓弩數千, 守之. 由是不過"(『太平廣記』 권481, 新羅).

160) 李成市, 「八世紀 新羅·渤海關係の一視覺 -「新唐書」新羅伝長人記事の再檢討」, 『國學院雜誌』 92, 1991, 22~23쪽.

161) 赤羽目 匡由 著·이유진 옮김, 「新羅東北境에서의 新羅와 渤海의 交涉에 대하여」, 『고구려발해연구』 31, 2008, 266~267쪽.

162) 方善柱, 「新唐書 新羅傳所載 長人記事에 對하여」, 『史叢』 8, 1963, 483쪽.

163) 方善柱, 위의 논문, 1963, 483~486쪽.

164) 조이옥, 「『新唐書』 新羅傳長人記事의 長人國 - 新羅의 靺鞨認識과 관련하여」, 『지역과 역사』 19, 2006, 45~46쪽.

165) 李成市, 앞의 논문, 1991, 30~31쪽.

166) 金恩國, 「新羅道를 통해 본 渤海와 新羅 관계」, 『白山學報』 52, 1999, 758쪽.

167) 李美子, 「『新唐書』 新羅傳·『太平廣記』 新羅條의 "長人國"기사에 관한 고찰」, 『白山學報』 92, 2003, 91쪽.

168) 赤羽目 匡由 著·이유진 옮김, 앞의 논문, 2008, 267~269쪽.

당 사신에게 弓弩·弩士의 규모를 알려주거나 쉽게 보여주지는 않았을 것이다. 신라의 군사보안에 관계된 문제이기 때문이다. '弓弩·弩士 수천'의 상시 주둔이 기록된 것은 7세기 이후 나당연합·나당전쟁 등 당과 군사적인 접촉이 있었던 신라에서 노 등을 대규모로 광범위하게 활용한 정황이 당 측에 전달된 것과 관계된다. 신라에서 대규모로 노를 활용한다는 것은 당 사신의 사전정보로 기능하였을 것이며, 당 사신은 이러한 사전정보를 숙지한 상태에서 경유지에 나타나는 노의 광범위한 활용을 보고 '常屯弩士數千'을 기록했을 것이다.

병부에 노사지·노당이 설치된 것은 I-③의 사건처럼, 신라의 노 제작 기술·운용 상황에 대한 정보가 당에 유입되었던 것에 대한 신라의 대응과 관계된다. 砲·弩 등은 무기이므로, I-③의 弩師 등 弩 제작기술자의 인명이나 현황, 弩의 수량·弩士(兵)의 현황 등을 관리하는 것은 병부의 업무이다.

상기 업무는 늦어도 진흥왕 19년(558)부터는 담당했으므로, I 기 병부에서는 사가 담당하였다. 그러나 노사지·노당 등 弩 관련 관직은 671·672년 이후의 IV기 병부부터 신설되었다. 노사지의 신설을 '당제의 수용'과 관련해 해석하기도 한다.[169] 그러나 노사지·노당은 비슷한 시점에 신설되었고, 두 관직의 경덕왕대 개칭명칭은 司兵·小司兵이다. 따라서 노사지·노당 등 노 관련 관직의 신설 원인은 해당 시기 병마 행정 상의 필요성에서 찾는 것이 타당하다. IV기 병부에 弩 관련 관직을 신설한 것은 고구려·백제 부흥 운동의 진행이나 나당전쟁을 목전에 둔 시대적 상황과 관련이 있겠고, 직접적으로는 I-③과 긴밀히 관계된

---

169) 李基東, 앞의 책, 1984, 122~124쪽.

다. 즉 弩 제작 기술 같은 군사기술의 유출을 막고자, 국가적 차원에서 弩師·弩兵·弩 등을 관리하려는 조치이다.

I-③은 7세기 신라의 木弩 제작 기술이 우수하다고 당에 알려졌으며, 신라의 노 기술자(弩師) 관리가 철저하였음을 나타낸다. I-③에서 당 고종은 신라 木弩의 사정거리를 1,000步로 보고 받았고, 기사의 말미에서 1,000步를 날아가는 木弩를 볼 수 없자 일부러 감춘다고 의심하였다. 이로 미루어 당 고종에게는 신라 弩의 우수성에 대한 확정적 정보가 있었으며, 해당 정보를 획득한 계기는 나당연합과 삼국통일전쟁 과정에 있을 것이다. 이에 나당관계가 험악해지고, 나당전쟁을 목전에 둔 상황에서 당 고종은 신라의 군사기밀을 파악하고자 弩師 仇珍川을 소환하여 木弩의 제작을 요구한 것이다.

I-③의 문맥상 신라에서는 木弩의 제작이 실패해도 당 고종이 납득할 만한 기술자를 보냈을 것이다. 따라서 구진천은 신라의 弩 기술자 중에서도 상당한 위치의 사람일 것이며, 실제로 弩師 구진천은 (8)沙湌이었다. I-③의 1,000步는 약 1.44㎞로 환산되는데,[170] 이것이 신라 노의 유효사거리인지, 최대사거리인지는 정확히 알 수 없다. 그런데 당에서 구진천이 만들었던 木弩의 사거리는 0.0432㎞(30步)·0.0864㎞(60步)로, 100m에도 미치지 못하였다. 이에 당 고종은 重罪 등으로 협박하였으나, 구진천은 현격히 떨어진 사거리의 사유를 자재의 불량과 변형으로 추정하며 노 제작 기술을 끝내 함구하였다. 목노의 제작 기술을 함구한

---

170) 당 이전에는 周尺(약 24㎝) 기준으로 6척이 1보였다. 당 이후에는 唐尺(약 30㎝) 기준으로 5척이 1보였다. 따라서 1步는 周尺으로 144㎝, 唐尺으로 150㎝ 이므로, 1,000步는 1.44㎞~1.5㎞이다. 신라는 삼국통일 후 唐尺이 아닌 周尺을 사용했다고 하므로(李宇泰, 「韓國古代의 尺度」, 『泰東古典研究』 1, 1984, 14~17 쪽), 본문의 1,000步는 약 1.44km 정도이다.

구진천에게 당이 어떤 조치를 했는지는 알기 어렵다.

구진천이 당 고종의 협박에도 弩 기술을 함구한 것은 두 가지의 측면에서 생각할 수 있다. 하나는 구진천 개인이 지닌 弩師로서의 책임감 문제다. 그러나 이 사유는 설득력이 떨어진다. 구진천은 (8)沙湌이었지만, 衣冠子孫으로 기록된 설계두는 당에서 벼슬할 생각을 했었다.[171] 문면에서 당 고종은 구진천에게 협박만 가했다고 나타나나, 당으로의 회유도 동시에 시도했을 것이다. 그럼에도 구진천은 끝내 능력을 다 펼치지 않았다. 다른 하나는 구진천이 노 기술을 당에 유출할 경우 신라에서 구진천이나 구진천의 가족을 포함한 관련자에게 가할 일련의 조치이다. 이 조치가 실질적인 이유이다.

즉 노 기술 관리에 관한 문제로 노사지·노당이 설치되었다. 노사지·노당의 설치는 구진천 사건 이후 2~3년 정도 이후의 일이다. 노 등 군사기술의 유출을 막기 위한 관리의 필요성이 이전 시기보다 증대되면서 병부 내에 노 관련 기술 관리를 위한 전담 관직을 두어 행정의 전문화를 도모한 것이다.

노사지와 노당의 업무를 노병과 노의 제작으로 파악하는 견해도 있지만,[172] 이것보다는 弩師·弩兵의 연명부나 弩의 수량이 기록된 장부의 관리로 보는 것이 타당하다. 실제로 노사지·노당은 각각 1인만 있고, 사지는 구체성·전문성·특수성을 지닌 관직이라는 점에서도[173] 이해된다.

이상에서 Ⅳ기 병부는 Ⅲ기까지의 병부보다 노 관련 업무가 전문화

---

171) 『三國史記』 권47, 列傳7, 薛罽頭.

172) 李仁哲, 앞의 책, 1993, 31쪽.

173) 丁德氣, 앞의 논문, 2011, 82~83쪽.

된 조직으로 운영되었다. 이후 수레쇠뇌 관람(I-④)이나, 弩兵 열병(I-⑤) 등이 나타나고, 장인기사에 보이듯 8세기 중엽에도 노가 광범위하게 사용된 정황을 감지할 수 있다면, 노의 관리는 계속 중요하게 여겨진 것이다. 중고기 이후 잘 이루어지지 않던 閱兵이 노병에 한해 나타났으므로, 노 관련 업무는 국가적 관심사였음을 알 수 있기 때문이다.[174]

---

174) 상고기 빈번한 열병의 사유로 군사통수권의 확인이나 전후 대책 및 정책의 확인 등이 지적된다. 또 중고기 이후 열병이 감소한 이유로 열병을 통한 군사 통수의 필요성이 상대적으로 감소했다는 점이나(金瑛河, 「三國時代 王의 統治形態 研究」, 고려대학교 대학원 박사학위논문, 1988, 61~72쪽 / 金瑛河, 앞의 책, 2002, 63~70쪽), 왕권 강화로 인한 상징적 의식의 필요성 감소, 군령체계의 제도적 정착 등이 지적된다(李文基, 앞의 책, 1997, 41~50쪽). 중대의 열병 기사가 드물지만, 741년 노병의 열병이 나타나므로 이처럼 생각할 수 있다.

3장

中代 주요 6관직의 相當位體系와 그 행정적 의미

전 장은 典·部의 정비과정과 조직체계를 동시전·병부의 사례로 구체화하여 분석한 것이다. 두 관청을 분석하여 상고기 전통적 행정 운영이 중고기 행정으로 재편되는 과정을 설명하였다. 상고기 행정 중 수도행정은 典 같은 관청으로, 국가행정은 部 같은 관청으로 정비되었다. 部는 末字로 보아 외래적인 요소를 참작했을 수 있지만, 본질적으로 상고기 행정을 재편한 것이었다.

상·중대 중앙행정제도의 재편은 전통적인 행정운영 경험을 기초로 외래 요소를 참용하며 진행되었고, 이 흐름은 중대까지도 지속되었다. 44관청·207관직·785인으로 구성된 중대 중앙행정제도의 관직체계에도 나타나기 때문이다.

중대 중앙행정관직의 체계를 이해하고자 할 때 필요한 작업은 크게 두 가지이다. 첫째, 대표·동급관직의 관계에 대한 정리이다. 중대 중앙행정제도는 207관직으로 운영되고, 207관직은 상당위로 보아 몇 묶음으로 분류된다. 그러나 상당위가 같아도 관직명이 다르거나, 관직명이 달라도 상당위가 같은 경우가 있다. 이 점에서 상당위를 기준으로 대표·동급관직을 정리해야 한다. 둘째, 관직별 행정적 함의에 대한 정리이다. 직관 上은 개별 관직의 담당업무나 관직 간 관계를 서술하지 않으므로, 관직별 위계·관청 내 계서·직관 上의 관직체계에서 개별 관직이 지닌 위상을 통해 관직별 행정적 함의를 밝혀야 한다. 이 점에서 개별 관직의 상당위와 관직 - 상당위의 체계를 살피는 것은 중요하다.

두 가지 문제 중 관직별 상당위체계는 部·府의 5등 관직체계를 기준으로 연구가 진행되었다. 대개 部·府는 중고기에 令 - 卿 - 大舍 - 史의 4등 관직체계로 운영되다가, 중대 초 일부 部·府에 舍知가 신설되어 令 - 卿 - 大舍 - 舍知 - 史의 5등 관직체계로 운영된다고 한다. 部·府는 단일관청으로 가장 많은 관직을 두었고 중요 國事를 맡았다. 따라서 5등 관직체계는 일반적인 중앙관직체계로 상정되었으며, 관직별 담당 신분의 규명을 통해 골품제 연구와 연결되었다. 즉 제도적 틀(5등 관직체계)과 행정담당자(골품신분)가 연결되면서 중앙행정제도 운영 의 종합적 상을 구축한 것이다. 이를 통해 '1관직 - 복수관위제의 의미'· '관료제에 대한 신분제의 강력한 규제' 등 중앙행정제도 운영의 특징이 도출되었다.

그러나 관직의 상당위체계에 대한 선행연구는 몇몇 문제를 지니고 있다. 첫째, 部·府, 특히 部의 조직체계가 가진 대표성의 문제이다. 部는 唐制와 같은 중국문물의 수용·六典體制로의 지향을 드러내는 소재 로 중시되었지만,[1] 신라의 중앙행정제도는 전형적인 당제와 차이가 있음을 상기할 필요가 있다.[2] 兵部 등 部의 성립·정비과정에 상고기의 전통적 행정운영 경험이 반영되어 있음을 고려하면, 部는 전통적인

---

1) 李基東, 『新羅 骨品制社會와 花郎徒』, 一潮閣, 1984, 122~124쪽.
2) 田鳳德, 「新羅의 律令攷」, 『서울대학교논문집』 4, 1956, 336쪽.

행정운영 경험의 반영·중국문물의 영향을 모두 드러내는 관청이다.
즉 部나 府의 관직체계가 지니는 의미를 중국문물의 수용에 대한 문제
만으로 설명하기는 어렵다. 또 部의 관직체계를 중앙관직체계로 일반
화하면, 監典의 관직체계를 포괄하기 어렵다. 실제로 감 등 중앙행정에
서 비중이 높은 관직이 重位制나 국학의 出學者 규정과 관련해 한정적으
로 이해된 것은 部의 5등 관직체계가 일반화되며 나타난 것이다.[3]
이 점에서 部·府의 5등 관직체계를 중앙행정의 관직체계로 일반화하거
나, 직관 上의 관직체계가 지닌 함의를 중국문물의 수용에 대한 문제만
으로 설명하기 어렵다.

둘째, 관직체계의 모습이 논자별로 다르며, 17관위 및 신분제 연구와
의 충돌을 예고하고 있다는 점이다. 단적인 예로 경의 상당위를 들
수 있다.

〈표-10〉은 선행연구에서 지적된 경의 상당위·골품 신분·복색 규정의
관계를 간략히 정리한 것이다. 卿①은 집사부전대등을 기준으로 한
경의 상당위이고, 卿②는 병부의 대감을 기준으로 한 경의 상당위이다.

---

3) 김희만은 國學大舍의 설치 시점인 진덕왕 5년(651)을 國學의 초치 연대, 신문왕
   2년(682) 국학의 성립 시점(『三國史記』 권8, 新羅本紀8, 神文王 2년(682) 6월)은
   국학의 재편·정비연대라 하였다. 감·좌의 상당위인 ⑴나마~⑽대나마는 중위
   가 설정되었고, 국학 출학자의 수여 관위이므로, 감·좌는 국학의 出學者를
   위해 마련한 특수 관직이라 하였다(金義滿, 「新羅官等制硏究」, 동국대학교
   대학원 박사학위논문, 2000, 193~197쪽). 그러나 본기·직관 上 모두 국학의
   설립연대를 682년으로 전하며, 出學에 대한 규정은 원성왕 4년(788) 독서삼품
   과의 규정 뒤에 부기되어 있는 것이다. 감·좌를 둔 관청 중 동시전(508)·좌이
   방부(651)·우이방부(667)·좌사록관(677)·우사록관(681)의 5개 관청은 682
   년 전에 정비되었고, 좌이방부좌는 진덕왕대에 설치된다(『三國史記』 권38,
   雜志7, 職官 上, 左理方府). 따라서 관직 설치·입학생 규정의 편년 문제가
   있어 쉽게 동의하기 어렵다.

〈표-10〉 선행연구에서 지적된 卿의 상당위·골품신분·복색규정

No.	골품	6頭品				6·5頭品		6·5·4頭品	
	관위	(6)阿湌	(7)一吉湌	(8)沙湌	(9)級伐湌	(10)大奈麻	(11)奈麻	(12)大舍	(13)舍知
	色衣	緋衣				靑衣		黃衣	
①	卿①	執事部 典大等 기준							
②	卿②	兵部 大監 기준							
③	大舍								

※ ① 골품 : 眞骨은 모두 취임이 가능하므로, 두품신분의 제한만 표기. ② 대사의 상당위를 참고적으로 표기.

〈표-10〉에서 문제는 두 가지이다. 먼저 卿①을 경의 일반적인 상당위로 파악하면, 관료제에 대한 골품제의 제약은 협소한 의미를 지니게 된다.[4] 령의 상당위는 대부분 (5)대아찬 이상이므로, (6)아찬과는 명료하게 구분된다. 반면 경·대사의 상당위는 명료히 구분되지 않는다. 즉 관직체계의 구조로 보아 골품 신분의 규제는 령·경의 사이에만 나타난다. 이로 인해 관직체계의 구조만 보면, 신분을 넘어 임용될 수 있다는 견해도 있다.[5]

다음으로 卿②를 경의 일반적인 상당위로 파악하면, 관료제에 대한 골품제의 제약을 설명하기 용이하다. (5)대아찬·(6)아찬과 (9)급찬·(10)대

---

4) 현행 연구에서 신분제는 행정 운영의 대전제로 설명된다. 이기동은 관직의 전제는 관등, 관등의 전제는 골품, 골품의 전제는 국왕으로 요약된다고 하였다(李基東, 「新羅 官等制度의 成立年代 問題와 赤城碑의 發見」, 『歷史學報』 78, 1978, 1쪽). 한편 강고한 골품제가 신라 전 시기에 걸쳐 유지되는지에 관한 회의적 입장도 있고(朱甫暾, 「신라 骨品制 연구의 새로운 傾向과 課題」, 『韓國古代史研究』 54, 2009), 진골이라도 관직 생활을 할 때는 1명의 관인으로 볼 필요가 있다는 견해도 나왔다(이재환, 앞의 논문, 2015, 150쪽).

5) 황선영은 신라 관직제가 신분사회 내부에서 어느 정도까지 한계를 초월하는 능력 본위 관료제의 구조를 가진다고 하였다. 관위제는 경직된 신분제에, 관직제는 융통성이 큰 관료제에 기초했다고 하였다(황선영, 『나말여초 정치제도사 연구』, 국학자료원, 2002, 12~13쪽).

나마의 경계가 뚜렷해지기 때문이다. 그러나 ⑽대나마는 중앙행정에서 전혀 사용하지 않는 관위가 된다. 17등 관위에서 ⑽대나마처럼 '大'를 冠稱한 (5)대아찬·⑿대사·⒀대오 등 4개 관위는 기존 관위에서 상향 분화한 관위로 알려져 있다. 또 (5)대아찬·⑽대나마·⑿대사는 공복의 衣色을 분별하는 기준 관위이며, 중앙행정관직의 상당위체계에서 일정한 역할을 가졌다. 그런데 卿②를 선택하면 중앙행정관직체계에서 ⑽대나마가 전혀 사용되지 않으므로, ⑽대나마가 상향 분화될 필요성이 감소한다. 그렇다고 ⑽대나마가 분화될 요인을 중앙행정과 분리하여 설명한 연구를 찾을 수도 없다. 즉 卿②를 경의 전형적인 상당위로 파악하면, 17관위 연구와의 접점이 약화된다.

셋째, 공복의 의미가 신분제로 편향되었다. 공복은 관인의 정치적 지위를 일정한 群으로 묶어 착용하는 制服의 하나이다. 따라서 공복은 공무 활동 중 관인의 역할과 尊卑를 가시적으로 구현한다.[6] 그러나 중앙행정의 운영에 관한 선행연구는 공복제도를 행정제도보다 신분제도와 연결하여 해명하고 있다.

신라 중앙행정제도의 총체적인 모습은 직관 上의 해명으로부터 출발하였지만, 상기 문제점이 중첩되면서 자료와 상치되는 견해가 많다. 이로 인해 신라사의 여러 연구 분야 중 가장 풍부한 자료를 가졌지만, 신라 중앙행정제도의 구체적인 모습은 뚜렷하지 않고, 풀어야 할 과제도 많다.

이상의 과제를 해명하려면, 신라 중앙행정제도 속에 전통적 요소(夷)·외래적 요소(唐)가 서로 섞여 공존하고 있다는 시각과 전수조사에

---

6) 丁德氣, 앞의 논문, 2017(b).

입각한 분석을 토대로, 중앙행정관직의 상당위체계 및 개별 관직의 행정적 함의를 재검토할 필요가 있다. 현대의 연구자보다 육전에 대한 이해도가 높았다고 생각되는 직관지 찬자가 총평에서 夷制·唐制라는 두 가지의 축을 제시한 이유는 외래적 요소만으로 설명하기 어려운 관호가 있음을 의미한다. 따라서 '이·당 상잡'이란 시각을 토대로, 직관 上을 최대한 만족시킬 수 있는 상을 구축해야 한다.

이를 위해 1절에서는 중앙관직 일반에서 사용되는 '주요 6관직'을 설정하고, 각각의 상당위를 정리하겠다. 중대 말인 혜공왕대를 기준으로 하면, 44관청에 207관직이 배속되었고, 下代에도 관직의 총수는 207개 혹 208개가 유지되었다.[7] 207관직 중 직·간접적으로 상당위가 서술된 것은 99건(47.8%)에 불과하므로,[8] 현존 직관 上은 반수 이상 관직의 상당위를 서술하지 않았다. 그러나 두 개의 기준을 활용해

---

7) 봉덕사성전·전읍서의 조직은 下代에 변화가 있다. 봉덕사성전 금하신은 애장왕이 卿으로 고쳤다고 하므로, 금하신이 없어졌다("衿荷臣 一人, 景德王改爲檢校使, 惠恭王復稱衿荷臣, 哀莊王又改爲卿"(『三國史記』 권38, 雜志7, 職官 上, 奉德寺成典)). '哀莊王又改爲卿'의 卿을 오기로 파악하기도 하나(李載昌, 「佛敎鈔存·附註」, 『佛敎學報』 2, 1964, 317쪽 ; 李泳鎬, 앞의 책, 2014, 292쪽), 본서는 일단 원사료를 존중하도록 한다. 전읍서는 본래 6인의 監이 6부를 分領하였지만, 元聖王 6년(790)에 2인을 卿으로 승격시켰다("卿 二人【本置監六人, 分領六部. 元聖王六年, 升二人爲卿.】"(『三國史記』 권38, 雜志7, 職官 上, 典邑署). 봉덕사성전에서 관직 1개가 빠지고, 전읍서에서 관직 1개가 더해지므로, 중대 말인 혜공왕대까지의 관직 총수와 하대인 애장왕대의 관직 총수는 동일하다. 한편 感恩寺成典에는 애장왕이 상당 대신 赤位를 두었다는 분주가 달려 있다("上堂, 一人. 景德王改爲副使, 惠恭王復稱上堂, 哀莊王復稱卿.【一云, 省卿, 置赤位.】赤位, 一人. 景德王改爲判官, 後復稱赤位"(『三國史記』 권38, 雜志7, 職官 上, 感恩寺成典)). 이를 인정하면, 하대인 애장왕 이후의 관직 총수는 208개가 된다.

8) 본 장은 이전 필자의 글(丁德氣, 앞의 논문, 2011)을 토대로, 관직 수·정원계산에 대한 통계를 보완하였다. 또 이하 본 장의 모든 비율은 소수점 이하 둘째 자리에서 반올림한 것이다.

상당위를 자료적으로 보완할 수 있으므로, 1절에서는 보완·현전 사례
를 합해 주요 6관직과 각각의 상당위를 정리하고자 한다.

2절에서는 1절의 정리를 토대로, 관직별 상당위·관청 내 계서·관직
별 활용도 등을 활용하여 주요 6관직의 행정적 역할 및 관직의 계통별
분화 관계를 살피고자 한다. 본 장에서 주요 6관직의 행정적 역할과
분화 관계를 통해 중앙관직체계의 함의를 규명한다면, 상대 중앙행정
제도의 발달과정이 중대 중앙행정제도로 계승된 부분에 대한 단서를
제공할 것으로 기대한다.

1. 職官 上의 相當位體系

1) 相當位의 자료적 보완

직관 上은 44개 관청에 207개 관직이 설치되었음을 전하고, 관직별
취임자격을 '位', 즉 '官位'로 규정하였다. 관위는 행정 운영에서 관인
및 관청 간의 협조·각종 회의의 참석 권한·급여·致仕 이후의 대우
등에서 중요한 기준이자 인간과 공무를 연결하는 매개체이다. 인간은
관위를 소지하여 관인이 되고, 관인은 관직을 획득하여 국가 공무를
수행한다. 이 점에서 관직 획득은 관인이 공무 활동을 할 수 있는
제도적 근거이다. 관청은 관직별 담당업무를 계서화·계통화하여 몇
개의 덩어리(群)로 나눈 것이므로, 관청의 격과 위계를 규정할 때도
관위는 중요한 기준이 된다.[9]

직관 上에서 직·간접적으로 상당위를 알려준 것은 99건에 불과하나,

두 개의 기준에서 26개 관직은 자료적으로 상당위의 보완이 가능하다. 첫째는 특정한 관청이 있다가, 동일 관청이 추가되면서 복수관청이 기존관청의 역할을 분담한 경우이다. 둘째는 관청의 담당업무·조직이 유사하며, 출전이 연속된 경우이다. 첫째 기준의 사례를 A로 인용하였다.

A-①. 左理方府. 진덕왕 5년(651)에 두었다. 효소왕 원년(692) 대왕의 諱를 피해 고쳐 議方府라 하였다. 令은 2인이다. 位는 (9)급찬에서 (3)잡찬까지로 하였다. 卿은 2인이다. 진덕왕(647~654)이 두었고, 문무왕 18년(678) 1인을 더했다. 位는 다른 卿과 같다. 佐는 2인이다. 진덕왕(647~654)이 두었고, 경덕왕(742~765)이 고쳐 評事라 하였으나 혜공왕이 다시 佐를 칭했다. 位는 사정부의 佐와 같다. 大舍는 2인이다. 位는 병부의 大舍와 같다. 史는 15인이다. 원성왕 13년(797) 5인을 덜었다.[10]

A-②. 右理方府. 문무왕 7년(667)에 두었다. 令은 2인이다. 卿은 2인이다. 佐는 2인이다. 大舍는 2인이다. 史는 10인이다.[11]

A-③. 左·右理方府卿 각 1員을 더하였다.[12]

---

9) 『高麗史』百官志는 장관의 품계를 기준으로 관청을 서술하였고(崔貞煥, 「『高麗史』百官志의 體制와 構成」, 『『高麗史』百官志의 硏究』, 景仁文化社, 2006, 18~19쪽 ; 朴龍雲, 「『고려사』 백관지의 특성과 역주」, 『高麗史』百官志 譯註』, 신서원, 2009, 32~34쪽), 『經國大典』 吏典 京官職은 장관의 품계를 기준으로 관청의 격을 규정하였다(윤국일 옮김, 『新編 經國大典』, 신서원, 1998).

10) "左理方府. 眞德王 五年, 置. 孝昭王 元年, 避大王諱, 改爲議方府. 令, 二人, 位自級湌至迊湌爲之. 卿, 二人, 眞德王, 置. 文武王 十八年, 加一人. 位與他卿同. 佐, 二人, 眞德王, 置, 景德王改爲評事, 惠恭王復稱佐. 位與司正佐同. 大舍, 二人. 位與兵部大舍同. 史, 十五人, 元聖王 十三年, 省五人"(『三國史記』 권38, 雜志7, 職官 上).

11) "右理方府. 文武王 七年, 置. 令, 二人. 卿, 二人. 佐, 二人. 大舍, 二人. 史, 十人"(『三國史記』 권38, 雜志7, 職官 上).

A-④. 左司祿館. 문무왕 17년(677)에 두었다. 監은 1인이다. 位는 ⑾나마에서 ⑽대나마까지로 하였다. 主書【혹 主事라고도 하였다.】는 2인이다. 位는 ⑬사지에서 ⑿나마까지로 하였다. 史는 4인이다.[13]

A-⑤. 右司祿館. 문무왕 21년(681)에 두었다. 監은 1인이다. 主書는 2인이다. 史는 4인이다.[14]

A는 좌·우로 分置된 理方府·司錄館의 사례이다. 이방부의 관직별 상당위와 관직의 연혁은 A-①에만 나타난다. 또 A-③의 사실이 A-②에는 누락되었다. A-①에는 문무왕 18년(678) 경 1인의 증치가 나타나지만, A-②에는 해당 내용을 볼 수 없기 때문이다. 사록관의 관직별 상당위와 관직의 연혁 및 이칭은 A-④에만 보인다. A-②·⑤는 관청의 설치연대와 설치된 관직과 정원만 간단히 서술하여 A-①·④와 공유하는 정보 대부분을 생략하였다.

2개 이방부·사록관의 설치연대로 보아, 左가 붙은 관청이 먼저 설치되었다. 즉 이방부·사록관으로 운영되었다가, 특정 필요에 따라 동일 관청을 추가로 설치하고, 기존관청을 左로, 신설관청을 右로 구분하였다. 동일 관청을 설치한 원인은 불명확하나, 두 가지 가능성을 생각할 수 있다. 첫째, 기존 담당업무의 양이 현격히 증가하여, 행정 운영의 효율성을 제고하려는 조치일 수 있다. 둘째, 우이방부·우사록관은 각각 677·681년에 증치되었다. 따라서 통일 후 有功者의 양산에 기인한

---

12) "加左·右理方府卿, 各一員"(『三國史記』 권7, 新羅本紀7, 文武王 18년(678) 春 正月).

13) "左司祿官. 文武王 十七年, 置. 監, 一人. 位自奈麻至大奈麻爲之. 主書, 二人.【或云, 主事.】位自舍知至奈麻爲之. 史, 四人"(『三國史記』 권38, 雜志7, 職官 上).

14) "右司祿館. 文武王 二十一年, 置. 監, 一人. 主書, 二人. 史, 四人"(『三國史記』 권38, 雜志7, 職官 上).

보직의 증원조치일 수도 있다. 전자가 더 타당하나, '分置'가 단순한 업무공유나 분리의 차원인지, 동일 업무를 담당하지만, 분야 혹 대상을 달리했는지 알기 어렵다. 그러나 후술할 사례로 보아 담당하는 대상이 다른 것은 아니다. 또 좌우로 분치될 때 직제상의 조정이 있더라도, 〈표-11〉과 같이 신설관청은 기존관청의 조직을 기준으로 구성되었다.

〈표-11〉 좌우이방부·좌우사록관의 조직

| 관직 | 좌이방부 | | | 우이방부 | | 관직 | 좌사록관 | | 우사록관 | |
	상당위	비고	정원	상당위	정원		상당위	정원	상당위	정원
令	(9)급찬~ (3)잡찬	位自級湌 至迊湌爲之	2	·	2	×	×	×	×	×
卿	?	位與他卿同	3	·	3	×	×	×	×	×
佐	(11)나마~ (10)대나마	位與司正佐同	2	·	2	監	(11)나마~ (10)대나마	1	·	1
大舍	(13)사지~ (12)나마	位與兵部大舍同	2	·	2	主書	(13)사지~ (12)나마	2	·	2
史	·	·	15	·	10	史	·	4	·	4
합계	5職		24	5職	19	합계	3職	7	3職	7

※ ① '?' : 정확히 알 수 없음. ② '·' : 명시 없음. ③ '×' : 해당 없음. ④ 정원단위 : 人

〈표-11〉처럼, 이방부·사록관은 설치된 관직과 관직별 정원이 유사하다. 이방부는 령 - 경 - 좌 - 대사 - 사가 설치되었다. 우이방부는 A-②에 경 2인만 둔 것처럼 설명되나, 실제로는 A-③의 사실이 누락되었다. 따라서 좌이방부와 우이방부의 차이는 사 5인뿐이다. 한편 우이방부보다 많은 5인의 사는 원성왕 13년(797)에 삭감되므로, 797년 이후 두 관청은 모두 5職 19人으로 운영되었다. 다만 A-②에는 A-③이 누락된 실례가 있으므로, A-②의 관직별 정원은 797년 이후의 정원만 서술되었을 가능성도 있다. 그러나 자료를 존중하면, 797년 이전 좌이방부는 우이방부보다 사 5인이 더 많았다고 생각해야 한다.[15] 즉 좌이방부·우이방부는 사 5인의 차이만 있고, 나머지 관직·정원은 동일하다. 따라서 좌이방부는 중대에 5職 24人으로 운영되다가, 원성왕 13년(797)부터 5職 19人으로 운영되었다. 한편 우이방부는 중대에 신설된 이래 경 1인이 추가되어 5職 19人으로 운영되었다. 사록관은 감 - 주서 - 사가 설치되었고, 관직별 정원이 일치하여 각각 3職 7人으로 운영되었다.

이상 좌·우로 분치된 관청은 대우에 다소 차이가 있더라도, 대개 동등한 대우를 받았다. 담당업무의 종류와 양도 유사할 것이므로, 관직별 상당위도 동일하다. 그러므로 우이방부 4개 관직·우사록관 2개 관직의 상당위는 좌이방부 4개 관직·좌사록관 2개 관직의 상당위 와 동일하다.

다음은 둘째 기준의 사례를 B로 인용한 것이다.

B-①. 東市典. 지증왕 9년(508)에 두었다. 監은 2인이다. 位는 (11)나마에서 (10)대나마까지로 하였다. 大舍는 2인이다. 경덕왕이 고쳐 主事로 하였고, 뒤에 다시 大舍를 칭하였다. 位는 (13)사지에서 (11)나마로 하였다. 書生은 2인이다. 경덕왕이 고쳐 司直으로 하였고, 뒤에 다시 書生을 칭하였다. 位는 調府의 史와 같다. 史는 4인이다.16)

B-②. 西市典. 효소왕 4년(695)에 두었다. 監은 2인이다. 大舍는 2인이다. 경덕왕이 고쳐 主事라 하였고, 후에 다시 大舍를 칭하였다. 書生은

---

15) 김철준은 혜공왕대 기준으로 좌이방부가 우이방부보다 사 5인이 많다고 파악하였다(金哲埈, 앞의 책, 1990, 176쪽). 반면 이인철은 좌·우이방부의 규모를 완전히 같다고 이해하였는데, 하대를 기준으로 정원수를 정리하였기 때문이다(李仁哲, 『新羅政治制度史硏究』, 1993, 41쪽).

16) "東市典. 智證王 九年置. 監, 二人. 位自奈麻至大奈麻爲之. 大舍, 二人. 景德王改爲主事, 後復稱大舍. 位自舍知至奈麻爲之. 書生, 二人. 景德王改爲司直, 後復稱書生. 位與調府史同. 史, 四人"(『三國史記』 권38, 雜志7, 職官 上).

2인이다. 경덕왕이 고쳐 司直으로 하였고, 후에 다시 大舍를 칭하였다.
史는 4인이다.[17]

B-③. 南市典. 또 효소왕 4년(695)에 두었다. 監은 2인이다. 大舍는 2인이
다. 경덕왕이 고쳐 主事로 하였고, 후에 다시 大舍를 칭하였다. 書生은
2인이다. 경덕왕이 고쳐 司直으로 하였고, 후에 다시 大舍를 칭하였다.
史는 4인이다.[18]

　　B는 3市典의 사례이다. 지증왕 9년(508) 동시전이, 효소왕 4년(695)
서·남시전이 설치되었다. 3개 관청은 각각 동시·서시·남시를 감독·관리
하였다. 따라서 담당업무는 대체로 같지만, 구체적으로는 다르다. B-①
과 B-②·③의 차이는 '상당위의 서술 여부'로만 나타난다. B에서 축약된
정보가 A와 달리 나타난 것은 담당업무의 대상이 다르기 때문이다.

　　B처럼, 3시전에 설치된 관직·정원은 모두 4職 10人으로 완전히 일치
한다. B도 508년 동시전의 설치 이후 197년 뒤에 서·남시전이 설치되었
다. 따라서 A처럼, 기존관청 조직을 차용해 조직을 구성하였다. 이
점에서 서·남시전에 설치된 6개 관직의 상당위는 동시전 3개 관직의
상당위와 동일하다.

　　이상 B와 유사한 사례가 7개의 □□寺成典 중 四天王寺成典~靈廟寺成典
의 사례이다. 분량이 약간 많지만, 전문을 C로 인용하였다.

---

17) "西市典. 孝昭王 四年, 置. 監, 二人. 大舍, 二人. 景德王改爲主事, 後復稱大舍. 書生,
二人. 景德王改爲司直, 後復稱書生. 史, 四人"(『三國史記』 권38, 雜志7, 職官 上).

18) "南市典. 亦, 孝昭王 四年, 置. 監, 二人. 大舍, 二人. 景德王改爲主事, 後復稱大舍.
書生, 二人. 景德王改爲司直, 後復稱書生. 史, 四人"(『三國史記』 권38, 雜志7, 職官
上).

C-①. 四天王寺成典. 경덕왕이 고쳐 監四天王寺府라고 하였고, 혜공왕이 옛 것을 회복하였다. 衿荷臣은 1인이다. 경덕왕이 고쳐 監令이라 하였고, 혜공왕이 다시 衿荷臣을 칭했으며, 애장왕이 또 고쳐 令이라 하였다. 位는 (5)대아찬에서 (1)각간까지로 하였다. 上堂은 1인이다. 경덕왕이 고쳐 卿이라 하였고, 혜공왕이 다시 上堂을 칭했으며, 애장왕이 또 고쳐 卿이라 하였다. 位는 (11)나마에서 (6)아찬까지로 하였다. 赤位는 1인이다. 경덕왕이 고쳐 監이라 하였고, 혜공왕이 다시 赤位를 칭하였다. 靑位는 2인이다. 경덕왕이 고쳐 主簿라 하였고, 혜공왕이 다시 靑位를 칭했으며, 애장왕이 고쳐 大舍라 하였는데, 1명을 덜었다. 位는 (13)사지에서 (11)나마까지로 하였다. 史는 2인이다.[19]

C-②. 奉聖寺成典. 경덕왕이 고쳐 修營奉聖寺使院이라 하였고, 후에 옛 것을 회복하였다. 衿荷臣은 1인이다. 경덕왕이 고쳐 檢校使라 하였고, 혜공왕이 다시 衿荷臣을 칭했으며, 애장왕이 고쳐 令이라 하였다. 上堂은 1인이다. 경덕왕이 고쳐 副使라 하였으며, 후에 다시 上堂을 칭하였다. 赤位는 1인이다. 경덕왕이 고쳐 判官을 칭했으며, 후에 다시 赤位를 칭하였다. 靑位는 1인이다. 경덕왕이 고쳐 錄事를 칭했으며, 후에 다시 靑位를 칭하였다. 史는 2인이다. 경덕왕이 고쳐 典이라고 하였으며, 후에 다시 史를 칭하였다.[20]

---

19) "四天王寺成典. 景德王改爲監四天王寺府, 惠恭王復故. 衿荷臣, 一人. 景德王改爲監令, 惠恭王復稱衿荷臣. 哀莊王又改爲令. 位自大阿湌至角干爲之. 上堂, 一人. 景德王改爲卿, 惠恭王復稱上堂, 哀莊王又改卿. 位自奈痲至阿湌爲之. 赤位, 一人. 景德王改爲監, 惠恭王復稱赤位. 靑位二人. 景德王改爲主簿, 惠恭王復稱靑位, 哀莊王改爲大舍, 省一人. 位自舍知至奈痲爲之. 史, 二人"(『三國史記』권38, 雜志7, 職官 上).

20) "奉聖寺成典. 景德王改爲修營奉聖寺使院, 後復故. 衿荷臣, 一人. 景德王改爲檢校使, 惠恭王復稱衿荷臣, 哀莊王改爲令. 上堂, 一人. 景德王改爲副使, 後復稱上堂. 赤位, 一人. 景德王改爲判官, 後復稱赤位. 靑位, 一人. 景德王改爲錄事, 後復稱靑位. 史, 二人. 景德王改爲典, 後復稱史"(『三國史記』권38, 雜志7, 職官 上).

C-③. 感恩寺成典. 경덕왕이 고쳐 修營感恩寺使院이라 하였고, 후에 옛 것을 회복하였다. 衿荷臣은 1인이다. 경덕왕이 고쳐 檢校使라 하였고, 혜공왕이 다시 衿荷臣을 칭했으며, 애장왕이 고쳐 令이라 하였다. 上堂 1인이다. 경덕왕이 고쳐 副使라 하였고, 혜공왕이 다시 上堂을 칭했으며, 애장왕이 고쳐 卿이라 하였다. 【어떤 곳에는 卿을 덜고, 赤位를 두었다고 한다.】 赤位는 1인이다. 경덕왕이 고쳐 判官이라 하였고, 후에 다시 赤位를 칭하였다. 靑位는 1인이다. 경덕왕이 고쳐 錄事라 하였고, 후에 다시 靑位를 칭하였다. 史는 2인이다. 경덕왕이 고쳐 典이라 하였고, 후에 다시 史를 칭하였다.[21]

C-④. 奉德寺成典. 경덕왕 18년(759)에 고쳐 修營奉德寺使院으로 하였고, 후에 옛 것을 회복하였다. 衿荷臣은 1인이다. 경덕왕이 고쳐 檢校使라 하였고, 혜공왕이 다시 衿荷臣을 칭했으며, 애장왕이 또 고쳐 卿이라 하였다. 上堂은 1인이다. 경덕왕이 고쳐 副使라 하였고, 혜공왕이 다시 上堂을 칭했으며, 애장왕이 또 고쳐 卿이라 하였다. 赤位는 1인이다. 경덕왕이 고쳐 判官이라 하였으며, 혜공왕이 다시 赤位를 칭하였다. 靑位는 2인이다. 경덕왕이 고쳐 錄事라 하였고, 혜공왕이 다시 靑位를 칭하였다. 史는 6인이었는데, 後에 4인을 덜었다. 경덕왕이 고쳐 典을 칭했고, 혜공왕이 다시 史를 칭하였다.[22]

---

21) "感恩寺成典. 景德王改爲修營感恩寺使院, 後復故. 衿荷臣, 一人. 景德王改爲檢校使, 惠恭王復稱衿荷臣, 哀莊王改爲令. 上堂, 一人. 景德王改爲副使, 惠恭王復稱上堂, 哀莊王改爲卿.【一云, 省卿, 置赤位.】赤位, 一人. 景德王改爲判官, 後復稱赤位. 靑位, 一人. 景德王改爲錄事, 後復稱靑位. 史, 二人. 景德王改爲典, 後復稱史"(『三國史記』권38, 雜志7, 職官 上).

22) "奉德寺成典. 景德王 十八年, 改爲修營奉德寺使院, 後復故. 衿荷臣, 一人. 景德王改爲檢校使, 惠恭王復稱衿荷臣, 哀莊王又改爲卿. 上堂, 一人. 景德王改爲副使, 惠恭王復稱上堂, 哀莊王又改爲卿. 赤位, 一人. 景德王改爲判官, 惠恭王復稱赤位. 靑位, 二人. 景德王改爲錄事, 惠恭王復稱靑位. 史, 六人, 後, 省四人. 景德王改爲典, 惠恭王復稱

C-⑤. 奉恩寺成典. 衿荷臣은 1인이다. 혜공왕(765~780)이 처음 두었다. 애장왕이 고쳐 슈이라 하였다. 副使는 1인이다. 혜공왕이 처음 두었다. [혜공왕이] 곧 고쳐 上堂이라 하였고, 애장왕이 또 고쳐 卿이라 하였다. 大舍는 2人이다. 史는 2인이다.[23]

C-⑥. 靈廟寺成典. 경덕왕 18년(759)에 고쳐 修營靈廟寺使院으로 하였고, 후에 옛 것을 회복하였다. 上堂은 1인이다. 경덕왕이 고쳐 判官으로 하였고, 후에 다시 上堂을 칭하였다. 靑位는 1인이다. 경덕왕이 고쳐 錄事라 하였고, 뒤에 또 고쳐 大舍로 하였다. 史는 2인이다.[24]

C는 사천왕사성전~영묘사성전의 사례이다. C-①~⑥ 외 永興寺成典도 담당업무가 유사하고, 출전이 연속되는 관청이다. 그러나 영흥사성전은 경덕왕대에 '監永興寺館'으로 개칭되어 복고되지 않았으므로, 나머지 사성전과 다소 차이가 있다. 또 영흥사성전의 조직은 대나마 1인·사 1인으로 구성되었다.[25] 따라서 상당위를 바로 등치시키기 어려우므로, C에서 인용하지 않았다.

C에서 사성전은 본질적으로 成典이므로, 해당 사찰·사원의 조영을 담당하였다가 관리기구로 전화된 관청이었다.[26] 사성전의 업무는 C에

史"(『三國史記』 권38, 雜志7, 職官 上).

23) "奉恩寺成典. 衿荷臣, 一人. 惠恭王, 始置. 哀莊王改爲令. 副使, 一人. 惠恭王, 始置. 尋改爲上堂, 哀莊王又改爲卿. 大舍, 二人. 史, 二人"(『三國史記』 권38, 雜志7, 職官 上).

24) "靈廟寺成典. 景德王 十八年, 改爲修營靈廟寺使院, 後復故. 上堂, 一人. 景德王改爲判官, 後復稱上堂. 靑位, 一人. 景德王改爲錄事, 後又改爲大舍. 史, 二人"(『三國史記』 권38, 雜志7, 職官 上).

25) "永興寺成典. 神文王 四年, 始置. 景德王 十八年, 改爲監永興寺館. 大奈麻, 一人. 景德王改爲監. 史, 三人"(『三國史記』 권38, 雜志7, 職官 上).

서도 확인된다. C-②~⑥은 경덕왕대에 모두 '修營□□寺使院'으로 개명되어, 수리운영·수리조영(修營)을 붙이기 때문이다. 즉 3시전과 마찬가지로, 직관 上의 성전은 담당업무는 대체로 같지만, 담당업무의 구체적인 대상이 다른 관청이다.

C의 사성전 조직은 유사한 것으로 보이지만, 몇 가지 주의할 것이 있다. 먼저 C-①의 사천왕사성전에서 사 2인은 애장왕대 1명을 덜었다(省一人)고 하였다. 따라서 애장왕 이후 사천왕사성전은 사가 1인뿐이다.

C-③의 감은사성전은 애장왕대 상당이 없어지고, 적위를 두었다는 분주가 있다(省卿, 置赤位). 분주를 인정하면, 애장왕 이후 감은사성전은 령 1인 - 적위 2인 - 청위 1인 - 사 2인으로 운영되었다.

C-④의 봉덕사성전 금하신은 애장왕이 경으로 고쳤다고 한다. 또 사는 본래 6인이었으나, '後'에 4인을 덜었다. 사의 감원 시점은 알 수 없다. 다만 두 가지 가능성을 제시할 수 있다. 첫째, '後'는 '復稱'과 연결하여 종종 쓰이므로, 혜공왕 12년(776)을 생각할 수 있다. 이 시기 百官之號를 復舊하라는 下敎가 있기 때문이다.[27] 둘째, 애장왕대를 생각할 수 있다. C-⑥의 영묘사성전 청위는 '後'에 대사로 개명되었다. 주로 애장왕대 청위가 대사로 개명되므로, 이 시점을 고려할 수 있다. 그러나 애장왕대의 관호 변경은 대부분 애장왕을 명시하였다. 이 점에서 일단 사 4인을 삭감한 것은 혜공왕대이다. 따라서 봉덕사성전은 중대 말에 사가 2인이었다. 즉 봉덕사성전은 혜공왕 이전까지 금하신 1인 - 상당 1인 - 적위 1인 - 청위 2인 - 사 6인으로, 혜공왕대에는 금하신 1인 - 상

---

26) 李泳鎬, 앞의 논문, 1983 ; 蔡尙植, 앞의 논문, 1984 ; 尹善泰, 앞의 논문, 2000.

27) "下敎. "百官之號, 盡合復舊""(『三國史記』 권9, 新羅本紀9, 惠恭王 12년(779) 春正月).

당 1인 - 적위 1인 - 청위 2인 - 사 2인으로, 애장왕대에는 경 2인 - 적위 1인 - 청위 2인 - 사 2인으로 운영되었다.

C⑤의 봉은사성전은 약간 예외처럼 보이지만, 나머지 5개 사성전의 조직과 같은 것이다. 상당은 본래 부사로 설치되었다가, 곧(尋) 상당으로 고쳤다. C에서 부사는 경덕왕대 상당의 개칭 관명이다. 따라서 경덕왕 18년(759) 봄 정월~혜공왕 11년(775) 겨울 12월 사이에 두었고, 혜공왕 12년(776) 봄 정월에 상당으로 개칭되었다.[28] 또 금하신은 혜공왕대에 두었다고 하나, 첫 관직명이 금하신이고 관직명이 변경된 사실이 없다. 따라서 금하신은 혜공왕 12년(776) 이후에 두었으며, 759~775년 이전 봉은사성전이 출발할 때는 부사(=상당)가 장관이었다. 대사는 두 가지 가능성을 타진할 수 있다. 사천왕사성전 및 5개 사성전의 청위는 애장왕대에 대사로 변경되었다. 따라서 본래 청위로 설치되었고, 관직명의 변경에 대한 사실이 누락되었을 가능성이 있다. 한편 애장왕대 이후 신설되었을 가능성도 있다. 봉은사성전 대사를 처음 설치한 편년이 없고, 영흥사성전처럼 청위·대사를 갖추지 않는 사성전도 있기 때문이다. 그러나 5개 사성전은 모두 靑位를 두므로, 혜공왕대 봉은사성전에도 청위가 있었다고 파악해야 한다. 6개 寺成典의 조직은 〈표-12〉로 정리된다.

〈표-12〉처럼, 사성전은 대부분 금하신 - 상당 - 적위 - 청위 - 사로 구성되며, 정원도 유사하다. 따라서 사천왕사성전 관직의 상당위와 5개 사성전에 설치된 14개 관직의 상당위는 동일하다.

---

28) 『三國史記』 권9, 新羅本紀9, 景德王 18년(759) 春 正月 ; 『三國史記』 권9, 新羅本紀 9, 惠恭王 12년(776) 春 正月.

〈표-12〉 사천왕사성전 이하 5개 寺成典의 조직

관직	사천왕사성전			봉성사성전		감은사성전		봉덕사성전		봉은사성전		영묘사성전	
	상당위	비고	정원	관직	정원	관직	정원	관직	정원	비고	정원	관직	정원
衿荷臣	(5)대아찬 ~(1)각간	位自大阿湌 至角干爲之	1	〃	1	〃	1	〃	1	〃	1	×	×
上堂	(10)나마 ~아찬	位自奈麻 至阿湌爲之	1	〃	1	〃	1	〃	1	본래 副使	1	〃	1
赤位	·	·	1	〃	1	〃	1	〃	1	×	×	×	×
靑位	(13)사지 ~(10)나마	位自舍知 至奈麻爲之	2	〃	1	〃	1	〃	2	大舍	2	〃	1
史	·	·	2	〃	2	〃	2	〃	2	〃	2	〃	2
합계	5職		7	5職	6	5職	6	5職	7	4職	6	3職	4

※ ① ×: 해당 없음. ② '〃': 같은 관직. ③ 정원단위 : 人. ④ 사천왕사성전만 상당위가 서술되므로, 기타 성전은 관직·정원만 표시.

이상에서 일차적으로 상당위를 파악할 수 있는 것은 현전사례 99건 (47.8%)과 보완사례 26건을 합쳐 125건(60.4%)에 이른다. 상당위를 알 수 있는 것들은 특정 관직명에 일정한 상당위가 대응하는 경향성이 있다. 그러나 관직명이 동일해도 상당위의 차이가 있고, 상당위가 동일해도 관직명에 차이가 나는 경우가 있다. 따라서 관직과 상당위의 관계를 검토하려면, 상당위를 기준으로 주요 관직을 추출해야 한다. 이는 항을 넘겨 정리하겠다.

2) 주요 6관직의 相當位體系

전 항은 관직별로 서술된 상당위가 50%를 넘지 못했으므로, 두 가지 기준에서 부족한 사례를 보완하여 125건(60.4%)의 사례를 확보하였다. 직관 上의 관직별 상당위를 유형별로 정리하여 일람하도록 만들면 〈표-13〉과 같다.

〈표-13〉상당위의 유형과 유형별 사례 및 대표관직명 일람

No.	상당위 유형 하한	상당위 유형 상한	용례	사례 총수	사례별 관직명칭	유형 합계	주요 관직
①	(5)대아찬	[非(1)] 태대각간	兵部令·禮部令	2	令	2	
②	(5)대아찬	[非(2)] 대각간	京城周作典令·倉部令	2	令	2	
③	(5)대아찬	(1)각간	乘府令·司正府令·例作府令·船府令·領客府令	5	令	10	令
			四天王寺成典衿荷臣·奉聖寺成典衿荷臣*·感恩寺成典衿荷臣*·奉德寺成典衿荷臣*·奉恩寺成典衿荷臣*	5	衿荷臣		
④	(5)대아찬	(2)이찬	執事省中侍	1	中侍	1	
⑤	(2)이찬	[非(2)] 대각간	位和府衿荷臣	1	衿荷臣	1	
⑥	(4)~(5) 금하	[非(1)] 태대각간	調府令	1	令	1	
⑦	(9)급찬	(3)잡찬	左理方府令, 右理方府令*	2	令	2	
⑧	(9)급찬	(6)아찬	兵部大監	1	大監	13	卿
			調府卿·倉部卿·禮部卿·乘府卿·司正府卿·例作府卿·船府卿·領客府卿	8	卿		
			位和府上堂·永昌宮成典上堂	2	上堂		
			賞賜署大正·大道署大正	2	大正		
⑨	(10)나마	(6)아찬	執事部典大等	1	典大等	8	上堂
			京城周作典卿	1	卿		
			四天王寺成典上堂·奉聖寺成典上堂*·感恩寺成典上堂(본래 副使)*·奉德寺成典上堂*·奉恩寺成典上堂*·靈廟寺成典上堂*	6	上堂		
⑩	(11)나마	(8)사찬	典邑署卿(元聖王 6년(790) 監에서 승격)	1	卿	1	卿
⑪	他卿과 동일 (位與他卿同)		左理方府卿·右理方府卿*·國學卿	3	卿	4	卿
			音聲署長	1	長		
⑫	(11)나마	(10)대나마	典邑署監·彩典監·左司祿館監·右司祿館監*·典祀署監·新宮監·東市典監·西市典監*·南市典監*	9	監	12	監
			司正府佐(본래 丞)·左理方府佐(본래 丞)·右理方府佐(본래 丞)*	3	佐		
⑬	(10)대나마	(9)급찬	工匠府監	1	監	1	監
			賞賜署佐(본래 丞)	1	佐	1	佐
⑭	(13)사지	(11)나마	執事部大舍·兵部大舍(본래 弟監)·調	23	大舍	37	大舍

			府大舍·奉恩寺成典大舍*·倉部大舍·禮部大舍·乘府大舍·司正府大舍·例作府大舍·船府大舍·領客府大舍·位和府大舍·左理方府大舍·右理方府大舍*·賞賜署大舍·永昌宮成典大舍·國學大舍·音聲署大舍·典祀署大舍·東市典大舍·西市典大舍*·南市典大舍*·京都驛大舍			
			四天王寺成典靑位·奉聖寺成典靑位*·感恩寺成典靑位*·奉德寺成典靑位*·靈廟寺成典靑位*	5	靑位	
			大道署主書·工匠府主書·彩典主書·左司祿館主書·右司祿館主書*·新宮主書	6	主書	
			大日任典都事大舍	1	都事大舍	
			大日任典大都司	1	大都司	
			典邑署大司邑	1	大司邑	
⑮	(13)사지	(10)대나마	京城周作典大舍	1	大舍	1	大舍
⑯	(13)사지	(12)대사	司範署大舍	1	大舍	1	大舍
			執事部舍知·調府舍知·京城周作典舍知·禮部舍知·乘府舍知·例作府舍知·船府舍知·領客府舍知	8	舍知	16	舍知
			兵部弩舍知	1	弩舍知	
			倉部助舍知	1	租舍知	
			大日任典都事舍知	1	都事舍知	
			大日任典都謁舍知	1	都謁舍知	
			大日任典都引舍知	1	都引舍知	
			大日任典小都司	1	小都司	
			典邑署中司邑	1	中司邑	
			典邑署小司邑	1	小司邑	
⑰	(17)선저지	(12)대사	執事部史·兵部史·調府史·京城周作典史·禮部史·乘府史	6	史	11	史
			東市典書生·西市典書生*·南市典書生*	3	書生	
			兵部弩幢	1	弩幢	
			大日任典幢	1	幢	
합계				125		125	

※ ① 사례총수와 유형합계의 단위는 건. ② 관직명은 '관청명+관직명'으로 표기. ③ '·'는 관직 열거. ④ 주요 관직은 유형합계 중에서 가장 많이 나타나는 관직명이 기준. ⑤ 관직명 뒤의 '*' : 보완사례 표기. ⑥ 중대 말인 혜공왕대까지를 기준으로 하고, 초출관직명이 다른 것은 관직명 뒤에 '(본래 관직명)'으로 표기. ⑦ 비고로 표기할 것은 관직명 뒤에 '( )'로 표기. ⑧ 상당위 유형 No.⑩의 典邑署卿은 하대 원성왕대의 사례이나, 상당위가 서술되므로 특별히 표기함.

〈표-13〉처럼, 125건의 사례는 상당위에 기준하여 17개 유형으로
세분된다. 유형과 관직을 기준으로, 관직별 상당위를 정리하면 아래와
같다.

①~⑦은 19건의 사례를 보여준다. 용례가 많은 순서로 관직명을
열거하면, 령 12건·금하신 6건·중시 1건이다. 위화부금하신은 본기에
령으로 나타나며, 직관 上도 애장왕 6년(805)에 령으로 개명했다고
하므로,29) 령의 사례이다. 금하신은 사성전에만, 중시는 집사부에만
나타난다. 가장 많은 용례가 령에 집중되므로 주요 직명은 령이며,
금하신·중시가 동급관직이다.

령의 상당위 하한은 ①~④가 (5)대아찬, ⑤가 (2)이찬, ⑥이 금하,
⑦이 (9)급찬이다. ⑦은 사실상 단일사례로, 령의 상당위 중 하한·상한
이 가장 낮다. ⑦은 우이방부 신설로 인한 직제 조정의 흔적으로 추측된
다. 령의 상당위가 구분되므로 령의 대우에 차이가 있었음을 알 수
있는데, 이는 2절에서 상론하겠다.

⑤는 위화부금하신의 단일사례로, 18개 유형 중 하한이 가장 높다.
이는 '文選'을 주관하는 위화부의 장관이란 점에서 이해된다.30) ⑥의
금하는 (4)파진찬·(5)대아찬에 비정되므로, (5)대아찬 이상의 사례이다.
⑦의 급찬은 좌·우이방부령으로 사실상 단일사례이며, 하한이 가장

---

29) "置位和府令二人, 掌選擧之事"(『三國史記』권8, 新羅本紀8, 神文王 2년(682), 夏
　　4월) ; "衿荷臣, 二人. 神文王 二年, 始置, 五年, 加一人. 哀莊王 六年改爲令(『三國史記』
　　권38, 雜志7, 職官 上, 位和府).

30) "始置位和府, 如今吏部"(『三國史記』권5, 新羅本紀5, 眞平王 3년(581) 春 正月).
　　고려의 6부 尙書는 재상이 아니며, 尙書 위에 판사를 두어 재상이 겸직했다.
　　이부의 서열이 가장 높아, 判尙書吏部事는 통상 門下侍中이 겸임했으나, 문하시
　　중이 闕位인 경우가 많아 보통 平章事가 겸임하였다(朴龍雲, 앞의 책, 2009,
　　147쪽).

낮다. 령의 상당위 하한 중 가장 많은 사례는 (5)대아찬이므로, 일반적인 령의 상당위 하한은 (5)대아찬이다.

령의 상당위 상한은 ①·⑥의 [非(1)]태대각간이 3건, ②·⑤의 [非(2)]대각간이 3건, ③의 (1)각간이 5건, ④의 (2)이찬이 1건, ⑦의 (3)잡찬이 2건이다. 령의 상당위 상한은 非常位에 6건이, 常位에 8건이 설정되었다. 령의 상당위 상한에 보이는 차이는 령 내부에 있는 대우의 차나 관청의 격과 관련된다. 상한별 용례는 (1)각간이 가장 많으므로, 일반적인 령의 상당위 상한은 (1)각간이다.

⑧~⑪은 26건의 사례를 보여준다. 용례가 많은 순서대로 관직명을 열거하면, 경 13건, 상당 8건, 대정 2건, 대감·전대등·장이 각 1건이다. 장은 신문왕 7년(687) 경으로 개칭되어 나말까지 변화가 없다.[31] 또 C에서 본 것처럼, 사천왕사성전·감은사성전·봉덕사성전·봉은사성전의 상당은 애장왕대 경으로 개칭되었다. 위화부상당도 애장왕대 경으로 개명되었고,[32] 영창궁성전상당은 경덕왕대·애장왕 6년(805)에 경으로 개명되었다.[33] 이로 보아 상당은 경과 관계가 많다. 따라서 주요 관직명은 경이며, 나머지가 동급관직이다.

경의 상당위로 나타난 4개의 유형 중 ⑩은 예외이다. 설치된 시기가 원성왕 6년(790)으로 늦어 하대의 사례이며, 상한도 (8)사찬으로 가장

---

31) "改音聲署長爲卿"(『三國史記』 권8, 新羅本紀8, 神文王 7년(687) 夏 4월) ; "長, 二人. 神文王七年改爲卿, 景德王又改爲司樂, 惠恭王復稱卿"(『三國史記』 권38, 雜志7, 職官 上, 音聲署).

32) "上堂, 二人. 神文王, 置. 聖德王 二年, 加一人. 哀莊王改爲卿"(『三國史記』 권38, 雜志7, 職官 上, 位和府).

33) "上堂, 一人. 景德王, 置, 又改爲卿, 惠恭王復稱上堂, 哀莊王 六年, 又改爲卿"(『三國史記』 권38, 雜志7, 職官 上, 永昌宮成典).

낮기 때문이다. ⑪은 '他卿'과 같다고만 하므로, '他卿'의 범위를 생각해야 한다. 그런데 ⑧·⑨는 모두 경이 포함되므로, 양자 중 어느 것을 선택할 지 정리해야 한다.

〈표-14〉 卿 중 경과 상당의 사례 비교

상당위		유형	주요	용례	역할	주요설치관청	유형
No.	하한	상한	관직				합계
⑧	(9) 급찬	(6) 아찬	卿	兵部大監	部차관	部·府·署 등 (일반관청) 일반관청+성전 일반관청 장관(2건) 일반관청 차관(9건) (宮)成典 차관(1건)	13
				調府卿·倉部卿·禮部卿· 乘府卿·司正府卿·例作府 卿·船府卿·領客府卿	部·府 차관		
				位和府上堂	府차관		
				永昌宮成典上堂	成典차관		
				賞賜署大正·大道署大正	署장관		
⑨	(10) 나마	(6) 아찬	上堂	執事部典大等	部차관	作典·成典 등 (토목공사+역역동원) 일반관청+작전+성전 일반관청 차관(1건) 作典 차관(1건) (寺)成典 차관(6건)	8
				京城周作典卿	作典차관		
				四天王寺成典上堂·奉聖 寺成典上堂*·感恩寺成典 上堂(본래 副使)*·奉德寺 成典上堂*·奉恩寺成典上 堂*·靈廟寺成典上堂*	成典차관		
합계							21

〈표-14〉는 ⑧·⑨의 용례를 주로 활용되는 관청과 연결하여 정리한 것이다. 〈표-14〉처럼, 경·상당은 활용된 관청이 비교적 뚜렷하게 구분 된다. 경은 대체로 部·府·署 등 일반관청에, 상당은 作典·成典 등 토목공 사·역역 동원을 담당하는 관청에 설치되었다. 따라서 ⑧·⑨는 어느 한쪽을 예외로 처리하기 어렵다. 상대적으로 경의 용례가 많기는 하지 만, 총 사례의 수에 비하면 격차가 크지 않다. 또 경·상당을 쓰는 관청은 두 계통으로 구분되며, 이에 따라 직명도 일정하게 수렴되기 때문이다. 이 의미는 2절에서 상론할 것이다. 이상에서 ⑪의 상당위는

문자 그대로 직관 上의 경, 즉 ⑧에 해당한다.

경의 상당위인 ⑧·⑪의 용례는 합하면 17건이고, 상당의 상당위인 ⑨의 용례는 8건이다. 즉 전자가 2/3, 후자가 1/3의 용례를 가진다. 전자가 후자보다 2배 이상 많으므로, 주요 관직으로서 경의 상당위는 (9)급찬~(6)아찬이다.

⑫~⑬은 총 14건으로, 감 10건과 좌 4건의 용례가 나타난다. 따라서 주요 관직명은 감이며, 좌가 동급관직이다. 대체로 감은 典·署·館·府 등에 활용되었으며, 佐도 署나 府에 설치되었다. 감·좌의 상당위는 용례 상 ⑫인 (11)나마~(10)대나마이다. ⑬은 각각 단일사례이기 때문이다. 다만 ⑬은 ⑫보다 상한·하한이 1관위씩 높고, 특히 ⑬은 비색공복을 입는 관위를 포함한다. 이 점에서 ⑫의 감·좌보다는 다소 높은 대우를 받았다.

감의 상당위가 (11)나마~(10)대나마라면, 상당위를 찾을 수 없는 영흥사 성전대나마의 상당위도 (11)나마~(10)대나마이다. 후술하겠지만, 사성전 의 3등관인 적위의 상당위는 (10)대나마~(9)급찬이다. 영흥사성전은 경 덕왕대 監永興寺館으로 고쳤고, 대나마는 감으로 개명되었다. 이후 관청·관직의 명칭 변경에 대한 자료를 찾을 수 없다.[34] 직관 上의 6개 사성전이 모두 복고되었으므로 누락의 가능성도 있지만, 7개 사성 전은 모두 동일계통의 일괄 자료로 알려져 있다.[35] 이 점에서 관청·관 직명칭의 복고 사실이 모두 누락될 가능성은 낮다.

경덕왕대 사천왕사성전적위가 감으로 개명되므로, 적위의 상당위를

---

34) "永興寺成典. 神文王 四年, 始置. 景德王 十八年, 改爲監永興寺館. 大奈麻, 一人. 景德王改爲監"(『三國史記』 권38, 雜志7, 職官 上).

35) 李文基, 앞의 논문, 2006, 245~246쪽.

통해 영흥사성전대나마의 상당위를 생각할 수 있다. 그러나 초출 관직
명이 대나마이므로, 영흥사성전은 6개 사성전보다 격이 낮다. 또 경덕
왕대 영흥사성전은 館이고, 직관 上에서 감영흥사관 외 나머지 館은
좌·우사록관뿐이다. 館의 監은 ⑫를 상당위로 취하므로, 영흥사성전대
나마의 상당위는 ⑾나마~⑽대나마이다.

⑭~⑯의 사례는 상당위를 알 수 있는 용례 125건 중 가장 많은
사례를 보여준다. 용례가 많은 순서대로 관직명을 열거하면, 대사가
25건(도사대사 1건 포함), 주서가 6건, 청위가 5건, 대도사·대사읍이
각 1건이다. 이 중 主書나 청위는 대사와 관계된 세주나 경덕왕대
대사로 개칭된 사례가 많다.[36] 따라서 주요 관직명은 대사이며, 나머지
가 동급관직이다.

대사의 상당위 하한은 ⑬사지이며, 상한만 차이가 있다. ⑮는 상한이
⑽대나마이나, 용례는 1건에 불과하다. ⑭는 상한이 ⑾나마로, 용례가
37건이다. 따라서 ⑭의 ⑬사지~⑾나마가 대사의 상당위이며, ⑮가 예외
사례로 보인다.

한편 대사의 동급관직인 청위는 적위의 상당위를 추론할 수 있는
단서로 주목된다. 일반적으로 사성전에 설치된 적위·청위의 赤·靑은
공복 衣色을 지칭하며, 각각 '赤衣(=緋衣)를 입는 位'·'靑衣를 입는 位'로

---

36) 경덕왕 18년(759) 대부분의 대사는 主書·主簿로 개칭되며("改調府·禮部·乘府·
船府·領客府·左右議方府·司正·位和府·例作典·大學監·大道署·永昌宮等, 大舍爲主
簿. 賞賜署·典祀署·音聲署·工匠府·彩典等, 大舍爲主書"(『三國史記』권9, 新羅本紀
9, 景德王 18년(759) 春 正月) ;『三國史記』권38, 雜志7, 職官 上), 영묘사성전청위
는 최종 관직명이 대사이다(『三國史記』권38, 雜志7, 職官 上, 靈廟寺成典 靑位).
또 공장부주서·사범서대사 세주로 대사·주서·주부의 관계를 볼 수 있다("主
書, 二人【或云, 主事, 或云, 大舍.】"(『三國史記』권38, 雜志7, 職官 上, 工匠府) ; "大舍,
二人【或云, 主書.】"(『三國史記』권38, 雜志7, 職官 上, 司範署)).

풀이된다.[37]

赤색은 朱색에 가깝고, 緋색과 완전히 동일한 색이 아니다. 공복의 衣色은 赤색·朱색을 배치하지 않았으므로, (1)이벌찬의 冠色으로만 사용되었다.[38]

그러나 공복의 衣色과 관직명을 지칭할 때의 색은 약간 달리 생각해야 한다. 적색·비색은 다른 색이나, 큰 범주에서는 '적색 계열'이다.[39] 사성전의 2등관인 상당의 상당위가 (11)나마~(6)아찬이므로, 사성전의 3등관인 적위의 상당위에 (1)이벌찬을 포함할 수 없다. 또 사성전의 4등관인 청위의 상당위가 (13)사지~(11)나마이다. 따라서 적위의 상당위는 (13)사지~(6)아찬에서 설정되었다. 즉 관직명은 적위이나, 실제는 '(적색 계열인) 緋衣를 입는 位'를 지칭한 것이다.

사성전에서 적위는 항상 상당과 청위 사이에 나타난다. 상당·청위는 경·대사의 동급관직이다. 따라서 감의 상당위 중에서 적위의 상당위를 생각해야 한다. 이것은 사성전에 설치된 적위의 연혁을 통해서 파악할 수 있다.

〈표-15〉는 4개 사성전 적위의 연혁을 간략히 정리한 것으로, 경덕왕 관호 변경 시점의 관직명이 주목된다. 〈표-15〉에서 ①은 감, ②~④는

---

37) 尹善泰, 앞의 논문, 2000, 29쪽.

38) 丁德氣, 앞의 논문, 2017(b), 82~83쪽.

39) 문은배, 『한국의 전통색』, 안그라픽스, 2012, 172~173쪽. 이 글 172쪽에서 적색 계열 색의 하나로 비홍색을 설명하였다. 비홍색은 조선 중기 이후의 명칭이며, 주재료는 꼭두서니라고 한다. 또 『청장관전서』의 제법을 소개하고 있는데, 보랏빛에서 검붉은 빛을 내는 紫花와 붉은 빛을 내는 은주(황화수은, HgS)를 결합해 색을 만들었다고 한다. 173쪽에 수록된 사진에서 비홍색은 비색~적색의 중간색으로 보이므로, 비색을 적색 계열로 볼 수 있다. 다만 고대사회의 색이 다를 수 있으므로, 차후 연구가 더 필요하다.

판관으로 개명되었다. ①의 감은 주요 관직의 감과 통한다. 또 2장에서 살핀 것처럼, 감이나 감의 동급관직이 설치된 관청은 대부분 사지를 설치하지 않았다. 이상에서 적위는 감의 동급관직이다.

〈표-15〉 4개 사성전 적위의 연혁

No.	관청명칭	정원	경덕왕 이전 명칭	경덕왕 관호 변경	혜공왕 관호 복고
①	사천왕사성전	1	赤位	監	赤位
②	봉성사성전	1	赤位	判官	赤位
③	감은사성전	1	赤位	判官	赤位
④	봉덕사성전	1	赤位	判官	赤位

문제는 일반적인 감의 상당위가 (11)나마~(10)대나마라는 것이다. 두 관위는 모두 靑衣를 입는 관위이다. 적위의 상당위를 (11)나마~(10)대나마로 파악하면, 관직명이 공복의 의색을 반영하지 못하는 상황이 발생한다. 따라서 적위의 상당위는 緋衣를 입는 관위를 하나 이상 포함해야 한다.

이 점에서 감의 상당위 중 ⑬의 유형, 즉 (10)대나마~(9)급찬이 주목된다.[40] ⑬은 공장부감·상사서좌(효소왕 이전에는 丞)의 사례이다. 관직명은 감·좌이나, 상당위는 청의~비의를 입는 관위를 포함해 설정되었기 때문이다. 청위의 상당위인 (13)사지~(11)나마도, 청의를 입는 관위는 (11)나마뿐이다. 즉 적위는 감의 동급관직이고, 상당위는 (10)대나마~(9)급찬이다. 이것은 현재까지 확인된 적위 소지자의 관위가 (10)대나마~(9)급

---

40) 김철준은 赤位의 상당위로 (10)대나마~(8)사찬(점선이 명료하지 않아 (11)나마~(8) 사찬처럼 보이기도 하는데, 나마에서 떨어진 선이므로 (10)대나마~(8)사찬처럼 보인다)을 제시하고, 6두품 관직에 포함하였다(金哲埈, 앞의 책, 1990, 182~183 쪽. 특히 〈圖表1〉中央官署 編成表 참고). 적위의 상당위를 이처럼 파악한 이유를 알기 어렵지만, 필자의 이해로는 전읍서경의 상당위 상한((8)사찬)과 성전 청위의 상한을 함께 고려했다고 보인다. 그러나 본문에서 상술한 것처럼, 적위의 상당위는 자료적으로 나타난 감의 상당위 중 하나를 취하는 것이 타당하다.

찬에 수렴한다는 것에서도 방증된다.[41]

남은 것은 ⑯·⑰의 유형뿐이다. ⑯에서 특정접두어를 冠稱한 사지도 사지이므로, ⑰의 관직명 중 용례가 가장 많은 것은 사지이며, 13건이 해당한다. 이 외 사범서대사·소도사·전읍서의 중사읍·소사읍이 각 1건씩이다. 따라서 주요 관직명은 사지이며, 상당위는 ⑬사지~⑫대사이다.

한편 사범서대사는 대사이지만 ⑬사지~⑫대사를 상당위로 취하므로, ⑬사지~⑪나마의 오기로 보기도 한다.[42] 상당위가 잘못 서술되었을 수도 있지만, 사범서의 사례라는 점을 유념해야 한다. 사범서는 규모가 작지만 예부의 속사였고, 예부는 중앙행정의 중요 관청 중 하나이다. 따라서 직관 上 작성 당시 유사 규모의 관청 중에서는 상대적으로 자료가 많았을 것이다. 또 사범서대사는 상당위가 명시된 용례이고, 직관 上에서 사지가 설치된 관청과 서술된 거리가 멀다. 사범서는 직관 上의 38번째 관청이며, 사범서 앞에 사지 동급관직이 설치된 것은 28번째 관청인 대일임전이다. 이로 인해 관청의 장관이라는 특별한 이유에서 상당위 대비 관직명을 높여준 사례이다. 古官家典을 제외하면, 직관 上에서 관청의 장관으로 쓴 관직의 하한은 대사이기 때문이다.

⑰은 11건의 용례 중 사가 6건을 차지하며, 상당위는 단일사례이다. 따라서 주요 관직은 사이고, 나머지가 동급관직이다. 상당위는 ⑰선저지~⑫대사이다.

이제까지 직관 上에서 상당위를 알 수 있는 125건의 관직을 분석하였

---

41) 이영호, 『신라 중대의 정치와 권력구조』, 지식산업사, 2014, 324쪽.

42) "司範署. 屬禮部. 大舍, 二人.【或云, 主書.】景德王改爲主事, 後復稱大舍. 位與調府舍知同"(『三國史記』 권38, 雜志7, 職官 上). 대사임에도 '位與調府舍知同'이라고 하므로, 오기로 파악한 경우가 많다(金哲埈, 앞의 책, 1990, 184쪽 ; 李文基, 앞의 논문, 2006, 240~244쪽).

다. 흔히 部·府의 5등 관직체계를 중앙관직체계로 상정하지만, 직관 上의 중앙관직체계는 령 - 경 - 감 - 대사 - 사지 - 사의 주요 6관직체계이다. 주요 6관직은 각각 고유 상당위와 동급관직을 가지며, 설정된 상당위의 특징·관청 간 격의 문제·관직별 활용도·관직 계통 등을 토대로 행정적 역할과 함의를 분석할 필요가 있다. 이에 대해서는 절을 넘겨 정리하겠다.

2. 주요 6관직의 행정적 역할과 관직 분화양상

전 절에서 주요 6관직과 각각의 상당위를 정리하였다. 본 절은 주요 6관직의 중앙행정 내 역할과 특징 및 관직의 분화 관계 등을 위주로 정리하고자 한다. 전 절의 내용과 공복의 분별 품목을 기준으로[43] 〈표-16〉을 작성하였다.

〈표-16〉은 주요 6관직과 관직별 상당위·공복의 분별품목을 중심으로 직관 上의 중앙관직체계를 정리한 것이다. 경은 상당과 경이, 감은 적위와 감·좌가 고유의 상당위를 가져 계통이 분리되므로 이를 표기하였다. 또 령은 관청별 상당위 상한이 다르므로, 상한을 농담으로 표기하고 관청명칭을 서술하였다.

〈표-16〉은 중대 말인 혜공왕대의 상황을 반영한 것이다. 중대 말의 중앙행정제도에서는 常位 17개·非常位 2개를 어떤 형태로든 사용하였다. 2개 비상위는 상위는 아니나, 관위임은 분명하다. 또 대각간은

---

43) 공복의 분별 품목에 대해서는 '정덕기, 앞의 논문, 2017(a), 84쪽' 참고.

〈표-16〉 주요 6관직과 상당위 및 공복

牙笏	朱色	紫衣	[非(1)]太大角干	兵部·禮部·調府							
			[非(2)]大角干	倉部·京城周作典·位和府							
牙笏	雜紫色	紫衣	(1)伊伐湌	5府·5成典							
			(2)伊湌	執事部							
			(3)迊湌	左·右理方府							
	緋色		(4)波珍湌								
			(5)大阿湌								
	組纓(□色)	緋衣	(6)阿湌								
			(7)一吉湌								
			(8)沙湌								
			(9)級伐湌								
?	組纓(□色)	靑衣	(10)大奈麻								
			(11)奈麻								
		黃衣	(12)大舍								
			(13)舍知								
	?	黃衣	(14)吉士								
			(15)大烏								
			(16)小烏								
			(17)先沮知								
笏	色冠	色衣	官位	令 衿荷臣 中侍	上堂	卿	赤位	監佐	大舍 主書 靑位	舍知	史 書生 幢
	分別品目			令		卿		監	大舍	舍知	史
	공복(=常服)			주요 6관직							

※ ① 笏의 농담 : 령의 상당위 상한. ② 점선 : 공복의 분별품목. ③ '?' : 未詳. ④ 左·右理方府令은 (9)급찬~(3)잡찬이지만, 나머지 令이 (5)대아찬 이상이므로 표기하지 않음.⑤ 주요 6관직 위에 쓴 관직명은 비교적 잘 활용되는 동급관직을 의미함.

이미 중고기에 성립하여 있었다. 한편 사지는 '중대 일괄설치'와 '당제로의 지향'이란 함의를 지닌다는 것이 통설이지만, 최근 직관 上의 서술 범례를 모색하면서, 진덕왕 5년(651)에 사지가 설치되었다는 견해가 제기되기도 한다.44) 대사·사지 모두 관위를 관직으로 쓴 사례이고, (12)대사는 (13)사지에서 상향 분화한 관위이다. 따라서 사지 관직은 대사

보다 빨리 등장하였을 것이다. 또 武官의 사례라서 조심스럽지만, 직관
上의 사지처럼, ⑴사지~⑿대사의 상당위를 취하는 監舍知는 이미 법흥
왕 10년(523)에도 운용되고 있었다.[45] 따라서 상대 중앙관직체계에서
도 사지가 운용되었을 가능성이 있다. 더욱이 사지는 상고기의 관위가
관직으로 전화된 사례이고, 담당업무로 보아 동시전서생과 유사성을
지닌다. 또 육부 사무 관계 관청은 일반관청보다 더 많은 사지가 설치되
었다. 이 점에서 상대의 특정 관청에서 설치·운용되다가, 중대의 部
등에 설치되었을 것이다.

즉 상대에는 17~18官位, 중대에는 19官位 기준으로 중앙관직체계가
운영되었다. 사지의 설치·운용문제가 있지만, 상·중대 중앙관직체계
는 '령 - 경 - 감 - 대사 - 사지 - 사'의 주요 6관직과 동급관직을 중심으
로 운영되었다. 하대에도 주요 6관직체계는 유지된다. 즉 상대~중대
초에 정비된 주요 6관직체계는 신라 전 시기에 걸쳐 운용되면서, 중앙
행정을 실질적으로 운영하는 관직체계이다. 이제 주요 6관직의 특징과
행정적 역할과 함의를 정리하기로 한다.

〈표-16〉처럼, 령의 상당위 하한은 대부분 대아찬 이상이나, 상한은
일정하지 않다. 병부·예부·조부령의 상당위 상한은 [非⑴]태대각간,
창부·경성주작전·위화부령의 상당위 상한은 [非⑵]대각간이다. 이 외

---

44) 김희만은 직관 上의 서술 범례와 예부사지의 사례로 '신문왕대(중대) 사지
   일괄 신설'을 비판하였다. 직관 上에서 예부대사의 始置는 진덕왕 5년(651)이
   라 하고, 사지의 始置는 언급이 없다. 직관 上의 서술 범례로 보아 예부대사·사
   지의 설치연대가 중복되면서 사지의 설치연대가 생략된 것이며, 이를 통해
   중고기 말인 651년에 사지가 도입되었다고 하였다(金羲滿, 앞의 논문, 2003
   / 金羲滿, 앞의 논문, 2009(a), 468~469쪽).

45) "監舍知. 共十九人. 法興王 十年, 置. …… 位自舍知至大舍爲之"(『三國史記』 권40,
   雜志9, 職官 下, 武官, 諸軍官).

5府(乘·司正·例作·船·領客) 령과 5成典(사천왕사·봉성사·감은사·봉덕사·봉은사) 금하신의 상당위 상한은 (1)각간(이벌찬)이다. 집사부중시의 상당위 상한은 (2)이찬이고, 좌·우이방부령은 (9)급찬~(3)잡찬이다. 령의 상당위 상한은 비상위·상위로 분류되므로, [非(1)]태대각간·[非(2)]대각간을 먼저 살펴야 한다.

> D-①. 大角干.【혹 大舒發翰이라 한다.】 태종왕 7년(660) 백제를 멸한 공을 논하여 대장군 김유신에게 대각간을 제수하였다. 앞의 17位의 위에 이를 더하였는데, 항상 있는 位(常位)는 아니었다.[46]
>
> D-②. 太大角干.【혹 太大舒發翰이라 한다.】 문무왕 8년(668) 고구려를 멸하자, 留守 김유신에게 태대각간을 제수하여 으뜸가는 지모를 상 주었다. 앞의 17位와 대각간의 位에 이 位를 더하여, 특별한 대우의 예를 보인 것이다.[47]

D-①·②는 [非(2)]대각간·[非(1)]태대각간의 발생과 관계된 자료를 인용하였다. D-①·②의 표현과 문맥에서 두 관위는 17관위와 구분된다. D-①의 '非常位'와 '於前十七位'가, D-②에도 '於前十七位'가 보이기 때문이다. 명칭을 고려하면, [非(2)]대각간은 (1)角干에서 '大'를 붙여 상향으로 분화한 것이다.[48] 다만 D-①과 달리 [非(2)]대각간은 이미 진흥왕 12년

---

46) "大角干.【或云, 大舒發翰.】太宗王 七年, 滅百濟論功, 授大將軍 金庾信大角干. 於前十七位之上加之, 非常位也"(『三國史記』 권38, 雜志7, 職官 上).

47) "太大角干.【或云, 太大舒發翰.】文武王 八年, 滅高句麗, 授留守 金庾信, 以太大角干, 賞其元謀也. 於前十七位, 及大角干之上, 加此位, 以示殊尤之禮"(『三國史記』 권38, 雜志7, 職官 上).

48) 정구복 외 4인, 앞의 책4, 2012, 468쪽.

(551)에 수여된 仇珍(屈珎智)의 사례가 있다.[49] [非(1)]태대각간도 [非(2)] 대각간에 '太'를 붙여 상향으로 분화하면서 중대에 발생하였다.[50]

17관위 중 '大'가 붙은 4개 관위((5)대아찬·(10)대나마·(12)대사·(15)대오)는 기존 관위에서 상향 분화한 것이며, (5)대아찬·(10)대나마·(12)대사의 3개 관위는 공복 衣色의 경계선에 위치한다. 이것은 상대 이래 행정의 운영과정에서 관인의 공식적 서열체계가 일종의 인플레이션을 겪은 흔적이다. 또 상향 분화된 4개의 관위 중 3개의 관위가 일종의 경계선처럼 작용하고 있는 것은 관인 집단을 행정적 중요도에 따라 몇 개 群으로 묶어 파악하려는 국가의 의도가 내포된 것이다. 이 과정에서 常位·非常位라는 2개 그룹의 성격이 구별되며, 이로 인해 직관 上은 양자를 나누어 서술한 것이다.

관인에게 비상위는 경우에 따라 공식적으로 수여 받을 수 있는 관위이지만, 당제의 太師~尙書令처럼 闕席이 많은 관위로 이해된다.[51]

---

49) "十二年 辛未. 王命, 居柒夫及仇珍 大角湌·比台 角湌·耽知 迊湌·非西 迊湌·奴夫 波珍湌·西力夫 波珍湌·比次夫 大阿湌·未珍夫 阿湌等八將軍 ……"(『三國史記』 권44, 列傳4, 居柒夫). 仇珍 大角湌은 「昌寧新羅眞興王拓境碑」의 '屈珎智 大一伐干'과 동일인물로(盧重國, 「昌寧新羅眞興王拓境碑」, 韓國古代社會研究所 編, 『譯註 韓國 古代金石文 2』, 1991, 62쪽), 대각간은 늦어도 551년에 성립했다고 한다(노중 국, 「三國의 官等制」, 『강좌 한국고대사 2』, 가락국사적개발연구원, 2003, 154~157쪽).

50) 태대각간의 발생연대와 관련된 사료는 진평왕 44년(622)에 설치된 내성 私臣의 상당위이다. 노중국은 內省 私臣의 상당위를 근거로, 眞平王 44년(622)에 성립했을 가능성을 제시하였다(노중국, 위의 논문, 2003, 154~157쪽). 전덕재는 내성 사신의 상당위에 태대각간이 포함된 것은 문무왕 8년 이후의 규정이라 하였다(전덕재, 「7세기 중반 관직에 대한 관등규정의 정비와 골품제 의 확립」, 『한국 고대의 신분제와 관등제』, 아카넷, 2000, 298~299쪽).

51) 관직의 사례라서 약간 고민되지만, '자리가 있어도 비워두는 것(闕席)'에 대해서는 唐制에서 일정한 시준을 받을 수 있다. 당의 경우 대부분의 관직이 正3品에서 시작하였고(金鐸敏 主編, 『譯註唐六典』上, 2003, 693~799쪽), 太師부

[非(1)]태대각간과 달리 [非(2)]대각간은 仇珍처럼 중고기의 수여 사례가
존재하며, 김유신 이후 김인문·김옹 등이 수여 받아 소지한 사례를
찾을 수 있기 때문이다.[52]

비상위가 령의 상당위 상한으로 설정된 이유는 비상위 소지자가
희소하다는 점과 비상위가 모든 상위보다 고위 관위란 점에서 접근할
수 있다. 비상위로 령의 상한을 규정하지 않더라도, 비상위 소지자는
개별 관청의 령으로 취임할 수 있다. 규정된 상한보다 높은 관위소지자
의 취임은 큰 문제가 없었다고 이해되기 때문이다. 역으로 규정된
하한보다 낮은 관위소지자의 취임은 크고 작은 문제가 발생하겠지만,
특정한 사유가 있다면 보임 자체는 가능할 것이다.

상기 상황을 집사부중시의 사례로 볼 수 있다. 선행연구에 의하면,
중대에는 40~41명의 중시를 찾을 수 있다고 한다. 이 중 天存은 (1)舒弗邯
으로서 679년 1월~7월까지 중시로 재직하였고, (6)아찬으로 중시에
취임한 사례도 5건이었다. 나머지 34~35명의 중시는 상당위 규정에
포함되는 관위를 소지하였다.

상당위 규정에 포함되는 관위를 소지한 중시의 사례 중 21명의
중시는 상한인 (2)이찬을 소지하였고, 13~14명의 중시는 (3)잡찬 2명·(4)

터 尙書令까지는 제도적으로 존재하지만 비워두는 자리였다("尙書令, 掌總領百
官, 儀形端揆. 其屬有六尙書, 法周之六卿, 一曰吏部, 二曰戶部, 三曰禮部, 四曰兵部,
五曰刑部, 六曰工部, 凡庶務皆會而決之. …… 皇朝武德中, 太宗初爲秦王, 嘗親其職,
自是闕不復置, 其國政樞密皆委中書, 八座之官但受其成事而已【自太師已下, 皆古宰相之
職, 今不常置, 故備敍之.】"(金鐸敏 主編, 같은 책, 2003, 114쪽).

52) "賜庾信位太大角干 仁問 大角干 ……"(『三國史記』 권6, 新羅本紀6, 文武王 8년(668),
冬 10월 22일) ; 檢校使·兵部令 兼 殿中令·司馭府令·修城府令·監四天王寺府令 幷
檢校眞智大王寺使·上相 大角干 臣 金邕(南東信, 「聖德大王神鍾銘」, 韓國古代社會硏
究所 編, 앞의 책3, 1991, 388쪽).

140

파진찬 6명·(5)대아찬 5명·미상 1명으로 집계된다.[53] 집사부중시의
상한 관위를 기준으로 하면, (2)이찬인 자와 (2)이찬이 아닌 자가 반반
정도이다. 상당위 자체는 관인의 보임을 위해 설정한 것이다. 그러나
제도적으로 상당위가 넓게 설정된 상태였으므로, 반드시 상한 관위에
맞춰 보임할 필요는 없었다. 따라서 령의 상당위 상한이 5개 관위로
구분된 이유를 관인의 보임 문제에서 찾기는 어렵다.

관인의 보임 문제가 아니라면, '闕席이 많은 非常의 관위'를 포함한
5개 관위로 령의 상당위 상한을 구분해 규정한 이유는 행정체계 상
部·府·成(作)典의 장관이나 관청의 격·위계의 고하에 관한 문제를 표현
하기 위한 것으로 이해된다.[54] 따라서 령이 장관인 관청의 서열은
상한이 병부·예부·조부가 가장 상위로 최상급 관청이며, 경성주작전·
창부·위화부가 다음으로 차상급 관청이고, 5府·5成典과 집사부[55] 및
좌·우이방부의 순서이다.

상한 관위의 성격상 비상위를 상한에 쓴 6개 관청과 상위를 상한에

---

53) 이기백, 『新羅政治社會史研究』, 1974, 155~158쪽 ; 이영호, 앞의 책, 2014,
239~250쪽. 중시임명자의 관위소지자 관련 서술은 이기백의 '新羅 中代 中侍
(侍中) 一覽表'(155~156쪽)와 이영호의 '신라시대 집사부 중시(시중) 일람
표'(239~241쪽)에서 중대 부분을 비교하여 참고하였다.

54) 박수정은 집사부의 위상을 논하면서, 중시의 상당위 상한이 낮은 것과 관청
조직의 위상을 직결시키기 어렵다고 하였다. 이 근거로 상대등·시중의 임명
기사는 다수 확인되나, 여타 장관의 임명기록은 병부·창부·좌이방부령 정도
만 나타남을 들었다. 또 어쨌든 중시의 제도적 위상이 상대등·병부령 등보다
낮은 것은 사실이라고도 하였다(박수정, 「新羅 執事省의 성격과 위상에 대한
再論」, 『新羅史學報』 40, 2017, 204~207쪽). 서술이 약간 혼란스러운데, 자료에
남은 장관의 활동량을 장관의 위상에 대한 지표의 하나로 생각할 수도 있다.
그러나 제도의 운영 문제를 고려하면, 령의 상당위 상한 차이는 관청의
격에 관한 문제로 이해된다.

55) 집사부는 하대에 省으로 승격되어 간단히 설명하기 어려우므로, 차후 과제로
삼는다.

쓴 13개 관청은 차이가 있다. [非(1)]태대각간이 상한인 병부·예부·조부
는 육전체제 하 兵·禮·戶의 업무분담과, [非(2)]대각간이 상한인 경성주
작전·창부·위화부는 육전체제 하 工·戶·吏의 업무 분담과 관계되기
때문이다.

물론 신라의 중앙관청은 전형적인 六典이 아니고, 경성주작전도
명칭상 工 관련 업무의 대상이 경성과 그 주변이다. 그러나 장관의
상당위가 비상위에 설정된 관청은 육전체제 하 兵·禮·戶·吏 등의 업무
분담에 상응한다. 따라서 상기 관청은 육전적 업무 분담과 일정한
관계가 상정된다.

경은 部·府·成(作)典의 차관, 署의 장관이었다. 〈표-16〉처럼, 경에
속한 관직은 규정적으로 자의를 착용할 수 없고, 색관도 모호하다.
다만 경의 상당위는 대부분 干群 관위이므로, 대부분의 경은 아홀을
들었을 것이다. 경은 관직의 취임 자격·취임 이후의 행정적 역할에서
령과 명확히 구분된다.

경에서 주목할 것은 경과 상당으로 구분된다는 것이다. 경은 일반관
청인 部·府·署에 설치되었고, 상당은 成典에 주로 쓰였다. 또 상당위
상한은 (6)아찬이지만, 상당위 하한은 (9)급찬·(11)나마로 구분된다. 양자
의 상당위는 두 개 관청의 경이 모범으로 작용했다는 점이 주목된다.

〈표-17〉은 간접서술방식을 사용한 경의 상당위를 찾는 과정을 관청
의 출전순서를 중심으로 정리한 것이다. 직관 上에서 쓴 상당위의
표기방식은 두 가지이다. 첫째, 직접서술방식으로, '位自(하한 관위)至
(상한 관위)'처럼, 상한·하한을 바로 쓰는 방식이다. 직접서술방식에
사용되는 하한·상한 관위는 관위의 等數를 통한 약호 처리를 하지
않고, 개별 관직마다 정식명칭으로 서술했다는 특색이 있다. 직관

〈표-17〉 간접서술방식이 활용된 卿의 상당위

No.	관직명	초출기준	중간기준	최종기준
①	③조부경	②병부대감	·	병부대감 (9)급찬~(6)아찬
②	⑫창부경	②병부대감	·	
③	⑬예부경	③조부경	③조부경 → ②병부대감	
④	⑭승부경	③조부경	③조부경 → ②병부대감	
⑤	⑮사정부경	⑭승부경	⑭승부경 → ③조부경 → ②병부대감	
⑥	⑯예작부경	⑮사정부경	⑮사정부경 → ⑭승부경 → ③조부경 → ②병부대감	
⑦	⑰선부경	③조부경	③조부경 → ②병부대감	
⑧	⑱영객부경	③조부경	③조부경 → ②병부대감	
⑨	⑳좌이방부경	他卿	다른 경의 상당위 추출	
⑩	㉖국학경	他卿	〃	
⑪	㉗음성서장	他卿	〃	
⑫	④경성주작전경	①집사시랑	·	집사부전대등 (11)나마~(6)아찬

※ ① 네모 문자 : 직관 上의 관청출전순서. ② 초출기준 : 직관 上의 서술상태. ③ 중간기준 : 초출기준으로 최종기준을 찾는 과정. ④ '·' : 없음. ⑤ '〃' : 위와 같음.

上은 서문 이후 大輔·位 17等→上大等→非常位→44관청의 순서로 설명을 진행하였다. 중국정사의 職官·百官類의 志나『고려사』권76, 百官志1의 경우 官品·散階의 등수와 명칭의 관계를 해당 志의 冒頭나 末尾에 규정하고, 관직별 취임 자격은 등수만 표기하는 것이 일반적이다. 이 점에서 관직별 취임 자격으로 등수만 표기하는 것은 職官·百官類 志에 쓰이는 일종의 약호 처리·축약 표기 방식이다. 그러나『삼국사기』, 직관 上은 冒頭에서 관위명칭과 位의 등수가 지닌 관계를 서술했음에도 불구하고, 직접서술방식으로 상당위를 밝힐 때는 등수를 통한 약호 처리·축약 표기를 전혀 하지 않았다. 따라서 직접서술방식으로 상당위를 밝힐 때는 등수가 아닌, 정식명칭을 사용하는 것이 직관 上의 서술원칙이다. 둘째, 간접서술방식으로, '位與(관청＋관직명)同'·'位與他卿同'처럼, 특정 관청의 관직·특정 직명에 빗대는 방식이다.[56] 간접서술방식은 자체로 중국 정사의 職官·百官類의 志나『고려사』, 百官志와 구별되는 관직별 취임 자격의 표기 방식이다.

〈표-17〉처럼, 간접서술방식을 쓴 경은 초출기준이 병부대감·조부경·승부경·사정부경·집사시랑·他卿 등으로 다양하다. 그런데 간접서술방식에 사용된 관청·관직명의 기준은 관청의 출전순서가 아니다. 또 초출기준·중간기준을 활용해 상당위를 찾아보면, 최종기준은 병부대감과 집사부전대등으로 수렴된다. 병부대감은 (9)급찬~(6)아찬, 집사부전대등은 (11)나마~(6)아찬으로, 각각 경·상당의 상당위에 대응한다. 경·상당의 행정적 위상은 명료히 구별되므로, 경은 병부대감의 상당위에 기준을 두는 大監系 卿(즉, 경)과 집사부전대등의 상당위에 기준을 大等系 卿(즉, 상당)으로 분류됨을 의미한다. 양자 중 대등계 경의 상당위가 더 넓은 범위를 지니는 것이 특징이다.

이것은 세 가지 시사점을 던져준다. 첫째, 대등계 경은 대개 토목·건축 등 공사를 담당한 관청에 두므로, 일반관청 대비 대등계 경이 설치된 관청은 업무의 차이가 있다. 이로 인해 (11)나마~(10)대나마에 이르는 관인을 포함하였다.

---

56) 이문기는 직관 上의 상당위 표기방식을 '정상적인 관등표기'와 '이전사례 준용방식'으로 명명하고, 이에 따라 사료의 계통도 구분하여 정리하였다(李文基, 앞의 논문, 2006, 244쪽). 이 글에서 굳이 용어를 치환하는 이유는 두 가지이다. 첫째, '정상적인 관등표기'라고 할 때, 正史 志의 취임자격표기에서 정상적인 표기란 어떤 것인지를 밝히지 않았다. 예컨대『高麗史』, 百官志'에서 '□□官職은 몇 품이다.'라 할 때, '몇 품'의 본명을 쓰는 것이 정상인지, 숫자로 간략히 처리하는 것이 정상인지 등이 논의될 필요가 있다. 둘째, '정상적인 관등표기'란 용어로 인해 '이전사례 준용방식'이 '비정상적인 관등표기'처럼 이해되기 때문이다. '이전사례 준용방식'은 직관 上에서 상당위가 적시된 99건 중 40건(40.4%)이다. 이 점에서 용어가 적절하지 않으므로, 본서에서는 '직접서술방식'과 '간접서술방식'으로 구분하여 정리한다.

둘째, 대등계 경은 대개 '古官制로57) 불리는 관직명을 가졌다. 고관제를 사용한다는 점과 관청의 업무를 관련시키면, 경 같은 한식 관직명이 도입되었더라도, 역역 동원은 전통적인 방식으로 운영되었음을 의미한다.

셋째, 관직의 분화를 보여준다. 大監은 명칭상 監에서 '大'를 붙여 분화한 관직이다. 병부대사는 본래 弟監이었음을 주목하면, '弟監(=大舍)→ 監→ 大監(=卿)'으로의 분화가 상정된다. 의미 상 監이 기본적인 의미이고, 권한의 상대적 대소를 나타낸 접두어를 붙인 것이기 때문이다. 유관 자료로 E가 주목된다.

E-①. 병부·창부의 卿·監을 고쳐 侍郞으로 하였다.58)

E-②. 大監은 2인이다. 진평왕 45년(623) 처음 두었고, 문무왕 15년(675) 1인을 더하였다. 경덕왕이 고쳐 侍郞으로 하였는데, 혜공왕이 다시 大監을 칭하였다. 位는 (9)급찬에서 (6)아찬까지로 하였다. 弟監은 2인이다. 진평왕 11년(589)에 두었다. 태종왕 5년(658)에 고쳐 大舍로 하였다.59)

E-③. 卿은 2인이다. 진덕왕 5년(651)에 두었고, 문무왕 15년(675) 1인을 더하였다. 경덕왕이 고쳐 侍郞으로 하였으나, 혜공왕이 다시 卿을 칭하였다. 位는 병부大監과 같다.60)

---

57) 武田幸男,「新羅の骨品體制社會」,『歷史學硏究』299, 1965 ; 木村誠,「6世紀新羅における骨品制の成立」,『歷史學硏究』428, 1976.

58) "改兵部·倉部 卿·監爲侍郞"(『三國史記』권9, 新羅本紀9, 景德王 18년(759) 春 正月).

59) "大監, 二人. 眞平王 四十五年, 初置, 文武王 十五年, 加一人. 景德王改爲侍郞, 惠恭王復稱大監. 位自級湌至阿湌爲之. 弟監, 二人. 眞平王 十一年, 置. 太宗王 五年, 改爲大舍"(『三國史記』권38, 雜志7, 職官 上, 兵部).

E-④. 卿은 2인이다. 【본래 監 6인을 두고 六部를 나누어 통령하였는데, 원성왕 6년(790)에 2인을 올려 卿으로 하였다.】.[61]

E-⑤. 大舍는 2인이다. 【혹은 主書라고 하였다.】 경덕왕이 고쳐 主事라 하였고, 후에 다시 大舍를 칭하였다. 位는 조부舍知와 같다. 史는 4인이다.[62]

E-⑥. 大舍는 2인이다. 位는 (13)사지~(11)나마이다. 史는 2인이다.[63]

E-⑦. 大舍는 6인이다. 史는 6인이다.[64]

E-⑧. 大舍는 6인이다. 舍知는 8인이다. 史는 26인이다,[65]

E-①~④는 경과 감의 관계를 볼 수 있는 기사를, E-⑤~⑧은 직관 上에서 대사 이하 관직이 장관인 관청을 인용한 것이다. E-①은 병부·창부의 경·감을 侍郎으로 개칭했다고 하고, 관련 사실이 E-②·③에서 확인된다. 여기에서 병부에는 경이 없고, 창부에는 감이 없으며, 시랑으로 개칭된 관직은 병부대감·창부경이란 점이 주목된다. 따라서 E-①의 감은 병부대감의 약칭이다. 즉 대감은 감으로 약칭할 수 있는 관직이다.

E-④는 전읍서경의 사례로, 분주의 내용이 주목된다. 분주에 따르면,

---

60) "卿, 二人. 眞德王 五年, 置, 文武王 十五年, 加一人. 景德王改爲侍郎, 惠恭王復稱卿. 位與兵部大監同"(『三國史記』 권38, 雜志7, 職官 上, 倉部).

61) "卿, 二人. 【本置監六人, 分領六部, 元聖王 六年, 升二人爲卿.】"(『三國史記』 권38, 雜志7, 職官 上, 典邑署).

62) "大舍, 二人. 【或云, 主書.】 景德王改爲主事, 後復稱大舍. 位與調府舍知同. 史, 四人." (『三國史記』 권38, 雜志7, 職官 上, 司範署).

63) "大舍, 二人. 位自舍知至奈麻爲之. 史, 二人"(『三國史記』 권38, 雜志7, 職官 上, 京都驛).

64) "大舍, 六人. 史, 六人"(『三國史記』 권38, 雜志7, 職官 上, 食尺典).

65) "大舍, 六人. 舍知, 八人. 史, 二十六人"(『三國史記』 권38, 雜志7, 職官 上, 直徒典).

전읍서는 본래 6인의 감이 담당하였으나, 790년 감 2인을 경으로 승격시켰다고 하였다. E-④는 직관 上에서 관직의 승격을 직접 알려준 유일한 사례이므로, 관직의 승격이 경·감 사이에서만 나타남을 보여준다.

E-④와 유사한 사례로, 전 절에서 인용한 C-③의 감은사성전상당과 C-④의 봉덕사성전금하신의 사례를 주목할 수도 있다. 그러나 C-③·④는 E-④와 사례가 다르다. C-③·④의 사례는 1인씩 있던 본래의 상위관직을 省(罷)하고, 하위관직을 둔 것이다. 즉 상급 관직의 직무를 하급 관직으로 대체하였다. 반면 E-④는 명확히 승격(升)임을 표기하므로, 감이 경으로 승격한 사례이다.

이상에서 대감은 감에서 상향 분화한 것이다. 이처럼 생각하면, 대감계 경의 상당위 하한이 (9)급찬으로 나타나는 것도 이해된다. 훗날의 대감계 경에 해당할 관직들은 본래 대등계 경의 상당위에 속하는 관위를 소지한 사람이 담당하였다. 이후 행정 운영의 경험이 축적되고, 외래적 요소가 일정 정도 도입되면서 서열이 정리되었다. 이 과정에서 대등계 경(상당)과 감의 상당위 일부가 중첩되어 있었다가, 대감이 분화되면서 권한의 대소를 명료히 규정하는 조정이 나타났다. 이로 인해 대감계 경이 발생하였고, 감의 상당위에 해당하는 (11)나마~(10)대나마를 규정적으로 제거하였다. 따라서 대감계 경이 발생한 이후의 경은 상당위를 (9)급찬~(6)아찬으로 하되, 전통적 요소가 강력히 남아 있던 成典은 대등계 경인 상당을 설치한 것이다.[66]

E-②의 弟監과 E-⑤~⑧의 사례는 제감·대사의 속성을 드러내는 자료

---

66) 성전에 전통적인 요소가 강력히 남아 上堂이 설치된 이유는 역역 동원의 관계 속에서 구체적으로 해명할 필요가 있다고 생각한다. 이에 대해서는 차후의 과제로 삼겠다.

이다. E-②에서 병부대사는 중대의 명칭이며, 상대에는 제감으로 불렸음을 밝혔다. 이를 통해 감·대사의 관계가 파악된다. 대사는 감보다 낮은 위치 혹 범위가 작은 업무를 담당하겠지만, 감의 직무와 유사성이 있는 관직이다. 이것은 E-⑤~⑧의 사례로 확인된다. 직관 上의 44관청 중 漏刻典과 古官家典을 제외한 42관청에서,[67] 장관으로 쓴 관직은 령·경·감·대사이다. 즉 대감·감·제감은 '장관이 될 수 있는 관직'이라는 속성이 유사하다. 따라서 '弟監(=大舍)→ 監→ 大監(=卿)'의 상향 분화가 상정된다.

다만 '弟監(=大舍)→ 監→ 大監(=卿)'의 상향 분화를 상정하면, 설치연대·직렬에 대한 문제가 제기될 수 있다. 병부제감·대감은 진평왕 11년(589)·45년(623)에 두었고, 제감·대감은 軍官職이기 때문이다. 그러나 제감은 상당위로 보아 대사의 동급관직이며, 508년에는 이미 동시전 같은 監典이 운용되었다. 508년 동시전대사의 설치가 의문스러울 수 있지만, 직관 上의 초치 정원 서술방식·관청과 조직의 설치연대를 고려할 필요가 있다. 아울러 직관 下, 武官의 監舍知가 법흥왕 10년(523)에 이미 운용되고 있었음을 고려하면,[68] 제감 등 대사의 동급관직도 일찍 쓰였을 것이다. 병부의 대감이 제감(대사)보다 먼저 설치되기는 하나, 병부의 조직 정비과정에서 제감(대사)의 설치가 대감보다 약간

---

67) "聖德王 十七年, 始置. 博士, 六人. 史, 一人."(『三國史記』 권38, 雜志7, 職官 上, 漏刻典) ; "幢【一云, 稽知】, 四人. 鉤尺, 六人. 水主, 六人. 禾主, 十五人"(『三國史記』 권38, 雜志7, 職官 上, 古官家典). 漏刻典은 장관이 博士인데, 卿에 준하는 관직으로 이해할 수 있다(金哲埈, 앞의 책, 1990, 178~179쪽). 한편 古官家典은 幢이 장관이고, 鉤尺·水主·禾主 등을 설치하여 일반 관청의 직제와는 상당히 다르다고 볼 수 있다.

68) "監舍知. 共十九人. 法興王 十年, 置. …… 位自舍知至大舍爲之"(『三國史記』 권40, 雜志9, 職官 下, 武官, 諸軍官).

늦었을 뿐이라고 생각된다. 이 현상의 원인 중 하나는 대등계·대감계
경의 성립에 대한 문제가 있을 것으로 짐작된다.[69] 일단 현존 자료에서
는 제감·대사가 동급관직이라는 점과 동시 및 동시전의 설치연대를
중심으로 직관 上의 서술방식을 참고해 이해하는 것이 유용하다.

또 상기 제기한 문제와 관련하여 직관 下, 무관에서 설치연대·상당위
가 기록된 侍衛府監·大官大監·弟監의 설치연대를 생각할 수도 있다.
그러나 侍衛府監·大官大監·弟監 등 관직은 직렬 상 중앙행정관직이 아닌
무관이며, 중앙행정의 주요 6관직과 동급관직을 쉽게 상정하기도 어렵
다. 시위부감은 시위부장군의 전신이다. 신문왕 원년(681) 시위부감을
혁파하고, (9)급찬~(5)아찬을 상당위로 하는 將軍을 두었기 때문이다.[70]
그런데 시위부감·장군이 같은 상당위를 가졌는지 알기 어렵지만, 시위
부감·장군은 前身·後身의 관계를 가지므로, 양자가 동일한 상당위를
가졌다고 이해된다. 이 경우에 시위부감과 직관 上의 監은 監이란
명칭은 동일해도 동급관직이 아니므로 비교의 대상이 아니다.

대관대감은 진흥왕 10년(549)에 두었고, 상당위는 진골이 (13)사지~(6)
아찬, 次品이 (11)나마~四重阿湌이다.[71] 대관대감의 상당위는 신분·常位·
重位의 3자를 기준으로 삼으므로, 常位만 상당위로 삼는 병부대감과
맞비교가 어렵다.

---

69) 상고기 중앙행정체계 및 상고기 이래 중대의 軍制에 대한 총체적인 이해
   속에서 大等·大監의 기원을 밝혀야 해명할 수 있다고 생각하므로, 차후의
   과제로 삼겠다.

70) "將軍, 六人. 神文王 元年, 罷監, 置將軍, 位自級湌至阿湌爲之"(『三國史記』권40,
   雜志9, 職官 下, 武官, 侍衛府).

71) "大官大監. 眞興王 十年, 置. …… 眞骨, 位自舍知至阿湌爲之. 次品, 自奈麻至四重阿湌
   爲之"(『三國史記』권40, 雜志9, 職官 下, 武官, 諸軍官).

제감은 진흥왕 23년(562)에 두었고, 상당위는 (13)사지~(10)대나마이다.[72] 따라서 직관 上의 대사 중 가장 예외적인 상당위인 경성주작전대사와 유사하다. 이 점에서 직관 上·下의 제감을 양자 동급관직으로 볼 수는 있다. 그러나 직관 上의 중앙관직체계에서는 대감·제감 사이에 監이 있으나, 직관 下, 무관의 체계에서는 제감·대관대감 사이에 '隊의 大監(隊大監)'이 있다. 신라의 중앙관직·군관직이 엄밀히 분리되지 않더라도 담당업무나 조직체계의 차이가 상정되므로, 직관 上의 중앙관직체계·군관직체계를 별도로 검토한 후 동급관직에 기준한 비교가 이루어져야 한다. 이 점에서 상당위와 동급관직·관직별 字意·직관 上의 중앙관직체계와 서술 범례를 기준으로 고려하면, 중앙관직체계에서 '弟監(=大舍)→ 監→ 大監(=卿)'의 상향 분화가 상정된다.

감·좌의 상당위는 2개의 관위로만 구성되었고, 사례가 적지만 동급관직인 적위도 마찬가지이다. 따라서 령·경보다 상당위의 폭이 좁은 것이 특징이다. 감은 육부소감전의 경우를 제외하면, 특별한 접두어·접미어를 붙여 사용하는 경우를 찾을 수 없다. 사례가 희소하지만, 좌도 접두어·접미어를 붙여 사용하는 경우가 없다. 이로 미루어 두 관직의 역할은 비교적 분명히 정해져 있었다. 따라서 감·좌는 신라 중앙행정운영의 역사성을 드러내는 관직이다.

감·좌가 갖는 행정체계 상의 역할은 차이가 있다. 감은 령·경이 설치되지 않는 하급 관청인 典·署·館·府 등의 장관이었다. 중앙행정에서 監典은 적은 편이 아니므로, 활용도가 낮지 않다. 따라서 감은 典의 장관으로 발생하였다.

---

72) "弟監. 眞興王 二十三年, 置. …… 位自舍知至大奈麻爲之"(『三國史記』 권40, 雜志9, 職官 下, 武官, 諸軍官).

이것은 감의 字意나 적위의 경덕왕대 개칭사례로 볼 수 있다. 감의 자의는 '감독·관리'이며, 사천왕사성전적위를 제외한 3개 사성전의 적위는 모두 '判官'으로 개칭되었다. 즉 감은 '감독·관리·판단'을 하는 관직이며, 이러한 의미에서 典의 장관으로 발생하였다. 나아가 고관가 전을 제외한 중앙행정관청에서 장관이 되는 관직의 하한이 대사인 것도, 감의 본질적 의미와 관련된다.

좌는 감의 동급관직이나, 직관 上에서 관청의 장관으로 활용된 경우는 찾을 수 없다. 대개 좌는 령이 장관인 관청의 3등관, 경이 장관인 관청의 2등관으로 사용된다. 전자에 해당하는 관청은 사정부·좌이방부·우이방부이며, 차관으로 경을 두었다. 후자에 해당하는 관청은 상사서로, 장관이 경에 해당하는 大正이었다. 따라서 좌는 경의 보좌를 담당하는 佐官이다. 이것은 좌의 자의와도 통하지만, F의 설명처럼 좌의 전신이 갖는 기원과 관련된다.

F-①. 효성왕이 즉위하였다. 휘는 承慶이다. …… 3월 司正[府]丞과 左·右議
方府丞을 고쳐 모두 佐로 하였다.[73]

F-②. 佐는 2인이다. 효성왕 원년(737)에 대왕의 諱를 범하여, 모든
丞을 고쳐 佐로 칭했다.[74]

F-①·②는 좌의 전신이 丞이었음을 나타낸 기사를 인용한 것이다.

---

73) "孝成王, 立. 諱, 承慶. …… 三月, 改司正府丞, 及左右議方府丞, 並爲佐"(『三國史記』
권9, 新羅本紀9, 孝成王 卽位條(737)).

74) "佐, 二人. 孝成王 元年, 爲犯大王諱, 凡丞皆稱佐"(『三國史記』 권38, 雜志7, 職官
上, 司正府).

두 자료 모두 좌의 전신으로 丞을 지적하였다. 효성왕 원년(737) 당시 신라의 피휘법이 어떤 형태로 작용하였는지는 알 수 없지만, F에서 丞과 저촉될 수 있는 효소왕의 휘는 '承'뿐이다. 두 글자의 한국식 발음이 유사하기 때문이다. 직관 上에서 佐가 설치된 관청은 사정부·좌이방부·우이방부·음성서의 4개 관청뿐이다. F-①에서 음성서·상사서는 언급되지 않았지만, F-②에서 '凡丞皆稱佐'라 하므로 737년 직관 上의 모든 丞이 좌로 개칭되었다.

삼국시대의 승은 고구려 관련 기록에서도 나타나나, 전모를 파악하려면 중국의 사례를 검토해야 한다. 중국사에서 승은 漢代에 주로 사용되었던 관직이었다. 漢代의 승은 중앙의 각 관청과 여기에 소속된 각 署에 설치되었으며, 설치된 관청을 주관하는 令의 佐官으로 활용되었다. 당·송에 들어와 승은 상서성의 실질적 장관인 僕射의 佐官으로 활용되었다.[75]

중국사의 승은 신라의 좌에 대하여 2가지의 시사점을 던져준다. 첫째, 좌는 字意처럼 본래부터 보좌를 맡는 관직으로 발생하였다. 둘째, 신라의 (승)좌는 漢代의 승보다 후대의 승에 가깝다. 漢代에는 령이 장관이었고, 승은 령의 좌관이었다. 반면 당의 승은 상서복야의 좌관이었다. 당은 현무문의 난 이후 상서령을 임명하지 않았으므로, 상서좌우복야가 상서도성의 일을 분장하였다. 따라서 상서도성의 실질적인 장관은 상서좌우복야이다. 그러나 제도적으로 상서령을 설치하였으므로, 당의 승은 상서도성 차관의 보좌관이었다. 신라의 승은 賞賜署처럼 경이 장관인 관청의 2등관으로 둔 경우를 볼 수 있지만, 상사서는

---

75) 賀旭志·賀世慶 編著, 앞의 책, 2003, 32쪽 및 233쪽.

창부의 屬司였다.76) 즉 좌는 장관보다 차관의 보좌를 담당하는 관직이며, 당대의 용례에 더 가깝다. 감·좌가 상호 동급의 관직이지만, 역할의 차이가 분명한 것은 관직의 기원에 대한 문제가 있기 때문이다.

대사의 행정적 역할은 활용도·동급관직의 명칭과 경덕왕대의 개칭명을 통해 파악된다. 대사·대사의 동급관직은 41개 관청에 109인이 설치되었으므로,77) 대사는 대부분의 행정관청에 활용되었다. 또 대사 동급관직의 명칭·경덕왕대 개칭명은 대부분 '主書·主簿·主事'이다. '主'는 '주관하다'의 의미이므로, 대사는 '문서(書)·장부(簿)·일(事)' 등을 주관하였다.

국가행정은 모든 개별 관직이 '문서(書)·장부(簿)·일(事)' 등을 주관·담당하면서 이루어지므로, 대사가 주관하는 '문서(書)·장부(簿)·일(事)'을 구체화해야 한다. 이 점에서 주목해야 할 것이 사지이다.

사지는 대사보다 하급 관직이나, 활용도가 대사보다 낮다. 대사와는 매우 대조적으로, 사지·사지의 동급관직은 14개 관청에 54인만 설치되었다. 관료제는 일반적으로 피라미드형 구조를 가진다는 점, 즉 하위관직으로 갈수록 인원과 배치된 부서가 많다는 점을 고려하면, 사지는 이해가 어려운 관직이다.

대사·사지가 활용도에서 대조적인 현상을 드러내는 이유는 일차적으로 양자의 담당업무·행정적 역할이 대조적이라는 점에서 찾아야 한다. 대사와 마찬가지로, 사지의 경덕왕대 개칭명은 좋은 단서가 된다.

---

76) "賞賜署, 屬倉部"(『三國史記』 권38, 雜志7, 職官 上).
77) 대사나 대사의 동급관직이 설치되지 않은 관청은 영흥사성전·누각전·고관가전이다.

〈표-18〉은 사지·사지의 동급관직이 경덕왕대의 관호 변경으로 변경된 명칭을 정리한 것이다. 경덕왕대 사지의 개칭사례는 총 13건이 나타난다. 일단 ①은 단일사례이고, ②~⑬과는 다른 원칙에서 개명되었다. ②~⑬은 담당업무를 포함한 명칭으로 고쳤기 때문이다. ②~⑬은 다시 2개 유형으로 구분된다. 첫째, '司+담당업무'의 형태로, ②~⑩의 9개 사례가 해당한다. 둘째, '典+담당업무'의 형태인데, ⑪은 '典事'의 앞에 中이 붙어 형태가 다소 다르다. 그러나 대체로 ⑪~⑬의 3개 사례가 후자의 경우이다.

〈표-18〉 舍知·舍知 동급관직의 경덕왕대 개칭명 일람

No.	관청	본명	改稱	복고	정원	No.	관청	본명	改稱	복고	정원
①	執事部	舍知	員外郞	〃	2	⑧	例作府	舍知	司例	〃	2
②	兵部	弩舍知	司兵	〃	1	⑨	船府	舍知	司舟	〃	1
③	調府	舍知	司庫	〃	1	⑩	領客府	舍知	司儀	〃	1
④	京城周作典	舍知	司功	〃	1	⑪	大日任典	都事舍知	中典事	〃	4
⑤	倉部	租舍知	司倉	〃	1	⑫	大日任典	都謁舍知	典謁	〃	8
⑥	禮部	舍知	司禮	〃	1	⑬	大日任典	都引舍知	典引	〃	1
⑦	乘府	舍知	司牧	〃	1	·	·	·	·	·	·

※ ① 본명 : 초출명칭. ② 改稱 : 경덕왕대 고친 명칭. ③ 복고 : 혜공왕 복고. ④ '〃' : 본명과 같음. ⑤ 경덕왕대 개칭이 없는 舍知는 제외. ⑥ 굵은 표시 : 관청·본명에서 개칭명과 유사한 부분.

둘째 경우는 대일임전의 사례로, '都事·都謁·都引'의 접두어를 붙인 사지가 '典'+'事·謁·引'의 형태로 개칭되었다. '典'은 '담당하다', '事·謁·引'은 '典'의 목적어이다. 즉 '事·謁·引'은 대일임전의 사지들이 맡은 업무를 상술한 표현이다.

사지의 개명 형태 중에서 '典+담당업무'의 형태보다 주목되는 것은 '司+담당업무'의 형태이다. '司+담당업무'로 개칭된 사지 중 본명에서

담당업무를 노출시킨 사지는 弩舍知·租舍知의 2개 사례이고, 7개 사례는 일반적인 명칭인 사지를 사용하였다. 그런데 ②-⑩에 보이는 경덕왕대 개칭명은 '兵·庫·功·倉·禮·牧·例·舟·儀' 등 구체적인 담당업무를 적시하였다. '司'도 '담당하다'라는 의미로 새길 수 있으므로, 해당 업무를 담당한다는 뜻이 된다. 더욱이 병부·창부·예부·예작부·선부의 사지는 해당하는 관청 명칭의 글자 중 일부를 딴 것이라고 할 정도로 해당 관청의 업무와 긴밀히 관련된다.

이상에서 정리한 사지의 경덕왕대 개칭명은 대사와는 매우 대조적이다. 전술한 것처럼, 대사는 '문서(書)·장부(簿)·일(事)' 등을 주관한다(主)라는 보편적 의미를 부여하여 개칭되었다. 따라서 대사의 업무는 중앙행정에서 보편적으로 활용하는 업무이다. 반면 사지는 해당 관청의 특정 업무 담당이라는 의미를 부여하여 개칭되었다. 따라서 사지의 업무는 대사보다 구체성·특수성·전문성을 가진 업무를 담당하였고, 사지가 설치된 관청은 다른 관청에 비하여 구체성·특수성·전문성을 요구하는 업무가 있었음을 의미한다.

사는 동급관직이 書生·幢이므로, □幢·□□稽知도 동급관직이다. 순수하게 史로만 배치된 것이 42개 관청·337인이고, 동급관직인 서생·幢·□幢·□□稽知 등을 더하면 44개 관청·382인에 이른다.

사는 단일 관직으로 가장 많은 인원이 배치되므로, 중앙행정에서 가장 활용도가 높다. 그리고 사 자체에는 특정한 접두어를 붙인 경우가 없고, 경덕왕대 관호 변경 당시에도 개명된 사례가 희소하다. 경덕왕대 개명된 것은 봉성사성전·감은사성전·봉덕사성전의 사였고, 개칭명은 '담당' 정도로 새길 수 있는 '典'이다. 또 몇몇 예외를 제외하면, 해당 관청의 마지막에 출전되는 것이 일반적이다. 따라서 사는 어느 관청에

나 필요한 말단행정실무, 즉 기초적인 문서·장부의 정리와[78] 행정 잡무를 담당하였다. 사의 담당업무는 대개의 관청에서 요구되는 것이 므로, 다른 관청으로의 전출·전입 등도 용이하였다.

이제 대사와 사의 관계를 정리해보자. 대사는 문서(書)·장부(簿)·일 (事)의 주관(主)자이고, 사도 기초 장부·문서와 행정실무·잡무를 담당 하였다. 특히 44개 관청 중에서 사지가 설치된 관청은 14개로 희소함을 고려하면, 대부분의 관청에서 대사는 사의 직속상관이 된다. 사지가 설치된 관청과 대사가 설치되지 않은 관청을 제외하면, 27개 관청의 대사는 사의 직속상관이다. 따라서 양자 모두 문서·장부·일을 담당했 다면, 양자의 직급상 차이를 반영해 이해해야 한다. 대사는 감·사의 사이에 위치한 중간관리자, 담당 관청의 장관이란 입장에서 다루는 문서·장부·일을 주관하였다. 또 대사의 발생적 측면을 고려하면, 사의 업무에 대해 일정한 감독권을 행사하였다.

반면 사는 대사의 결재를 받기 위한 문서·장부 혹은 대사의 판단을 위해 필요한 문서·장부의 정리와 이에 수반되는 잡무를 담당하였다. 이것은 『周禮注疏』의 '史'를 통해서도 생각할 수 있다. 『周禮注疏』에 따르면, 史의 담당업무는 '官書의 贊治'이며, '贊治'란 문서를 草記하는 작업을 말하기 때문이다.[79]

한편 사·당의 관계와 사·서생의 관계는 주목할 필요가 있다. 특히 서생·사의 관계는 사지의 발생에 관한 단서를 제공하기 때문이다.

---

78) 李基白, 앞의 책, 1974, 161쪽 ; 李佑成, 앞의 논문, 1964 ; 金光洙, 앞의 논문, 1969, 8쪽.

79) "六日, 史. 掌官書以贊治【鄭玄 注 ; '贊治', 若今起文書草也.】"(鄭玄 注·賈公彦 疏, 『周禮注 疏』, 天官, 宰夫).

당의 상당위는 병부노당·대일임전당의 상당위를 따라 (17)선저지~(12) 대사이다. 따라서 당과 사는 동급관직이지만, 당의 활용도는 매우 낮다. 직관 上의 당은 병부·대일임전·육부소감전·고관가전에 각각 弩幢(1인)·幢(6인)·監幢(16인)·幢(4인)이 설치되었다.[80] 또 당의 異稱이 稽知임을 고려하면,[81] 대일임전의 都事·都謁·都引稽知(각 6인)도 당의 사례이다. 한편 (14)吉士의 이칭이 稽知인데,[82] 당의 이칭도 계지이다. '당=계지=길사'가 성립하므로, 직관 上에서 幢은 관위가 관직으로 사용된 사례 중 가장 낮은 관위가 된다.

이들 당은 경덕왕대의 개칭사례로 2건을 찾을 수 있다. 경덕왕대 병부노당은 小司兵으로, 대일임전당은 小典事로 개칭되었다.[83] 해당 시기 병부노사지가 司兵, 대일임전도사사지가 中典事로 개명되므로, 사지와 긴밀히 관계된다. 따라서 당의 업무범위는 협소하였다고 보이나, 중앙행정에 활용된 당의 사례가 너무 적으므로 업무를 구체화하기에는 무리가 있다.

사·당의 상당위는 (17)선저지~(12)대사로 동일하나, 사·당이 모두 설치

---

80) 하일식은 (14)吉士의 이칭이 幢으로, '깃'·'기'라는 훈에서 나왔고, 중국 춘추시대 하급무사인 士에 빗대었다. 따라서 대세력에 예속된 전문적 무사로 주군의 호위를 비롯한 전투업무 종사자에서 기원했고, 비교적 연원이 오래된 중앙관부인 古官家典(幢)·六部少監典(監幢)·大日任典(幢)이나 兵部의 하급실무직인 弩幢에 남았다고 하였다(하일식, 앞의 책, 2006, 85~86쪽). 幢의 기원이 무사이므로, 후대 중앙행정에서의 담당업무는 협소했다고 생각한다.

81) "幢 【一云, 稽知.】"(『三國史記』 권38, 雜志7, 職官 上, 古官家典).

82) "十四日, 吉士 【或云, 稽知. 或云, 吉次.】"(『三國史記』 권38, 雜志7, 職官 上, 儒理王 9년(32)).

83) "弩幢, 一人. 文武王 十一年, 置. 景德王改爲小司兵, 惠恭王復故"(『三國史記』 권38, 雜志7, 職官 上, 兵部) ; "幢, 六人. 景德王改爲小典事, 後復故"(『三國史記』 권38, 雜志7, 職官 上, 大日任典).

된 관청에서는 출전순서의 차이가 있다. 병부노당은 사의 뒤에, 육부소
감전감당은 사의 앞에 출전되었다. 출전순서는 관청 내 관직의 서열순
서를 반영한 것이므로, 사의 동급관직 중에서도 일정한 대우의 차가
있었다. 따라서 사의 동급관직이라도 사보다 앞서 출전된다면 근소하
게라도 높은 대우를 받았을 것이다.

이 점에서 서생·사의 관계도 주목된다. 서생·사의 상당위는 (17)선저
지~(12)대사로 동일하므로, 두 관직은 동급관직이다.[84] 그런데 서생·사
의 관계는 4가지 측면에서 사지의 발생과 관계된다. 첫째, 서생이
가진 제한적 활용도이다. 서생은 3개 시전에만 설치되었고, 시전의
특수성을 반영한 관직이다. 둘째, 경덕왕대 개칭명이 여타의 사지들과
유사하다. 서생은 경덕왕대 司直으로 개칭되므로,[85] 서생의 개칭명은
'司+담당업무'의 형태이다. 셋째, 업무의 성격이 유사하다. 출전순서를
따라 서생이 사보다 근소하게 높은 대우를 받았다면, 서생은 사보다
특수하거나 전문성이 있는 업무를 관장하였다.

이와 관련해『周禮注疏』에 보이는 司書가 주목된다. 鄭玄은 司書를
'회계 簿書를 주관하는 것'으로 정의했고, '簿'·'書'는 모두 '장부'를 말한다
고 훈고했기 때문이다.[86] 즉 司書는 '문서·책(書)을 담당하다'는 뜻이고,
정현은 문서·책(書)을 '회계장부'로 보았다. 서생은 시전에만 설치되었
고, 시전 업무에 회계장부의 관리가 포함되는 것은 당연하다. 용례에

---

84) 김철준은 서생의 상당위를 사지에 비겼으므로(金哲埈, 앞의 책, 1990, 180쪽),
  직관 上의 기록을 오류로 판단했다고 이해된다.

85) "書生, 二人. 景德王改爲司直, 後復稱書生"(『三國史記』 권38, 雜志7, 職官 上, 東市典).

86) "司書. …… 【鄭玄 注 ; 司書, 主計會之簿書.】【音義 ; 簿, 書, 皆同.】【賈公彦 疏 ; 注言, 簿書者,
  古有簡策以記事, 若在君前, 以笏記事. 後代用簿, 簿今手版. 故云, '吏當持簿', 簿則簿書也.】"(鄭玄
  注·賈公彦 疏,『周禮注疏』, 天官, 冢宰).

대한 해석이 타당하다면 서생은 여러 장부 중에서도 회계장부라는 특수한 장부를 취급하는 것이기 때문이다.[87) 실제 '書·算을 잘했다'는 이유로 파사이사금이 뽑아(徵) 아찬에 임용한 夫道의 사례를 고려하면, 회계장부의 관리는 당시에도 전문적인 업무였다. 따라서 서생은 전문성이 있는 업무를 맡았으므로, 사보다 근소하게 높은 대우를 받았다. 이상에서 사지·서생은 담당업무를 비롯한 대체적인 속성이 유사하다.

넷째, 서생과 사지의 대우가 유사하다. 사지의 상당위는 (13)사지~(12)대사로, 하한 관위가 사보다 높다. 그러나 양자의 상한 관위는 (12)대사로 동일하다. 이로 인하여 사지는 사 상당위의 상층부에 속하지만, 사지·사의 차이는 크다고 생각하기 어렵다. 사지·사의 차이에 대한 사례도 희소하지만, 사지의 상당위는 대사의 상당위처럼 靑衣를 착용하는 관위를 포함하지 못하였다. 양자의 상당위는 모두 黃衣로 규정된 관위에만 설정되었다. 이것은 공무수행 상황에서 사지·사가 가시적으로 구분되지 못했고, 동격으로 취급되었음을 시사한다.

실제로 공복에서 황의를 입는 관위소지자들은 하대에 이르면, 관위가 없는 자와도 일정정도 동격으로 취급되는 경향성이 나타난다.

  G. 모든 학생은 位가 (12)大舍 이하인 자로부터 位가 없는 자(無位)까지로,
    나이는 15~30세까지로 모두 충당한다.[88)

---

87) 이를 司直의 '直'과 관련시킬 수도 있다고 보인다. 司直의 '直'은 시전의 기능과 관련하여 두 가지의 해석이 가능할 것이다. 첫째는 '곧음·바름' 정도로, 상행위에 관계된 장부업무를 맡았다고 생각할 수 있다. 둘째는 조선시대 용례로 많이 발견되는 '(창고지기)'정도이다. 시전의 업무상 창고 관리도 일정 정도 필요하기 때문이다. 司書에 대한 정현 주를 참고하면, 전자의 해석이 조금 더 서생의 업무에 가깝다고 보이는데, 용례의 축적이 더 필요하다.

88) "凡學生, 位自大舍已下至無位, 年自十五至三十, 皆充之"(『三國史記』 권38, 雜志7,

G는 원성왕 4년(788) 독서삼품과의 규정에 부기된 입학 규정 중 일부로, 국학 입학자의 자격요건을 보여준다.[89] G에서 국학에 입학하는 사람은 15~30세라는 연령제한 속에서 두 개의 집단으로 구별된다. 첫째는 (12)대사 이하의 관위소지자, 즉 유위자이다. 둘째는 관위를 소지하지 않은 자, 즉 無位者이다. 전자는 이미 공무 활동을 하는 관인으로서 黃衣를 입는 관인이다. 반면 후자는 아직 관인이 아닌 자이다. 양자는 관위와 공복의 有無라는 입장에서 분명히 구별될 수 있는 집단이지만, G는 양자를 동일한 국학의 입학대상으로 취급하였다. 즉 G에서 대사 이하 유위자·무위자는 사실상 동격으로 취급되었다.

G의 조치는 하대에 독서삼품과라는 새 인선제도를 도입하면서 나타난 과도기적 조치일 것이다. 행정운영에 큰 타격을 줄 것이므로, 새 인선제도를 도입하면서 기존 관인을 모두 해임할 수는 없었을 것이다. 일시에 새 인선제도를 도입할 수 없었으므로, 기존 관인에 대한 보수교육 조치와 관인후보자·희망자에 대한 새 인선제도 적용에 관한 조치를 규정하였다. 이 규정이 지속적으로 작동한다면, 시간의 경과에 따라 무위자는 국학을 거치는 것이 일반화되고, 유위자가 보수교육을 받는 일이 드물어졌을 것이다.

G의 규정은 하대의 것이므로, 이전 시기와 일정한 차이를 전제해야 한다. 그러나 하대에 '(12)대사 이하 유위자'·'무위자'가 동격으로 취급된다는 점은 중요하다. 양자가 하대에 특별히 동격으로 취급될 이유를

職官 上, 國學).

89) 국학생 요건에 대한 개념은 '정호섭, 「新羅의 國學과 學生祿邑」, 『史叢』 58, 2004, 43~45쪽'을 주로 참고하였다. 다만 본서는 후대에 '(12)대사 이하 유위자'와 '무위자'가 동격으로 취급받았음을 설명하고자 해당 사료를 인용하였다. 따라서 구체적인 논의는 별고를 기약한다.

찾기가 어렵기 때문이다. 오히려 G가 만들어질 당시 '(12)대사 이하 유위자'·'무위자'가 동등하게 취급될 만한 경향성이 있고, 이를 현실적으로 인정한 조치로 파악하는 것이 합리적이다. 이 경향성은 신라 관료제의 구조적 문제에서 기인하겠고, 상대·중대의 어느 시점에 관료제 운영이 성숙하면서 형성되었을 것이다.

이처럼 이해하면, (12)대사이하의 관위를 상당위로 갖는 사지·사와 서생·사가 받은 대우의 차이가 명료하였다고 생각하기는 어렵다. 이 점에서 서생·사의 관계는 사지·사의 관계와 유사하다. 서생이 508년 설치된 시전에 둔 관직임을 고려하면, 서생의 설치는 사지의 발생을 예고하는 것이었다. 또 병부노사지를 통해 논의한 것처럼, 본래 사의 담당업무를 사지가 담당하는 사례도 나타난다. 따라서 사지는 사에서 상향으로 분화한 관직이다.

이상에서 주요 6관직인 령 - 경 - 감 - 대사 - 사지 - 사의 특징과 관직 분화양상을 조직적 측면에서 관직별 관계를 중심으로 정리하였다. 중대에 완비되었던 중앙행정의 주요 6관직의 체계는 신라 중앙행정제도의 발달과정과 동궤로 정비되었다. 령 이하의 5개 관직에 분화 관계가 상정되는 것은 동시전·병부 등의 설치 이후 典과 部로 대표되는 상대 행정의 내적 발전과정이 있기 때문이다. 실제 제도적 측면에서 살피면, 동시전·병부 조직에서 후대에 완비된 주요 6관직의 대부분을 볼 수 있다. 도식화하면 〈표-19〉와 같다.

〈표-19〉는 전 장에서 분석한 동시전·병부의 조직과 주요 6관직체계를 비교한 것이다. 〈표-19〉와 같이 동시전·병부의 조직을 합쳐보면, 후대에 정비된 주요 6관직의 체계와 흡사하다. 특히 동시전의 조직과 병부의 대감이하 조직은 주요 6관직체계에서 경 - 감 - 대사 - 사지 - 사

〈표-19〉 동시전·병부의 조직과 주요 6관직의 관계

官位	監	大舍	書生	史	令	大監	弟監	弩舍知	史	弩幢	令	卿①	卿②	監①	監②	大舍	舍知	史
[非(1)] 太大角干																		
[非(2)] 大角干																		
(1)伊伐飡																		
(2)伊飡																		
(3)迊飡																		
(4)波珍飡																		
(5)大阿飡																		
(6)阿飡																		
(7)一吉飡																		
(8)沙飡																		
(9)級伐飡																		
(10)大奈麻																		
(11)奈麻																		
(12)大舍																		
(13)舍知																		
(14)吉士																		
(15)大鳥																		
(16)小鳥																		
(17)先沮知																		
官位	監	大舍	書生	史	令	大監	弟監	弩舍知	史	弩幢	令	卿①	卿②	監①	監②	大舍	舍知	史
비교	동시전 조직(①)				병부 조직(②)						주요 6관직체계(①+②)							

※ ① 令의 농담 : 령의 상당위 상한. ② 점선 : 공복의 분별품목. ③ 左·右理方府令은 (9)급찬~(3)잡찬이지만, 나머지 令이 (5)대아찬 이상이므로 표기하지 않음. ④ 주요 6관직 위에 쓴 관직명은 비교적 잘 활용되는 동급관직을 의미함.

와 긴밀히 관계된다. 2개 관청의 조직과 주요 6관직체계에서 관직별 상당위는 유사하게 설정되기 때문이다. 병부대감의 상당위는 卿②(大監系 卿)의 상당위로, 동시전감의 상당위는 監②(일반적인 감·좌)의 상당위로 계승되었다. 그리고 병부대감·동시전감의 상당위를 합하면, 卿①(大等系 卿)의 상당위와 일치한다. 대사·제감 등의 상당위는 대사로 계승되었다. 노사지·노당은 중대에 신설된 관직이나, 서생·사 관계를 통해 사 내부에서 발생한 것임은 전술한 바와 같다.

중대에 완비된 중앙행정의 주요 6관직의 체계가 동시전·병부의 조직과 밀접히 관계를 드러내는 것은 율령반포 이전에 성립한 2개 관청의 조직이 중앙행정체계 전반에 영향을 미쳤기 때문이다. 監典의 변형구조를 갖는 동시전이 6세기 초에 정비되므로, 감전의 재정비는 이에 앞서 진행되었다. 따라서 여러 감전의 조직이 병부 등 部의 하부 조직에 영향을 준 것이다.

늦어도 상고기 말에 확인되는 감전의 재편과정을 통해 전통적 관청 운영 경험이 중앙행정이자 수도행정을 맡는 중앙행정관청의 정비로 계승되었음을 알 수 있다. 또 部는 이미 성립해 있던 감전 조직의 기반 위에서 령과 같은 외래적 요소를 지닌 관직이나, 전통적인 행정 운영의 산물인 大等, 監의 상향 분화를 통해 만들어진 大監 등을 가감해 설치하면서 성립하였다. 이 과정의 첫 시도가 병부이다. 병부가 성립해 일정 정도 조직의 정비를 본 이후부터는 병부의 조직 자체가 部·府 조직의 原形으로 작동하였다. '여타 관청의 官秩이 병부의 조직을 기준에 두는 현상'이나, '중국적 육전체제와 달리 병부가 최상의 관부로서 자리를 잡은 현상'의[90] 원인은 율령반포 이전 정비가 시작되었던 병부의 조직이 슈이 장관인 部·府의 조직에 전범으로 작용했기 때문이다.

監典의 재편과 部의 형성과정에서 상고기 國事들은 중고기 형태의 國事·京都事 운영으로 재편되었고, 중고기 내내 행정관청을 차차 갖추어 나가는 과정의 경험은 중대의 중앙행정체계인 19관위 - 주요 6관직

체계로 계승되었다. 12세기 직관지의 찬자들이 '新羅官號, 因時沿革, 不同其名言, 唐·夷相雜'이란 총평을 내릴 수 있었던 것은 중대 중앙행정제도가 상대 중앙행정제도의 재정비에 투영된 '夷·唐相雜'의 결과물이었기 때문이다.

4장

中代 중앙행정제도의 정원 구조와 그 原形

전 장은 직관 上의 44관청에 배속된 207개 관직을 '令 - 卿 - 監 - 大舍 - 舍知 - 史'의 주요 6관직으로 분류하고, 각각의 상당위체계·관직별 행정적 역할·관직의 분화·관청의 서열과 장관직의 관계 등을 규명하였다. 또 '경 - 감 - 대사 - 사지 - 사'의 5개 관직은 '대사→ 감→ 경'·'사→ 사지'의 계통별 상향 분화가 이루었음을 논증하고, 監典의 재편과정은 部의 성립과정임을 해명하였다.

監典의 조직을 기본으로 상·하급 관직을 적절히 가감한 것이 部이다. 部 조직이 일정 정도 정비된 후에는 部 자체가 여타 部·府의 전범으로 작용하면서 상대 중앙행정제도를 구축하였다. 상대 중앙행정제도를 보완·정돈한 것이 중대 19관위·6관직체계이다. 그러므로 신라 중앙행정제도 발달사에서 監典의 재편을 비롯한 상대 중앙행정제도의 발달이 지닌 의미는 중요하다.

상대 중앙행정제도의 발달과정이 지닌 의미는 중대 중앙행정제도의 정원 구조를 분석하여 중앙행정관청의 구성 원리에 접근하면 명료하게 드러난다. 선행연구에서 관청·관직·관위의 성립과 정비에 많은 관심을 기울였던 것은 3개의 시스템이 국가행정력을 구현하는 수단이기 때문이다. 사람은 관위를 얻어 관인이 되며, 관인은 관직을 얻어 국가 공무를 기획·집행한다. 관청은 특정 공무의 기획·집행을 위해 필요할 것으로 예상되는 인력·물자를 人才의 대소에 따른 階序를 기준으로 공적 체계의 틀 속에 미리 분배한 것이다. 따라서 관청에 배치된 관직·관청 내 관직 사이의 관계·관청과 관직의 정원은 국가행정에서 해당 관청의 담당업무가 차지하는 상대적 중요도·위상을 반영한다. 또 관청 조직의 구성 원리는 중앙행정의 구조와 발달과정을 이해할 때 많은 단서를 제공한다.

전근대·근대 국가를 막론하고, 행정부서별 정원은 담당업무의 효율성을 전제로 배치된다. 관청·관직에 '員을 定한다(定員)'는 것은 행정에 소요되는 인력·물자의 배치와 관원의 대우를 결정짓는다. 동시에 행정 제도 운영의 안정성을 확보하려면, 현실적 필요인력보다 더 많은 예상 인력을 규정하고, 관인의 충원방식을 정비해야 한다. 따라서 관청·관직의 정원은 관위의 정원을 규정짓는 지표이다. 직관 上의 序文에서 "唐·夷가 相雜해 알 수 있을 만한 것(其義若可考)도, 잘 모르는 것도 있지만(不知所以言之之意), 처음 만들 때는 반드시 官職에 常守가 있고 官位에 定員이 있어, 尊卑의 분별과 인재의 大小를 대우한 까닭일 것이다"라고[1] 단언한 것도 같은 맥락이다. 이 점에서 중앙행정의 총체적인 구조를 파악할 때, 관청·관직의 정원 구조와 그 의미를 해명하는 것은 중요하다.

---

1) "…… 唐·夷相雜, 其曰, 侍中·郎中等者, 皆唐官名, 其義若可考. 曰, 伊伐飡·伊飡等者, 皆夷言, 不知所以言之之意. 當初之施設, 必也, 職有常守, 位有定員, 所以辨其尊卑, 待其人才之大小"(『三國史記』 권38, 雜志7, 職官 上).

신라 중앙행정제도의 정원을 다룬 연구가 전혀 없지는 않다. 일찍부터 중대 중앙행정제도의 관원을 정리하여, '신라 14관부의 관원' 같은 표가 제시되었다. 職官 上은 중앙·수도 행정관청을 서술하였고, 총원 781명 중 중앙행정을 담당한 14개 部·府에 291명이 있어 고려 중서문하성 규모와 비교되었다. 營造업무·수도행정을 담당한 19典에는 301명이 배치되므로, 14개 部·府와 대등한 관계임이 지적되었다. 또 部의 실무관청인 6署에 159명, 전문기관인 2館·國學 등에 30명 정도가 배치되어, 최소 800명 이상이 종사했다고 알려졌다.[2]

또 중대까지의 정원을 기초로, 職官 上의 44개 관청 및 職官 中·下에서 중앙행정과 관계되는 '上大等·內省·侍衛府·內司正典·醫學·藥典·律令典'의 관원을 포함해 정리한 '中央官署編成表'가 제시되었다. 이를 통해 관직의 신분별 정원·배율이 계산되었다. 총 1,000명 중 진골 관직(非(1)) 태대각간~(5)대아찬) 36명, 6두품 관직((6)아찬~(9)급찬) 108명, 5두품 관직((10)나마~(11)대나마) 176명, 4두품 관직((12)대사~(17)선저지)이 680명이며, 신분별 관직의 배율은 약 1 : 3.0 : 4.9 : 18.8 정도로 알려졌다. 따라서 신분별 관직은 위에서 아래로 갈수록 정원이 증대하는 피라미드 구조를 가지며, 6두품 관직 이하에 진골도 진출하므로 하대에는 신분보다 관위가 중요하다는 점이 지적되었다.[3]

아울러 애장왕대 정원을 기준으로 '諸 部·府 職員表'·'諸 署·典 職員表' 등을 제시하고, 44개 관청의 담당업무와 관청의 격, 主·屬司체계를 규명하려는 시도가 있었다. 이를 통해 部·府는 통속관계가 없는 대등한 관계로, 部·署는 主司 - 屬司 관계로 정리되고, 典은 독립적인 하위관서

---

2) 신형식, 『삼국사기의 종합적 연구』, 景仁文化社, 2011, 588~591쪽 및 595쪽.
3) 金哲埈, 『韓國古代史研究』, 서울대학교 출판부, 1990, 173~185쪽.

로 규정되었다.[4]

이상을 토대로 개별 관청 연구가 심화되면서, 관청 총원·관직 정원의 함의는 다양한 분야의 연구에서 널리 활용되었다. 상기 연구는 직접적인 자료 분석을 수행한 것이다. 이로 인해 직관 上을 기준으로 직관지의 典據·原典을 구체적으로 모색하는 연구가 진행되었고,[5] 3권의 직관지를 통합적으로 파악하려는 논의도 가능해졌다.[6] 따라서 상기 연구는 신라 중앙행정제도의 대략적 규모와 이해의 기준을 제시했다는 점에서 중요한 의미가 있다.

본 장에서 관청·관직의 정원 문제를 재론하는 것은 아직 해명이 필요한 과제가 많기 때문이다. 대개 직관 上은 혜공왕대 관제를 중심으로 작성되었고,[7] 신라 쪽 원전이『삼국사기』편찬 시에 정리되었다고 알려져 있다.[8]

직관 上은 중대 말인 혜공왕대까지를 기준으로 하는 중대의 중앙행정제도를 핵심 정보로 하고, 상대의 연혁과 하대의 변동을 더해 작성되었다. 따라서 신라 중앙행정제도에 대한 연구를 심화하려면, '중요 기준시점'의 통계에 기초해 자료를 파악해야 한다. 이것이 본서 3장에서 중대 말 상황을 중심에 둔 이유이기도 하다.

문제는 관청·관직의 정원에 대한 자료적 통계에 오류가 있고, 관격·

---

4) 李仁哲,『新羅政治制度史研究』, 一志社, 1993, 28~53쪽.

5) 李文基,「『三國史記』雜志의 構成과 典據資料의 性格」,『韓國古代史研究』43, 2006 ; 홍승우,「『삼국사기』직관지의 典據資料와 신라의 관제 정비 과정」,『新羅文化』45, 2015.

6) 朴秀淨,「『三國史記』職官志 研究」, 고려대학교 대학원 박사학위논문, 2017.

7) 三池賢一,「新羅內廷官制考 上」,『朝鮮學報』61, 1971, 8~9쪽.

8) 李文基, 앞의 논문, 2006, 235~249쪽 ; 홍승우, 앞의 논문, 2015, 321쪽 ; 朴秀淨, 앞의 논문, 2017, 131쪽.

직급의 기준도 모호하다는 것이다. 직관 上의 원전 및 자료적 보완은 차치해도, 현존 자료의 기초적인 계측치·분석 기준·분석 결과가 혼란스럽다면 신라 중앙행정제도에 대한 이해는 요원할 수밖에 없다. 部·府·署·典·館의 위상에 대한 이해의 격차가 심한 것은 이를 반증한다. 더욱이 중대 중앙행정제도의 구조에 관한 통계가 선명하지 못한 채로 상대 중앙행정제도에 접근하면, 상대 중앙행정제도의 발달과정이 지닌 함의를 명료하게 설명할 수 없다. 이를 잘 보여주는 것이 통설적으로 수용되는 중앙행정제도의 발달 방향에 대한 문제이다.

한국고대사의 제 분야에서 나타났던 발달 방향은 '아래에서 위로'·'소규모에서 대규모로'이다. 이것은 관위·관직의 상향 분화과정에 명료하다. 그러나 신라 중앙행정제도에 대한 연구는 '위에서 아래로'의 발달을 설명한다. 신라의 중앙행정관청은 '상위 관직의 설치→ 관청의 정식 설치→ 하위 관직의 충원'을 통하여 정비되었고, 신라 관제의 정비과정에서 행정책임자·실무자를 임명한 후 관청을 구성하는 것이 흔한 일로 여겨지기도 하였다.[9] 신라의 관청 구성 원리에 대한 상기 역사상이 나타난 근본적인 이유는 왕권 강화·왕실의 형성과 部·府의 정비가 가진 시간적 격차 때문이다. 자료적으로 본격적인 部·府의 정비는 왕권 강화·중고왕실의 형성 이후에 나타난다. 따라서 왕·왕실은 각종 행정제도 정비의 기획자로 여겨졌고, 상기 역사상이 통시대적 용어인 有司·所司의 해석을 제약하였다. 이로 인해 상고기 중앙행정제도의 운영을 쉽게 파악할 수 없었다. 이 상황에서 부족한 자료와 직관 上의 불친절한 설명으로 인하여, 중국과 유사한 사례로 간주할 수

---

9) 여호규, 「중앙정치체제와 권력구조」, 『한국역사입문 ①』, 풀빛, 1995, 143쪽 ; 金瑛河, 『韓國古代社會의 軍事와 政治』, 高麗大 民族文化硏究院, 2002, 244쪽.

있는 관청을 기준으로 연구가 진행되었다.

이를 통해 관청제의 구조가 해명되면서 '육전지향성'이 논의되었지만, 중대 중앙행정제도는 당제처럼 6개의 部를 두지 않았다. 중대 중앙행정제도는 전형적인 6전이 아니므로, '육전지향성'만 지닌 신라 상·중대 중앙행정제도는 시각에 따라 같은 시기 중국보다 미비한 제도 정비로 이해될 만한 성격을 갖고 있었다. 이로 인해 '중대의 사지일괄신설'이 강조되었다. 집사부사지는 경덕왕대 員外郎으로 개칭되며, 사지의 총원은 적지만 중대 部·府에 신설되었다. 따라서 '중대의 사지일괄신설'은 당제의 의식적 도입으로 이해되었고, 중대 중앙행정제도 완성의 함의는 신라의 '당제 수용'과 긴밀히 연관되었다.[10]

그러나 '大'를 冠稱한 관위는 기존 관위의 상향 분화로 발생했다는 점, '제감→ 감→ 대감' 및 '사→ 사지'의 상향 분화, 監典의 재편과 部 등 상급 관청의 발생과정을 고려하면, 중앙행정제도의 발달에 '위에서 아래로'란 방향을 적용하는 것은 재고할 필요가 있다. 중앙행정제도 정비의 기획자·기획 집단인 왕실의 형성을 기다려 중앙행정제도 발달사를 서술하면서 초기관청의 성립·운영을 늦춰보았고, 상대 중앙행정제도의 발달과정에 역방향을 설정하기 때문이다.

이상과 관계된 가장 단적인 문제가 '당제 수용을 위한 중대의 사지일괄신설'에 대한 이해이다. 사지가 員外郎에 비견된 것은 경덕왕이 집사부·병부의 대사를 郎中으로, 집사부사지를 원외랑으로 고치기 때문이다.[11]

---

10) 李基東, 앞의 책, 1984, 118~124쪽.

11) "改兵部·倉部 卿·監爲侍郎, 大舍爲郎中. 改執事舍知爲執事員外郎, 執事史爲執事郎. 改調府·禮部·乘府·船府·領客府·左右議方府·司正·位和府·例作典·大學監·大道署·永昌宮等, 大舍爲主簿, 賞賜署·典祀署·音聲署·工匠府·彩典等, 大舍爲主書"(『三國史記』 권9, 新羅本紀9, 景德王 18년(759) 春 正月) ; "改禮部舍知爲司禮, 調府舍知爲司

여기에는 정치사적 관점에서 왕권과 밀착된 관청인 집사부의 중요도와 대표성이 전제된다. 그러나 상기 논의는 크게 4가지 문제가 있다.

첫째, 3장의 논의처럼, 경덕왕 관호 변경으로 개칭된 사지의 사례 13건 중 員外郞으로 개칭된 것은 집사부사지 1건에 불과하며, 나머지 12건 중 9건은 '司＋담당업무', 3건은 '典＋담당업무' 형태로 개칭된다. 즉 경덕왕대 개칭된 사지 중 가장 예외적인 형태를 가장 대표적인 형태로 이해하였다.

둘째, 部·府에 사지를 일괄적으로 신설한 이유는 당의 상서 6부에 둔 5등 조직과 버금가는 조직을 만들고자 하는 의도가 있다고 하나, 대사의 동급관직을 고려하면 신라의 部·府는 당제와 상당한 차이가 나타난다. 이것은 당 상서병부와 신라 중대 병부의 조직을 비교하면 쉽게 이해된다.

당의 병부는 상서 1인 - 시랑 2인 - 낭중 5인 - 원외랑 5인 - 주사 11인으로 구성된 流內官 조직 아래 流外官인 令史 58인 - 書令史 108인·制書令史 13인·甲庫令史 12인·亭長 8인·掌固 24인 등 213인이 배속되었다.[12] 낭중·원외랑은 兵部 4司의 장 - 차관 역할을 하였으므로, 당 상서병부의 유내관 조직은 전형적인 관료제 구조에 가까운 구조를 취했다. 반면 신라 중대 병부는 령 3인 - 경 3인 - 대사 2인 - 노사지 1인 - 사 17인 - 노당 1인이 배속되었다. 당 상서병부와 달리 屬司를 두지 않았으며, 당 상서병부의 流外官에 비견되는 조직이 보이지 않고, 流內官에 비견되는 조직만 나타난다. 따라서 당 상서병부의 유내 5등 관직과 신라 중대

庫, 領客府舍知爲司儀, 乘府舍知爲司牧, 船府舍知爲司舟, 例作府舍知爲司例, 兵部弩舍知爲司兵, 倉部租舍知爲司倉"(『三國史記』 권9, 新羅本紀9, 景德王 18년(759) 2월).

12) 金鐸敏 主編, 『譯註唐六典 上』, 2003, 696~699쪽.

병부의 6등 관직만 비교해도, 신라 중대 병부의 정원 구조는 매우 독특하다. 전형적인 관료제 구조, 즉 상부에서 하부로 갈수록 관원이 증가하는 구조가 아니기 때문이다.

관직명으로 파악해도 마찬가지다. 경덕왕은 대부분의 대사를 主簿·主書·主事로 개명하였다. 그런데 당제에서는 主事가 원외랑보다 하급 관직으로 5등 조직의 말단에 위치하였고, 令史·書令史·制書令史·甲庫令史 등 史는 유내관이 아니었다. 반면 신라는 대사와 主事가 동급관직이지만 郎中으로 개명하였고, 원외랑에 비견되는 사지 아래에 둔 것은 史이며, 史는 정식 관위를 소지한 자 중에서 보임되었다. 즉 당의 유내관 5등 조직과 신라의 部·府 5등 조직은 관직 명칭 사이의 격과 서열이 맞지 않는다.

사지의 담당업무도 당의 원외랑과 관련성이 없다. 상서 6부의 원외랑 30인 중 19인은 '郎中이 관장한 屬司의 차관'이고, 11인은 각 部 本司 郎中의 차관이기 때문이다. 신라 중대의 집사부·병부는 屬司가 없고, 조부·창부의 사지는 屬司가 아닌 主司에 설치되었다. 즉 신라·당이 모두 원외랑을 사용했지만, 양국 원외랑의 행정적 역할은 전혀 다르다.

셋째, 사지 일괄 신설의 목적이 '당제 수용'을 위한 것이라면, 경성주작전·육부소감전·전읍서·대일임전 등 육부 사무 관계 관청에 둔 사지를 이해할 수 없다. 상기 견해를 고려하면, 육부 사무 관계 관청의 사지도 '당제 수용'과 직·간접적으로 연결될 것이다. 그러나 신라의 가장 전통적인 관청에 당제를 수용해야 하는 필요성·의미를 찾을 수 없다. 한편 당제에서 首都·副都 행정을 담당하는 京兆·河南·太原의 3府에는 員外郎이란 관직 자체가 없다.[13] 이상에서 당·신라의 중앙행정제도는 상호 다른 구조를 취하고 있다.

넷째, 사지 신설의 시기문제이다. 직관 上에서 사지는 14관청에 22職 54人이 배치되며, 직관 上의 사지 중 4職 5人의 사지만 초치 연대가 서술된다. 문무왕 12년(672) 병부노사지 1인, 신문왕 5년(685) 집사부사지 2인과 조부사지 1인, 효소왕 8년(699) 창부조사지 1인이 설치된다. 나머지 10관청에 있는 18職 49人의 사지는 초치 연대가 서술되지 않았다. 즉 초치 연대를 쓴 4職 5人의 사지를 통해 사지 18職 49人의 설치연대를 규정하였다.

상기 설명이 가능하려면, 직관 上에 있는 207개 관직의 초치 연대에 대해서도 적용할 수 있는 설명인지 점검되어야 한다. 또 사지는 상고기부터 쓴 관위가 관직으로 전화된 것이고, 사에서 상향 분화한 신라 고유의 관직명이다. 따라서 중대에 '당제 수용'을 위해 상고기 관위인 '사지'를 도입하는 의미에 대한 해명이 필요하다. 이상에서 '당제의 의식적인 도입을 위한 중대의 사지일괄신설'이란 견해는 문제가 크다. 사지는 상대에 특정 관청에서 활용되었다가 중대에 특정한 이유로 4개 部·府에 설치되었다고 파악하는 것이 합리적이다.

상기 문제는 집사부의 중요도를 전제로 대표성을 부여하고, '위에서 아래로'란 방향성을 중앙행정제도의 발달과정에 적용하며 나타났다. 이러한 방향성에 입각한 이해가 중앙행정체계의 구조를 이해할 때 난점을 제공했다고 생각한다. 관위·관직·관청의 발달사에서 신라 상고기의 역사적 경험이 저평가되고, 중고기·중대 중앙행정제도 발달사 속에 반영되기 어려웠던 것은 '위에서 아래로'라는 연구의 방향성 문제에 기인한다. 오히려 관위·관직·관청의 발달과정과 한국 고대사의

---

13) 金鐸敏 主編, 앞의 책, 2003, 787쪽.

제 분야가 지향한 발달의 기본방향을 고려하면, '아래에서 위로'·'소규모에서 대규모로'를 방향성으로 설정해야 한다.

아울러 왕·왕실이 일종의 기획자로서 구성한 관제라면, 4部·9府를 제외한 31개 관청, 특히 19典처럼 동일한 말자를 사용하는 관청이 각각으로 나타나는 이유가 해명되어야 한다. 선행연구에서 典의 해명이 미진한 이유는 하급·실무행정관청으로 사료가 영세하다는 문제도 있지만, '당제 등 중국문물의 수용'을 기준으로 신라 중앙행정제도를 이해하려는 시각에도 큰 문제가 있다. 오히려 신라·당의 중앙행정제도가 구조적으로 다른 이유를 주목하고, 이 원인을 상고기의 관청 운영 경험과 상대 중앙행정제도의 재편과정에서 찾아야 한다.

상기 문제는 불충분한 자료 환경상 44개 관청의 原形을 찾기 어려웠던 것에 기인한다. 또 직관 上의 44개 관청은 여러 계통의 관청이 섞여 있는 것이다. 이 상황에서 관청 조직의 구성 원리에 대한 천착은 쉬운 작업이 아니었다.

직관 上의 정원 구조에 대한 파악은 자료적 이해를 위한 기초 작업이며, 44관청의 구조적 원형과 상·중대 중앙행정제도의 계승성과 함의를 모색하는 작업이다. 나아가 직무·정원의 관계와 구조의 정리는 '冗官·冗費'문제와 직결된다. 전근대·현대사회를 막론하고, '冗官'·'冗費'는 국가·사회적 문제로, '어떤 직무에 얼마나 인원을 배치해야 적절한가?'는 현재진행형인 문제이다. 직무·정원에 대한 문제의 해명은 조직 구성에 참고할 만한 역사적·경험적 사례를 제공한다는 점에서 현재적 의의가 있다. 또 관청 조직의 구성 원리와 함의에 대한 파악은 신라 및 고대국가 중앙행정제도 발달사의 이해에 많은 도움이 되며, 신라 중대 중앙행정제도의 구성 원리 속에 '자국의 전통적 행정운영 경험에 기초해 진행된 재편'이 내포되었음을 명료하게 논증할 수 있다.

직관 上에서 정원정보는 핵심 정보이다.[14] 몇몇 관직의 정원 변동
기사는 누락되었지만, 207+α개 관직의 모든 정원이 어떤 형태로든
서술되었다. +α인 국학박사·조교조차 "若干인이 있었고, 數는 정하지
않았다"는[15] 정보를 전하기 때문이다. 또 누락 부분은 본기를 통한
보완이 가능하다.

따라서 본 장은 44개 관청의 정원 구조를 중심으로 관청 조직의
구성 원리를 검토하고, 이를 통해 상대 중앙행정제도의 함의를 정리하
고자 한다. 1절은 관직별 정원의 총수를 자료적으로 보완하여 관청별
정원통계를 정리하고, 몇 가지 기준을 마련해 관청별 정원을 계량화할
것이다. 이를 통해 중대 중앙행정제도의 정원 구조로 '두 개의 허리
구조'를 제시할 것이다. 2절은 44개 관청을 3개 계통과 5개 등급으로
분류하여 기본 조직을 제시하고, 관청 조직의 구성 원리와 원형을
통해 신라 중앙행정제도 발달사의 함의를 정리하고자 한다.

1. 定員의 계량화와 두 개의 허리 구조

1) 定員의 자료적 보완과 정원통계의 정리

직관 上은 관직 - 관위의 서술 순서가 주축이며, 넓게 보면 44관청의

---

14) 홍승우는 직관 上의 핵심 정보를 관부명·관직명과 정원·임명가능관등이라
   하였다(홍승우, 앞의 논문, 2015, 314쪽).
15) "博士【若干人, 數不定.】, 助敎【若干人, 數不定.】"(『三國史記』 권38, 雜志7, 職官 上, 國學).

관직도 이상의 순서이다. 관청 명칭이 표제어로 기능하고, 관청 정보가 서술된다. 관직은 관직명이 제시된 후 관직 설명 말미에 상당위를 밝혔다. 즉 관직에 대한 설명은 관직(職)에서 시작해 상당위(官)로 종료되므로, 職官志란 명칭은 설명 순서와 잘 부합한다. 관직을 설명하면서 더 밝힐 정보는 관직과 상당위 사이에 부기된다. 직관 上의 설명방식을 사례를 들어 정리하면 〈표-20〉과 같다.

〈표-20〉 직관 上의 관직 서술 구조와 倉部의 사례

표제관청	명칭	연혁			
	倉部	昔者, 倉部之事, 兼於稟主. 至眞德王 五年, 分置此司.			
No.	관직명	관직설명(職)			관위설명(位)
	초치정원	初置 연대	정원 변동	관호 변동	相當位
① 令	二人	·	·	·	位自大阿湌 至大角干爲之
② 卿	二人	眞德王 五年 置	文武王 十五年 加一人	景德王改爲侍郎 惠恭王復稱卿	位與兵部大監同
③ 大舍	二人	眞德王 置	·	景德王改爲郎中 惠恭王復稱大舍	位與兵部大舍同
④ 租舍知	一人	孝昭王 八年 置	·	景德王改爲司倉 惠恭王復故	位與弩舍知同
⑤ 史	八人	眞德王 置	文武王 十一年 加三人 十二年 加七人 孝昭王 八年 加一人 景德王 十一年 加三人 惠恭王 加八人	·	·

※ ① 겹선 : 관청·관직 정보 구분. ② '·' : 내용 없음.

〈표-20〉은 직관 上의 倉部 條를 원문의 순서대로 정리한 것이다. 〈표-20〉처럼, 44개 관청에 대한 정보는 관청·관직 정보로 구성된다. 관청 명칭은 표제어이다. 관청 정보는 연혁이 중심인데, 연혁이 없는 경우가 더 많다.

관직 정보는 관직명에서 시작해 상당위로 끝나지만, 〈표-20〉의 창부사처럼, 상당위를 직·간접적으로 명시하지 않는 경우가 108건이나 되며, 이것은 전체사례의 52.2%에 해당한다. 상당위가 생략된 사례를 포함해도 39.6%는 상당위를 적시하지 않았다.

관직·상당위 사이에는 관직별로 부가 정보가 서술되며, 종류는 두 가지이다. 첫째는 정원 정보이고, 둘째는 官號·官衙 정보이다. 양자는 관직의 연혁에 해당한다. 양자는 정원 정보를 밝힌 후 관호 정보를 밝히는데, 경제성을 고려한 1건의 예외가 있다. 사천왕사성전에서 "靑位는 2인이다. 경덕왕이 고쳐 주부로 하였고, 혜공왕이 다시 靑位를 칭하였다. 애장왕이 고쳐 大舍로 하고(哀莊王改爲大舍), 1인을 덜었다(省 一人). 位는 (13)사지에서 (11)나마까지이다"라고[16] 하였다. 〈표-20〉의 서술방식에 의하면 청위 2인을 밝히고, '애장왕이 1인을 덜었다(哀莊王省 一人)'나 '애장왕 □년(哀莊王□年)에 1인을 덜었다(省一人)' 정도의 문장을 추가하고, '애장왕이 고쳐 대사로 하였다(哀莊王改爲大舍)' 정도의 문장이 서술되어야 한다. 즉 '애장왕(哀莊王)'이나 '애장왕□년(哀莊王□ 年)'·'애장왕□□년(哀莊王□□年)'의 3~5·6字가 추가될 것이나, 정원·개명된 연대가 같으므로, 관호 변동에 부기한 것이다.

직관 上의 정원 단위는 人이다. 정원 정보는 성격별로 初置 정원·변동 정원으로 구분된다. 양자의 서술방식은 차이가 있다. 초치 정원은 관직명 직후 '□왕'·'□왕□년'·'□왕□□년' 등 왕력으로 초치 연대를 명시한 후 置·始置·初置를 쓰거나, 초치 연대를 쓰지 않는다. 초치 연대를 표현하는 술어는 置·始置·初置로 구분되나, 술어별 내용의 차이

---

16) "靑位, 二人. 景德王改爲主簿, 惠恭王復稱靑位, 哀莊王改爲大舍, 省一人, 位自舍知至奈麻爲之"(『三國史記』 권38, 雜志7, 職官 上, 四天王寺成典).

는 찾기 어렵다. 변동 정원은 왕력으로 변동 연대를 먼저 적고, 증감된 정원을 '加'·'省'으로 구분해 서술하였다. 즉 직관 上은 초치 정원에 변동 정원을 가감해 시기별 정원을 파악하도록 작성되었다. 따라서 초치 정원과 변동 정원을 계산하면, 직관 上의 44개 관청과 관직별 정원의 변화상이 파악된다.

직관 上에 수록된 관청·관직의 초치 연대는 결락이 많아 특정 시기별 통계를 내기 위해서는 관청·관직 관계 연구의 심화, 관련 사료의 보충이 필요하다. 이 점에서 중요 기준시점인 혜공왕대의 현황 파악이 중요하다. 중요 기준시점의 현황을 파악하면 관직·관청 규모의 변화를 파악할 때 용이하기 때문이다.

중대 말까지의 정원을 계산할 때, 먼저 검토할 것은 2가지이다. 첫째, 직관 上에서 누락된 정원 정보의 검토로, 본문·분주를 모두 살펴야 한다. 둘째, 통계의 기준정돈이다. A는 직관 上의 본문에서 누락된 정보의 사례를 인용하였다.

A-①. 사는 8인이다. 효소왕 4년(695)에 2인을 더하였다. 位는 병부사와 같다.[17]

A-②. 조부사 2인을 더하였다.[18]

A-③. 경은 2인이다. 진덕왕(647~654)이 두었고, 문무왕 18년(678) 1인을 더했다. 位는 다른 卿과 같다.[19]

---

17) "史, 八人. 孝昭王四年 加二人. 位與兵部史同"(『三國史記』 권38, 雜志7, 職官 上, 調府).

18) "加調府史, 二人"(『三國史記』 권9, 新羅本紀9, 景德王 16년(757) 8월).

19) "卿, 二人, 眞德王, 置. 文武王 十八年, 加一人. 位與他卿同"(『三國史記』 권38, 雜志7, 職官 上, 左理方府).

A-④. 문무왕 7년(667)에 두었다. ······ 경은 2인이다.[20]

A-⑤. 좌·우이방부경 각 1員을 더하였다.[21]

A는 직관 上에 누락된 정보이다. A-①은 사 8인이 초치되고, 효소왕 4년(695) 10인이 된 후 증원이 없다고 한다. 그러나 A-②는 경덕왕 16년(757) 2인을 더했음을 전한다. 따라서 혜공왕대의 조부사는 총 12인이다.

A-③~⑤는 좌·우이방부경의 사례이다. A-③은 진덕왕이 경 2인을 두었고, 문무왕 18년(678)에 1인을 더했다고 한다. 반면 A-④는 우이방 부를 문무왕 7년(667)에 두었고, 우이방부경은 2인이라 하였다. A-⑤는 문무왕 18년(678) 좌·우이방부경 각 1員을 더했다고 한다. 좌이방부가 우이방부보다 먼저 성립하였고, 문무왕 18년(678)의 조치로 경 3인이 되었으므로, A-④에 A-⑤가 누락되었다. 따라서 혜공왕대 좌·우이방 부경은 각각 3인이다.

A 외 본기에서 정원을 보충할 것은 없다. 본기에도 산발적으로 정원 기사가 나타나지만, 본기의 정원 정보는 대부분 직관 上에 반영되어 있기 때문이다.

다음으로 직관 上의 분주에서 정원 정보를 검토해야 한다. 기존 지적처럼, 직관 上의 자료 중 분주는 18건이 있고, 18건의 분주는 몇 개 유형으로 구분된다.[22] 직관 上은 관청·관직을 주제로 한 자료이므

---

20) "文武王 七年, 置. ······ 卿, 二人"(『三國史記』 권38, 雜志7, 職官 上, 右理方府).
21) "加左·右理方府卿, 各一員"(『三國史記』 권7, 新羅本紀7, 文武王 18년(678) 春 正月).
22) 박수정은 직관 上의 세주를 '或云'이나 '一云'을 사용한 이설 관련 분주와 설명형식의 분주로 대별하고, 전자는 설치 연도에 대한 이설, 관부·관직의 명칭에 대한 이설, 관부의 직원구성에 대한 이설로 구분하였다(朴秀淨, 앞의

로, 관청·관직의 분주는 '이칭'·'부가 정보'·'편년 관련'·'정원 관련'의 4개 유형으로 분류하는 것이 유용하다. 직관 上의 분주를 일람할 수 있게 정리한 것이 〈표-21〉이다.

〈표-21〉 직관 上의 분주와 유형 일람

No.	유형	No.	원문	
①	이칭	01	執事省. 本名稟主.【或云, 祖主.】	
		02	例作府.【一云, 例作典.】	
		03	大道署.【或云, 寺典. 或云, 內道監.】	
		04	六部少監典.【一云, 六部監典.】	
②	부가 정보	05	領客府. 本名倭典, 眞平王 四十三年 改爲領客典.【後又別置倭典.】	
No.	유형	No.	관청명	원문
①	이칭	01	대일임전	都引稽知, 五人.【或云, 都引幢. 或云, 少典引.】
		02	공장부	主書, 二人.【或云, 主事. 或云, 大舍.】
		03	좌사록관	主書, 二人.【或云, 主事.】
		04	사범서	大舍, 二人.【或云, 主書.】
		05	고관가전	幢【一云, 稽知.】
②	부가 정보	06	감은사성전	上堂, 一人. …… 哀莊王改爲卿.【一云, 省卿, 置赤位.】
		07	대도서	大正, ……【一云, 大正下 有大舍二人.】 主書, 二人.
		08	전읍서	卿, 二人.【本置監六人, 分領六部. 元聖王 六年, 升二人爲卿.】
③	편년 관련	09	집사성	大舍, 二人. …… 景德王 十八年, 改爲郞中【一云, 眞德王 五年, 改.】
		10	예부	卿, 二人. 眞德王 二年【一云, 五年.】置
④	정원 관련	11	국학	博士.【若干人, 數不定.】
		12	국학	助敎.【若干人, 數不定.】
		13	채전	史, 三人.【一云, 四人.】

※ ① 겹선 : 관청·관직 정보 구분.

〈표-21〉처럼, 직관 上은 총 18개의 분주를 수록하였다. 관청 정보의 분주는 이칭·연혁 등 부가 정보에 해당하므로, 정원 정보는 없다. 반면 관직 정보의 분주는 4가지 유형이 모두 나타난다. 동급관직은

논문, 2017, 119~127쪽).

전 장에서 정리하였으므로, 본 장에서는 ② 부가 정보 ④ 정원 관련을 검토해 보자.

중대의 정원 통계를 정리할 때, ② 부가 정보에 해당하는 분주는 상관이 없다. 전읍서·감은사성전의 분주는 관직의 昇·降을 나타내지만, 모두 하대 사례이다. 대도서의 분주는 大正 아래 대사 2인이 있었다고 하나, 본문은 주서 2인을 서술하였다. 대사·주서는 동급관직이므로, 관직의 이칭에 대한 분주이다.

④ 정원 관련에 해당하는 분주 중 國學 박사·조교는 若干이고, 정원을 정하지 않아 계량화가 어렵다. 채전사는 분주를 인정하면, 정원이 4인이다. 직관 上에서 채전은 30번째 관청이다. 29번째인 工匠府~34번째인 新宮까지의 6개 관청은 대개 감 1인 - 주서 2인 - 사 4인, 즉 장관 1명 - 부장관 2명 - 실무직 4명으로 구성되나, 신궁은 사가 3인이다. 반면 35번째인 동시전은 감 2인 - 대사 2인 - 서생 2인 - 사 4인, 즉 장관 2명 - 부장관 2명 - 특수직 2명 - 실무직 4명으로 구성된다. 29~34번째인 관청처럼, 채전사는 4인일 수도 있다. 그러나 신궁의 사례가 있어 본문을 존중해야 한다. 이 외 정원 보충은 필요하지 않다.

이제 정원 분석의 기준을 정돈해 보자. 전 장의 정리처럼, 중앙행정제도 전반에서 주요 6관직은 광범위하게 활용되었다. 그러나 주요 6관직으로 보기 어려워 상당위를 찾기 어려운 관직이 있다. 國學의 博士·助敎, 漏刻典博士의 3개 관직과 전읍서木尺, 대일임전比伐首, 고관가전鉤尺·水主·禾主 등 5개 관직이다. 상기 관직은 자료적으로 상당위를 찾기 어렵고, 尺·主 등의 말자나 博士 등의 관함에서 상당위를 알 수 있는 동급관직을 찾기 어렵다.

국학박사·조교는 정원의 수를 알기 어렵고, 누각전박사는 6인이다.

박사는 자료적으로 상당위를 알기 어렵지만, 상당위를 (9)급찬~(6)아찬으로 본 견해가 있다.[23] 후술하겠지만, 본기에서 박사의 정원 단위는 員이다. 또 직관 上의 국학박사는 국학경과 국학조교의 사이에 출전된다. 따라서 국학박사는 경의 동급관직일 것이다. 국학조교를 고려해야 하기 때문이다.

국학조교는 국학박사~국학대사의 사이에 출전된다. 하대 독서삼품과에서 국학의 입학생은 '(12)대사 이하의 有位者'와 '無位者'이고, 국학조교는 국학생의 敎授를 담당하였다.[24] 따라서 국학조교의 상당위는 대사보다 높고, 국학경이나 국학박사보다는 낮았다. 국학의 박사·조교는 상·하관의 관계를 맺었을 것이므로, 각각의 상당위는 경·감의 동급관직이다. 국학박사·국학조교는 실질적으로 정원을 확정하기 어렵고, "數不定" 자체가 규정이었다. 따라서 관직별 정원을 정리할 때, 계산외 정원으로 분류해야 한다.

한편 전읍서목척은 사의 뒤에, 비벌수는 당·계지 뒤에 출전되나, 출전순서만으로 상당위를 파악하기 어렵다. 고관가전의 경우가 있기 때문이다. 고관가전은 44관청 중 유일하게 장관이 당 4인이고, 구척 6인 - 수주 6인 - 화주 15인 등이 설치되었다.[25] 주요 6관직 중 당은 최하부에 위치한 관직이고, 상당위도 6개 관위에 걸쳐 있다. 당 이후에

---

23) 金哲埈, 앞의 책, 1990, 178~179쪽.

24) "敎授之法. …… 博士若助敎一人, 或以『禮記』·『周易』·『論語』·『孝經』, 或以『春秋左傳』·『毛詩』·『論語』·『孝經』, 或以『尙書』·『論語』·『孝經』·『文選』, 敎授之. …… 或差算學博士若助敎一人. 以『綴經』·『三開』·『九章』·『六章』, 敎授之"(『三國史記』 권38, 雜志7, 職官 上, 國學).

25) "幢【一云, 稽知.】, 四人. 鉤尺, 六人. 水主, 六人. 禾主, 十五人"(『三國史記』 권38, 雜志7, 職官 上, 古官家典).

출전되는 관직이 모두 당의 동급관직이라면, 고관가전은 계서 구조가 없는 관청이 된다. 그러나 관청의 운영을 고려하면, 관청 내부의 계서 구조가 없는 상황은 상정하기 어렵다. 따라서 비별수 및 尺·主를 쓰는 관직은 기타로 구분해야 한다.

다음으로 살필 것이 육부를 의식한 정원배치가 적용되는 육부소감전 (육부감전)과 전읍서·대일임전·경성주작전의 조직이다. 육부소감전과 전읍서 등 3관청은 모두 육부 사무 관계 관청이다. 또 육부소감전은 6부별 조직, 즉 部別 分司 조직을 갖추며, 전읍서 등 3개의 관청도 육부소감전 계통으로 部別 分司를 가졌다고 한다. 직관 上에서 전읍서 등 3관청의 部別 조직은 보이지 않지만, 몇몇 관직은 '6 혹 6배수 정원'이거나, 2개 정도 동급관직을 합산하면 '6 혹 6배수 정원'을 가지므로, 불완전한 6부별 조직이 지적되기 때문이다.[26] 즉 4개 관청 모두 6부별 구분을 전제로, 部別 分司를 가졌다고 파악되었다. 4개 관청이 모두 部別 分司를 갖춘다면, 전읍서 등 3관청의 관직의 수와 정원을 집계할 때 자료보다 몇 배 이상의 차이가 나타난다. 부별 관직의 수를 별도로 계산할 필요가 있기 때문이다. 따라서 部別 分司에 대한 검토가 필요하다. 한편 육부소감전은 중대 초에 폐지되었다는 견해도 있다.[27] 이

---

26) 武田幸男은 六部의 6을 기준 수로 삼아 전읍서·대일임전·경성주작전과 누각전·직도전·식척전에서 6의 배수 이상의 정원을 갖는 관직 중 6으로 나누어떨어지는 관직은 부별로 정원을 할당하였다(武田幸男, 「新羅六部와 그 展開」, 『民族史의 展開와 그 文化 上』, 창작과 비평사, 1990, 81~92쪽). 그러나 6으로 나누어남는 관직은 부별 관직의 정원을 할당할 수 없었다. 또 육부소감전사지는 부별로 배치되었으므로, 전읍서의 사지동급관직인 中司邑·小司邑과 대일임전의 都事·都引·都謁사지를 부별로 배치하였다. 그러나 경성주작전의 사지 1인은 '6 혹 6의 배수'가 아니므로, 육부와 관계된 관직이 아니며 部·府의 사지와 관계된다고 하였다. 따라서 불완전한 部別 分司 조직만 지적하였다.

27) 全德在, 『新羅六部體制研究』, 一潮閣, 1996, 132~152쪽.

경우 중대 초에 폐지된 육부소감전이 중대 말을 중요 기준시점으로 작성된 직관 上에 남아 있는 이유까지도 문제가 되므로, 중대 말 육부소감전의 존재 여부와 부별 분사 구조, 전읍서 등 3개 관청에 대한 검토가 필요하다.

먼저 중대 말 육부소감전의 존재 여부를 검토하기로 한다. 중대 말 육부소감전의 존재 여부에 대해 3가지 견해가 제출되었다. 첫째, 6세기 초부터 존재해 중대 말까지 존속하였고, 후대에 전읍서로 개편된다.[28] 둘째, 524년~550년 사이에 설치되었고, 신문왕 5년(685) 部·府의 사지 신설로 보아 중대 초까지 존재하였다. 신문왕대 마련된 상당위가 서술되지 않으므로, 중대 초인 신문왕대(681~702)에 전읍서로 개편된다.[29] 두 견해는 육부감전의 이칭이 육부소감전이며, 하대나 중대 초에 육부소감전이 폐지되었다고 본다. 셋째, 진평왕대 육부감전이 설치되었고, 상대 말~중대 초 육부소감전·전읍서로 분화되었다.[30]

〈표-21〉처럼, 관청 명칭의 분주는 이칭·부가 정보이므로, 육부감전은 육부소감전의 이칭이다. 한편 육부소감전은 중대 말에도 존재하며, 전읍서 등과 병존하였다. 직관 上에 수록된 자료의 주요 기준시점은 중대 말이고, 육부소감전의 조직은 상세하기 때문이다. 관직의 상당위 서술 여부로는 육부소감전의 폐지 시점을 확정할 수 없다. 3장의 논의처럼, 직관 上의 207개 관직 중 상당위가 서술된 것은 47.8%에 불과하고, 생략된 것을 포함해도 60.4%이다. 따라서 상당위의 서술 여부는 육부

---

28) 武田幸男, 앞의 논문, 1990, 83~87쪽.

29) 全德在, 앞의 책, 1996, 132~152쪽. 524년은 「봉평비」의 건립연대이고, 550년 대는 육부의 성격이 변화한 시기이다. 신문왕 5년(685)은 '중대 사지 일괄 신설'의 편년을 따른 것이다.

30) 李文基, 앞의 책, 1997, 246~253쪽.

소감전 폐지의 기준시점과 직결될 수 없다. 상당위를 서술하지 않는 52.2%의 관직이 중대 초에 폐지되었다고 볼 수 없기 때문이다. 또 중대 초 육부소감전의 폐지를 상정하면, 곧 폐지될 관청에 사지를 신설할 이유를 찾기 어려워진다. 550년을 육부소감전의 성립 시기로 파악해도, 성립 후 135년이 지난 신문왕 5년에 사지가 신설되어 관원이 확충된 것이다. 신문왕대에 확충된 관청이 최장 17년을 넘기지 못하고 신문왕대에 폐지되었다면 일정한 의미가 있었을 것이다. 그러나 이에 대한 풀이를 찾기 어렵다.

또 육부소감전이 중대~하대에 존속하였음을 알려주는 자료로, 전읍 서경의 분주가 주목된다. 〈표-21〉의 '②-08'에서 전읍서경은 본래 둔 監 6인(本置監六人)으로 육부를 分領했다가 원성왕 6년(790)에 2인을 升格시켜 성립하였고, 전읍서의 조직에는 '본래 둔 監 6인' 중 승격되지 않았던 監 4인이 남아 있다.[31] '본래 둔 監 6인'을 육부소감전의 監郎·監臣이나 大奈麻 등 감에 해당하는 관직으로 볼 수도 있다. 그러나 육부소감전에는 감랑 3인·감신 3인·대나마 2인 등 감의 동급관직이 8인이나 있어 정원 수가 맞지 않고, 후술하겠지만 감랑·감신과 대나마의 상당위는 다소 차이가 있다. 전읍서감의 잔존 정원은 전읍서경의 연혁과 일치하나, 육부소감전 조직의 연혁과 일치하지 않는다. 따라서 양자는 중대 이후 병존하였다.

다음으로 전읍서·대일임전의 중대 말 존재 여부와 전읍서 등 3관청의 部別 分司 여부를 검토하기로 한다. 전읍서는 중대 말인 경덕왕대에 典京府로 변형되고, 대일임전은 경덕왕대 전경부에 합설되었다.

---

31) "監, 四人. 位自奈麻至大奈麻爲之"(『三國史記』 권38, 雜志7, 職官 上, 典邑署).

전읍서의 연혁은 "경덕왕이 고쳐 典京府로 하였으나, 혜공왕이 復設
하였다"고[32] 서술되었다. 경덕왕대의 관호 변경은 혜공왕 12년(776)
정월 "百官之號, 盡合復舊"의 下敎로[33] '復舊'되었다. 직관 上에서 혜공왕
대의 '復舊'는 '復稱'·'復故'로 쓰는 것이 일반적이나, 전읍서는 '惠恭王復設'
이라 하였다. 전읍서에 쓴 '復設'은 '관청의 재설치'를 의미하며, 같은
의미로 쓴 '復設'은 『삼국사기』 전체에서 전읍서에 보이는 '惠恭王復設'
1건뿐이다.[34]

전읍서만 '復設'로 쓴 것은 전읍서와 대일임전의 관계 속에서 이해된
다. 경덕왕이 전읍서를 典京府로 고치면서 대일임전을 전경부에 合設했
기[35] 때문이다. 대일임전의 연혁에 '復設'이란 표현은 보이지 않지만,
전읍서가 '復設'되므로 대일임전도 '復故'되었다. 실제 대일임전의 都事
稽知·都引稽知·都謁稽知와 比伐首를 제외한 大都司~幢은 경덕왕대 관호
변경·'後復故'가 모두 나타난다.[36] 따라서 전읍서·대일임전 모두 중대
말에 존재하였다.

---

32) "典邑署. 景德王改爲典京府, 惠恭王**復設**"(『三國史記』 권38, 雜志7, 職官 上).

33) 『三國史記』 권9, 新羅本紀9, 惠恭王 12년(776) 春 正月.

34) '復設'은 『三國史記』에 두 건이 나타난다. 1건은 典邑署의 '惠恭王復設'이며,
나머지 1건은 안시성 전투를 서술하면서 "延壽信之 不復設備"(『三國史記』 권21,
高句麗本紀9, 寶藏王 上, 4년(645) 5월)'라고 한 기록에 등장한다. 후자의 '不復設
備'은 '다시 수비를 세우지 않았다'는 의미이므로, '관청의 재설치'를 의미하는
'復設'의 용례는 전읍서의 용례가 유일하다.

35) "大日任典. 太宗王 四年, 置. 景德王**合典京府**."(『三國史記』 권38, 雜志7, 職官 上).

36) "大都司, 六人. 景德王改爲大典儀, **後復故**. …… 小都司, 二人. 景德王改爲小典儀,
後復故. …… 都事大舍, 二人. 景德王改爲大典事, **後復故**. …… 都事舍知, 四人.
景德王改爲中典事, **後復故**. …… 都謁舍知, 八人. 景德王改爲典謁, **後復故**. ……
都引舍知, 一人. 景德王改爲典引, **後復故**. …… 幢, 六人. 景德王改爲小典事, **後復
故**."(『三國史記』 권38, 雜志7, 職官 上, 大日任典).

이제 육부소감전 및 전읍서 등 3개 관청의 部別 分司 조직을 검토해
보자. 선행연구에서 전읍서 등 3개 관청에 部別 分司를 상정한 근거는
두 가지이다. 첫째, 몇몇 관직의 정원이 6의 배수 혹 6의 배수 이상이다.
둘째, 2개 정도의 관직을 합산하면 6·6의 배수·6의 배수 이상이 된다.
그러나 3개 관청의 部別 분사 조직은 자료에 보이지 않는다. 따라서
3개 관청은 부별 분사 조직을 갖추지 않았다. 육부소감전을 통해 부별
분사 조직을 정리해보자.

B-①. 六部少監典【六部監典이라고도 한다.】.[37]

B-②. 梁部·沙梁部. 감랑이 各 1인이다. 대나마가 各 1인이다. 대사가
各 1인이다. 사지가 各 1인이다. 梁部의 史는 6인이고, 沙梁部의 史는
5인이다.[38]

B-③. 本彼部. 감랑이 1인이다. 감대사가 1인이다. 사지가 1인이다.
감당이 5인이다. 사가 5인이다.[39]

B-④. 牟梁部. 감신이 1인이다. 대사가 1인이다. 사지가 1인이다. 감당이
5인이다. 사가 1인이다.[40]

B-⑤. 漢祇部·習比部. 감신이 各 1인이다. 대사가 各 1인이다. 사지가
各 1인이다. 감당이 各 3인이다. 사가 各 1인이다.[41]

---

37) "六部少監典【一云, 六部監典.】"(『三國史記』 권38, 雜志7, 職官 上).

38) "梁部·沙梁部. 監郎, 各, 一人. 大奈麻, 各, 一人. 大舍, 各, 二人. 舍知, 各, 一人.
梁部, 史, 六人. 沙梁部, 史, 五人"(『三國史記』 권38, 雜志7, 職官 上, 六部少監典).

39) "本彼部. 監郎, 一人. 監大舍, 一人. 舍知, 一人. 監幢, 五人. 史, 一人"(『三國史記』
권38, 雜志7, 職官 上, 六部少監典).

40) "牟梁部. 監臣, 一人. 大舍, 一人. 舍知, 一人. 監幢, 五人. 史, 一人"(『三國史記』
권38, 雜志7, 職官 上, 六部少監典).

41) "漢祇部·習比部. 監臣, 各, 一人. 大舍, 各, 一人. 舍知, 各, 一人. 監幢, 各, 三人.

B는 직관 上의 육부소감전 條를 인용한 것이다. B는 직관 上의 여타 조와 달리 중간표제어와 '숍'을 사용하여 서술하였다. 〈표-21〉처럼, 육부소감전 외 43개 관청은 관청 명칭이 표제어이다. 반면 육부소감전은 部名이 중간표제어이다. 따라서 육부소감전은 □部·□□部 소감전 (혹 감전)의 통칭 혹 □部·□□部의 소감전을 통합한 관청 명칭이다. 이 중 육부소감전이란 명칭은 □部·□□部의 소감전의 통칭보다, 특정 시점에 기존 □部·□□部의 소감전의 조직을 흡수·통합한 관청의 명칭이다. 직관 上의 찬술 태도로 보아 찬자가 통합명칭을 만들어 정리했다고 이해하기 어렵고, '육부감전'이라는 이칭도 전하기 때문이다. 육부소감전이란 명칭 아래 부별 분사 조직이 나타나는 것은 본래 6개였던 □部·□□部의 소감전을 특정 시점에 통합하는 과정의 산물이겠다.

이것은 B-②·⑤의 '숍'을 통해 알 수 있다. 직관 上에서 '숍'은 B-②·⑤에만 나타난다. '숍'을 쓴 이유는 비슷한 조직의 部를 두 개씩 엮었기 때문이다. 그런데 두 가지 의문이 제기된다. 첫째, B-⑤는 B-②보다 '숍'을 사용할 이유가 적다. 두 소감전의 조직이 완전히 일치하기 때문이다. 둘째, B-④·⑤의 조직은 큰 차이가 없다. B-②에 나타난 "梁部, 史, 六人. 沙梁部, 史, 五人"의 사례처럼, '牟梁部, 監幢, 五人. 漢祇部·習比部, 監幢 三人'정도로 약술할 수도 있었다. 더욱이 직관 上은 경제성을 고려한 표현을 쓰고 있다. 사천왕사성전청위의 사례가 있기 때문이다. 직관 上에서 '경제성을 고려한 표현'을 적용해 서술했던 사천왕사성전 청위는 육부소감전보다 먼저 출전되므로, 육부소감전에서도 '경제성을 고려한 표현'을 할 수도 있었다. 그러나 찬자는 굳이 B-④를 독립해

史, 各, 一人"(『三國史記』 권38, 雜志7, 職官 上, 六部少監典).

188

서술하므로, B-④·⑤는 신라의 전승을 그대로 옮긴 서술이다.

43개 관청의 서술원칙과 육부소감전 서술 형태의 차이, 육부소감전
條 내부에 약술처리가 되지 않은 이유는 본래 部別 소감전이 존재했었고,
육부소감전으로 통합되면서 '部別 分司'로 전화된 사실을 반영하겠다.

직관 上에서 육부소감전의 部別 分司 조직이 기록으로 남은 원인은
部別 소감전 청사의 위치가 다르기 때문이라고 이해된다.[42] 직관 上에
서 청사가 흩어져 있는 관청으로, 3市典·7寺成典의 사례를 참고할 수
있다. 京都에 둔 3市는 경도의 동·서·남에 퍼져 있으므로, 시전별로
둔 3市典의 청사는 3市에 퍼져 있었다. 7寺成典도 7개 사찰의 修營을
맡았으므로, 담당할 사찰이 위치한 곳에 개별 성전의 청사가 있었다.
따라서 부별 분사 조직이 기록으로 남은 이유는 部別 소감전(혹 감전)의
청사가 6부로 흩어져 있던 것에 기인한다.

부별 소감전이 육부소감전으로 통합된 후, 수도행정은 부별 소감전
의 주관이 아니라 육부소감전의 주관으로 진행되었다. 문무왕 15년
(675) 구리로 각급의 관청과 州·郡에 銅製 印章을 頒賜했기 때문이다.[43]
직관 上에 육부소감전의 이름·部別 分司가 남은 것은 이러한 행정 운영
방식의 결과이다.

반면 직관 上은 전읍서·대일임전·경성주작전 등의 部別 分司에 대해
설명하지 않았다. 3개 관청은 중대·하대에 일련의 조정이 있었다.
경성주작전의 초치 연대는 알 수 없지만, 중대에 정비가 있었다. 령

---

42) 각 部別 소감전(혹 감전) 청사의 구체적인 위치는 왕경·육부의 영역 및 육부의
중심지와 함께 검토할 문제이므로, 차후 과제로 삼겠다.

43) "以銅鑄, 百司及州·郡印, 頒之"(『三國史記』 권7, 新羅本紀7, 文武王 15년(675) 春
正月).

5인은 聖德王 31년(732), 경 6인은 聖德王 32년(733)에 설치되기[44] 때문
이다. 전읍서·대일임전은 중대 말에 관청의 합설·복설이 있었고, 전읍
서는 하대인 원성왕 6년(790) 장관·관청의 格이 승격되었다. 즉 3개
관청은 육부소감전보다 늦은 시기에 정비되었다. 직관 上은 중대 말인
혜공왕대 자료가 중심이므로, 작성 당시 3개 관청에 대한 자료는 육부
소감전보다 상대적으로 풍부하였을 것이다. 또 전읍서·경성주작전은
중대에 감·령, 하대에 경·령이 관장하므로, 두 관청의 격은 중대 말에도
낮지 않다. 그러나 3개 관청의 조직은 部別 分司를 설명하지 않았다.

이것은 3개 관청에 部別 分司가 없기 때문이다. 3개 관청에 部別
分司가 없는 이유는 관청의 청사구조와 동원인력 문제를 통해 접근할
수 있다.

전읍서·대일임전·경성주작전은 部別 分司가 없지만 관청별 직원이
많다. 따라서 각각 규모가 큰 1개의 청사에서 관련 업무를 처리하였다.
각 관청의 조직을 고려하면 대체적인 업무의 처리 방식은 장관·차관이
보고를 받고, 직렬별로 배치한 관직들이 담당업무를 공동으로 처리하
는 형태였을 것이다. 따라서 3개 관청은 육부 사무를 통합적으로 담당
했지만, 담당업무의 현장과는 괴리되었다. 즉 3개 관청은 6부에 관계되
는 관청이지만 현장성은 없다.

이로 인해 3개 관청은 업무의 특성상 현장성을 보완할 필요가 있었
다. 육부소감전은 현장성을 보완하는 관청이었다. 육부소감전은 部別

---

44) "京城周作典. 景德王改爲修城府, 惠恭王復故. 令, 五人. 聖德王 三十一年, 置. 位自大
阿飡至大角干爲之. 卿, 六人. 聖德王 三十二年, 置. 位與執事侍郎同. 大舍, 六人.
景德王改爲主簿, 惠恭王復稱大舍. 位自舍知至大奈麻爲之. 舍知, 一人. 景德王改爲司
功, 惠恭王復稱舍知. 位自舍知至大舍爲之. 史, 八人. 位與調府史同"(『三國史記』권
38, 雜志7, 職官 上).

分司의 총칭이므로, 육부의 중심지에 각각의 청사를 두었다고 이해된다. 따라서 육부소감전의 주요 업무는 3개 관청에 관계 사안을 전달하는 역할이었다. 즉 육부소감전의 部別 分司는 관청이 업무 현장과 밀착되며 나타났다. 반면 3개 관청의 청사는 하나였고, 3개 관청은 육부소감전을 통해 현장성을 보완하였다.

중대의 육부소감전·전읍서는 장관이 동격이므로, 양자는 협조 관계의 관청이다. 육부 중 특정 지역에서 큰 규모의 사안이 발생하면, 육부소감전은 전읍서·경성주작전 등에 사안을 전달하였다. 전달한 사안은 전읍서·경성주작전을 거쳐 조정·국정 회의 등에 전달되었고, 사안에 대한 조치가 이루어졌을 것이다. 전읍서·경성주작전은 조정·국정 회의 등에서 처리한 결과를 회람하거나 육부소감전에 사안의 처리결과를 통보하였다. 이 과정에서 전읍서·경성주작전의 장관은 조정·국정 회의에 출석해 사안을 설명하고 결과를 받는 경우가 종종 있었을 것이며, 전읍서·경성주작전은 시간이 지남에 따라 육부소감전에 조정·국정 회의 결과를 출납하는 관청으로 전화되었을 것이다. 즉 경성주작전·전읍서와 육부소감전은 협조 관계이지만, 수도행정이 운영되는 과정에서 상급·하급 관청의 관계로 전화되었다. 성덕왕 31·32년(731·732) 경성주작전에 령·경을 신설하거나 원성왕 6년(790) 전읍서 감이 경으로 승격한 이유도 여기에 있었다.

대일임전은 대사의 동급관직이 장관이고, 담당업무는 6부의 역역 징발, 각종 의례의 주관,[45] 군신회의나 고관의 행차 전달 등으로[46] 알려져 있다. 따라서 조정·국정 회의에 대일임전의 관원이 참석하기는 어려웠

---

45) 武田幸男, 앞의 논문, 1990, 89쪽.
46) 李仁哲, 앞의 책, 1993, 46쪽.

고, 경성주작전·전읍서와 육부소감전을 연결하는 역할로 이해된다.

적어도 6세기 전반부터 육부소감전이 운영되었다면,[47] 전읍서·경성주작전·대일임전 등 3개 관청이 중대에 신설·정비되었던 이유가 문제일 것이다. 이것은 특정 사안의 해결방식과 동원 규모의 차이에서 찾을 수 있다. 예컨대 梁部에 규모가 큰 특정한 사안이 발생했을 경우를 가정하면 쉽게 이해된다.

육부소감전만 있을 때 일차적인 사안의 해결방식은 梁部少監典에 배속된 인력을 동원하여 현상·원인을 조사하고 합당한 조치를 하는 것이다. 梁部少監典은 '감랑 1인 - 대나마 1인 - 대사 2인 - 사지 1인 - 사 6인' 등 11인이 배속되었다. 즉 11인이 보고계통을 이루면서 업무를 처리하고, 처리한 결과를 유관 부서에 전달하였다. 업무처리 과정이나, 육부의 일부 혹 전부에서 비슷한 사안이 발생하면, 부별 역관계를 고려한 조치가 이루어졌을 것이다.

반면 전읍서(113인)·대일임전(55인)·경성주작전(26인)은 관청별 청사가 하나였고, 관청 내부는 部別 구분 없이 직급만을 구분하였다. 경성주작전·전읍서는 대일임전보다 격이 높았으므로, 담당업무의 영역은 대일임전보다 넓다. 따라서 육부의 일부 혹 전부에서 대규모 사안이 발생하면 두 관청의 장관이 최종적인 판단을 내려 집행하였다. 즉 육부 사무를 처리하기 위한 의사결정이 이루어지면, 해당 관청의 관원이 모두 투입되어 업무를 진행할 수 있었다. 따라서 전읍서 등 3개 관청은 육부소감전과 달리 대규모의 인력 동원이 가능하였다.

또 부별 역관계를 고려할 필요가 감소한다. 육부소감전은 부별 역관

---

47) 武田幸男, 앞의 논문, 1990, 83~87쪽 ; 全德在, 앞의 책, 1996, 132~152쪽.

계가 고려된 정원배치의 不等性이 존재하나,[48] 두 관청은 部別 정원배치가 어려울 정도로 不等性이 해소되었다. 따라서 두 관청의 업무에서 부별 역관계는 중요한 고려대상이 아니다. 이것은 육부 사무 처리를 위해 고려할 조건이 감소하면서 의사결정의 속도가 빨라진다는 의미, 즉 육부 사무 처리에 대한 행정적 효율성이 높아졌음을 의미한다. 따라서 중대에 설치한 육부 사무 관계 관청에서 부별 분사를 찾을 수 없는 것은 오히려 당연한 현상이다.

이상 육부 사무 관계 관청 중 4개 관청을 분석하여 部別 分司에 대한 문제를 정리하였다. 상기 문제를 상술한 이유는 통계의 기준에 대한 문제가 있기 때문이다. 〈표-22〉처럼, 모든 육부 사무 관계 관청에 대해 部別 分司를 인정하면, 職數의 계산이 몇 배 이상 달라진다.

〈표-22〉에서 육부소감전의 총원은 53인이다. 部·府 중 가장 많은 정원이 배치된 창부가 38인이므로, 육부소감전은 비정상적으로 규모가 크다. 그러나 육부소감전은 6개의 부별 소감전으로 구성된다. 부별 소감전은 5職씩 설치되며, 정원은 7~11인이다. 新宮이 3職 6人, 동시전이 4職 10人이므로, 각 부별 소감전의 규모는 직관 上의 監典과 비슷하거나 약간 크다. 즉 육부소감전의 정원을 파악하려면, 部別 分司 조직의

---

48) 武田幸男은 육부소감전의 部別 관원의 구성에 내재된 부등성이 전읍서에서 해소되었다고 하였다(武田幸男, 앞의 논문, 1990, 86~97쪽). 전덕재는 부별 관원의 부등성 해소와 680년 전후 관인의 部名 冠稱 소멸이 지닌 관계를 설명하였다. 즉 680년 전후로 부별 특권의식의 소멸이 육부소감전의 전읍서 개편에 반영된다고 하였다(全德在, 앞의 책, 1996, 149~155쪽). 두 견해는 육부소감전·전읍서의 병존, 部別 分司에 대한 관점에서 본서와는 다소 차이가 있다. 그러나 部名 冠稱 혹 부별 특권의식의 소멸은 육부 사무의 운영방식과 관련되므로 중요하다. 전읍서가 육부 사무를 처리할 때, 부별 역관계는 큰 고려의 대상이 아님을 나타내기 때문이다. 본서에서는 전읍서의 설치로 인한 행정적 효율성의 증대를 위주로 정리하겠다.

〈표-22〉六部少監典의 조직

No.	部名	監郎	監臣	大奈麻	大舍	監大舍	舍知	監幢	史	官職	總員	비고
①	梁部	1	·	1	2	·	1	·	6	5職	11	
②	沙梁部	1	·	1	2	·	1	·	5	5職	10	
③	本彼部	1	·	·	·	1	1	5	1	5職	9	총 30職
④	牟梁部	·	1	·	1	·	1	5	1	5職	9	
⑤	漢祇部	·	1	·	1	·	1	3	1	5職	7	
⑥	習比部	·	1	·	1	·	1	3	1	5職	7	
관직별 정원합계		3	3	2	7	1	6	16	15		53	
6部 평균		0.5	0.5	0.3	1.2	0.2	1	2.7	2.5	5職	8.8	

※ 部별 평균 : 소수점 이하 두 자리에서 반올림.

직수·정원을 모두 고려해야 한다.

전읍서·대일임전·경성주작전의 部別 分司조직을 인정하면, 관직별 정원을 부별로 배치한 후 직수를 계산해야 한다. 또 관직·정원을 부별로 배치할 때, 6으로 나누어 남는 관직의 정원이 특정 부에 배속된 이유·부별 정원의 기준비율 등에 대한 자료적 근거가 필요하다. 그러나 3개 관청에서 部別 分司를 전제할 이유·부별 정원의 기준비율 등에 대한 자료적 근거는 없다.

아울러 고려할 것은 육부 사무 관계 관청의 규모가 과도히 큰 이유이다. 경성주작전은 령 5인 포함 26인, 전읍서는 목척을 제외하면 43인이고, 포함하면 113인이다. 대일임전은 비벌수를 제외하면 45인이고, 포함하면 55인이다.

이상의 규모는 部·府 대비 과도하게 크다. 경성주작전과 병부를 비교하면 쉽게 이해된다. 병부는 령 3인 포함 27인이므로, 신라의 병마 행정을 관장하기 위해 3인의 령을 포함한 27인이 필요하였다는 의미를 지닌다. 반면 경성주작전의 정원은 경성과 주변의 공역에 령 5인 포함 26인이 필요하다는 의미이다. 즉 국가의 병마 행정과 경성과 주변의 공역에 관한 업무는 양·중요도가 상호 동급이거나, 경성·주변의 공역 관련 업무에 더 많은 령이 필요함을 의미한다. 그러나 업무의 범위상 더 많은 관직·인력이 필요한 것은 병부이다. 이 점에서 전읍서 등 3관청의 규모는 과도하다.

육부 사무 관계 관청의 과도한 규모는 조직 구성 원리에 기인한다. 육부 사무는 신라에서 가장 전통적인 업무 중 하나이므로, 육부의 6을 고려한 정원배치가 적용되었다. 즉 육부소감전 외 육부 사무 관계 관청은 조직·제도 차원에서 部別 分司를 갖추지 않았지만, 정원배치는 6·6의 배수·6의 배수 이상을 일정 정도 반영하였다.

따라서 정원을 계량화할 때, 육부소감전은 부별 분사 조직을 반영한 직수를 계산해야 하고, 나머지 육부 사무 관계 관청은 직관 上에 서술된 조직을 그대로 읽어내야 한다. 반면 각급 관청을 구분할 때는 6·6의 배수·6의 배수 이상을 반영한 정원배치원칙으로 인해 규모가 크므로, 별도로 정리해야 한다. 또 육부 사무 관계 관청의 특징을 분석해 관청의 계통을 설정하고, 유사한 특징을 갖는 관청을 별도로 정리해야 한다.

한편 〈표-22〉는 상당위 파악이 쉬운 관직과 어려운 관직이 혼재되어 나타난다. 전자는 대사·사지·사 및 監大舍·監幢·大奈麻이다. 대사·사지·사는 주요 6관직의 대표관직이다. 감대사·감당은 감을 冠稱한 대사·당이므로, 대사·당의 상당위와 같다. 대나마도 영흥사성전대나마와 동일하다.

후자는 監郎·監臣이다. 監郎은 梁部·沙梁部의 사례에서, 대나마보다 상위관직이고, 감을 冠稱한 郎·臣이다. 문제는 주요 6관직의 대표 관직 및 각각의 동급관직에서 郎·臣을 말자로 취한 관직이 없다는 것이다.

양자의 상당위는 관청의 명칭·이칭과 전읍서의 연혁을 통해 접근이 가능하다. 관청의 명칭·이칭에서 육부를 제외하면 소감전·감전이 남는다. 또 전읍서는 789년까지 監 6인이 육부를 分領하였다. 따라서 부별 소감전의 장관인 監郎·監臣은 일단 감의 동급관직이다. 감랑·감신을 (11)나마~(10)대나마로 보는 견해가 있는 것도,[49] 감랑·감신이 감의 동급관직이기 때문이겠다. 양자가 지닌 대우의 상대적 차이는 알기 어렵다. 사례가 희소하고, 관청 내 분사 조직의 장관이기 때문이다. 그러나 조어 방식은 유사하므로, 양자는 동급관직이다.

감의 상당위는 감 계통((11)나마~(10)대나마)과 적위 계통((10)대나마~(9)급찬)으로 분류된다. 감랑·감신의 상당위는 적위 계통이다. 양부·사량부는 감랑·대나마가 모두 설치되었고, 출전 순서도 감랑이 앞선다. 서생·사·당처럼, 출전순서가 상당위의 차등을 반영하지 않기도 한다. 그러나 부별 소감전의 감랑·감신은 장관이고, 대나마는 차관이다. 또 공장부감·상사서좌처럼 직명이 동일해도 여타 관청의 감·좌보다 상당위의 상한·하한이 더 높은 사례가 있다. 또 전읍서 경의 승격을 참고하면, 감랑·감신의 상당위는 일반적인 감보다 높다. 따라서 감랑·감신의 상당위는 (10)대나마~(9)급찬이다.

이상 定員의 계량화를 위한 정보를 정리하였으므로 44관청의 관직별 정원을 구분해 〈표-23〉을 작성하였다. 선행연구에서 '신라 14관부의 관원'[50]·'中央官署編成表'[51]·'諸部·府 職員表'[52] 및 '諸 署·典 職員表'가[53] 제출되었으므로,[54] 차이점은 각주로 표기하였다.

---

49) 金哲埈, 앞의 책, 1990, 180쪽. 다만 이 글은 監郎·監臣의 상당위에 대한 비정 근거를 밝히지 않았다.

50) 신형식, 앞의 책, 2011, 589쪽.

51) 金哲埈, 앞의 책, 1990, 172~185쪽.

52) 李仁哲, 앞의 책, 1993, 41쪽.

53) 李仁哲, 위의 책, 1993, 49~50쪽.

No.	관청명	令	卿	上堂	監	赤位	大舍	舍知	史	幢	기타	총원	비고
①	집사부	1*	·	2**	·	·	2	2	20	·	·	27	*中侍 **典大等
②	병부	3	3	·	·	·	2	1*	17	1**	·	27	*弩舍知 **弩幢
③	조부	2	3	·	·	·	2	1	12^55)	·	·	20	
④	경성주작전	5	·	6*	·	·	6	1	8	·	·	26	*卿
⑤	사천왕사성전	1*	·	1	·	1	2**	·	2	·	·	7	*衿荷臣 **靑位
⑥	봉성사성전	1*	·	1	·	1	1**	·	2	·	·	6	*衿荷臣 **靑位
⑦	감은사성전	1*	·	1	·	1	1**	·	2	·	·	6	*衿荷臣 **靑位
⑧	봉덕사성전	1*	·	1	·	1	2**	·	2^56)	·	·	7	*衿荷臣 **靑位
⑨	봉은사성전	1*	·	1	·	·	2**	·	2	·	·	6	*衿荷臣 **靑位
⑩	영묘사성전	·	·	1	·	·	1*	·	2	·	·	4	*靑位(大舍)
⑪	영흥사성전	·	·	·	1*	·	·	·	3	·	·	4	*大奈麻
⑫	창부	2	3	·	·	·	2	1*	30	·	·	38	*租舍知
⑬	예부	2	3	·	·	·	2	1	11	·	·	19	
⑭	승부	2	3	·	·	·	2	1	12	·	·	20	
⑮	사정부	1	3	·	2*	·	2	·	15	·	·	23	*佐
⑯	예작부*	1	2^57)	·	·	·	4^58)	2	8	·	·	17	*例作典
⑰	선부*	1	3	·	·	·	2	1	10	· 59)	·	17	*중고기(舊) 병부의 속사
⑱	영객부*	2	3	·	·	·	2	1	8	·	·	16	*본래 倭典, 領客典이란 용례도 보임. 후에 왜전을 또 설치함
⑲	위화부	3	3	·	·	·	2	· 60)	8	·	·	16	
⑳	좌이방부	2	3	·	2*	·	2	·	15^61)	·	·	24	*佐
㉑	우이방부	2	3^62)	·	2*	·	2	·	10	·	·	19	*佐
㉒	상사서㉿	·	1*	·	·	1**	2	·	8^63)	·	·	12	*大正 **佐
㉓	대도서㉿	·	1*	·	·	·	2**	·	8	·	·	11	*大正 **主書
㉔	전읍서	·	· 64)	·	6*	·	6**	15***	16	·	70****	113	*監2→卿2(790년 이후)

54) '朴秀淨, 앞의 논문, 2017'에도 4개의 유관 표를 찾을 수 있다. 58~60쪽의 직관〈상〉중앙행정관부 일람(이하 ⓐ)·135쪽의 장관급 관직의 관등규정(이하 ⓑ)·136쪽의 차관급 관직의 관등규정(이하 ⓒ)·167~175쪽의 직관지와 신라본기의 연혁기사 비교(이하 ⓓ)를 작성했지만, 통계가 모호하다. ⓐ는 관직별 초치 정원을 읽은 경우가 있어 자료로 활용하기 어렵다. 예를 들어 집사성은 '중시1 - 전대등2 - 대사2 - 사지 - 2 - 사14'로 기술하였는데, 문무왕대 사의 증원이 반영되지 않았다. ⓑ·ⓒ는 상당위가 서술된 관직만 대상이며, ⓓ는 본기와 비교가 가능한 관청만 있고 합산치가 없다. 따라서 ⓑ·ⓒ 중의 이견만 정리한다.

구분	令	卿	上堂	監	赤位	大舍	舍知	史	幢	기타	총계	비고
												**大司邑 ***中司邑6 +小司邑9 ****木尺
㉕ 영창궁성전	·	1*	·	·	·	2	·	4	·	·	7	*上堂
㉖ 국학🔺	·	1*	·	·/**	·	2	·	4	·	·	7	*博士 **助敎(정원규정 상 모두 제외)
㉗ 음성서🔺	·	2^65)	·	·	·	2	·	4	·	·	8	
㉘ 대일임전	·	·	·	·	·	8*	13**	·	24***	10****	55	*大都司6+都事大舍2 **小都司2+都事舍知2+都謁舍知8+都引舍知1 ***幢6+都事稽知6+都謁稽知6+都引稽知6 ****比伐首10
㉙ 공장부66)	·	·	·	·	1*	2**	·	4	·	·	7	*監 **主書
㉚ 채전	·	·	·	1	·	2*	·	3**	·	·	6	*主書 **분주에는 4인
㉛ 좌사록관	·	·	·	1	·	2*	·	4	·	·	7	*主書
㉜ 우사록관	·	·	·	1	·	2*	·	4	·	·	7	*主書
㉝ 전사서🔺	·	·	·	1	·	2*	·	4	·	·	7	*主書
㉞ 신궁	·	·	·	1	·	2*	·	3	·	·	6	*主書
㉟ 동시전	·	·	·	2	·	2	·	6*	·	·	10	*書生2+史4
㊱ 서시전	·	·	·	2	·	2	·	6*	·	·	10	*書生2+史4
㊲ 남시전	·	·	·	2	·	2	·	6*	·	·	10	*書生2+史4
㊳ 사범서🔺	·	·	·	·	·	2*	·	4	·	·	6	*大舍이나, (13)사지~(12)대사
㊴ 경도역	·	·	·	·	·	2	·	2	·	·	4	
㊵ 누각전	·	6*	·	·	·	·	·	1	·	·	7	*博士
㊶ 육부소감전	·	·	·	2*	6**	8**	6	15	16****	·	53	*大奈麻2 **監郞3+監臣3+大舍7+監大舍1 ***監幢
㊷ 식척전	·	·	·	·	·	6	·	6	·	·	12	
㊸ 직도전	·	·	·	·	·	6	8	26	·	·	40	
㊹ 고관가전	·	·	·	·	·	·	·	·	4	27*	31	*鉤尺6+水主6+禾主15
설치된 관청의 수	19	18	8	15	7	41	14	42	4	3	·	
관직별 정원-㉮	34	47	14	26	12	109	54	337	45	107	785	+若干人
관직별 職數-㉯	19	18*	8	15**	12	47	23	50	10	5	207	*, ** 국학 박사·조교의 보직 수 제외
평균 정원-㉮/㉯=ⓐ	1.8	2.6	1.8	1.7	1	2.3	2.3	6.7	4.5	21.4	3.8	

관직별 정원-㉓	34	61	38	109	54	382	107	785	+若干人
관직별 職數-㉕	19	26	27	47	23	60	5	207	
평균 정원-㉓/㉕=ⓑ	1.8	2.3	1.4	2.3	2.3	6.4	21.4	3.8	
슈 집단 대비 정원 배율	1	1.8	1.1	3.2	1.6	11.2	3.1	·	슈 1인 대비 비율

※ ① 겹선 : 주요 6관직 및 합계구분. ② '·' : 서술 없음. ③ '*' : 이칭 및 추가로 밝힐 정보. ④ '㉔'·'㉛' : 예부·창부 속사. ⑤ 음영 셀과 각주 : 선행연구와의 차이. ⑥ 職數 : 1개의 자리를 합산. 예) 집사부는 5직·병부는 6직으로 계산.

〈표-23〉처럼, 계산 외 정원인 국학박사·조교를 제외하면, 신라 중대

---

55) 조부사는 10인이라 한다(신형식, 앞의 책, 2011, 589쪽 ; 金哲埈, 앞의 책, 1990, 174쪽 ; 李仁哲, 앞의 책, 1993, 41쪽). 본기를 반영하지 않았다.

56) 김철준은 봉덕사성전사를 6인이라 하였다(金哲埈, 위의 책, 1990, 183쪽). 後를 애장왕으로 본 듯하다("史, 六人. 後省四人. 景德王改爲典, 惠恭王復稱史"(『三國史記』 권38, 雜志7, 職官 上, 奉德寺成典)).

57) 박수정은 예작부경을 3인이라 하였다(朴秀淨, 앞의 논문, 2017, 136쪽). 오기이다.

58) 신형식은 예작부대사를 6인이라 하였다(신형식, 앞의 책, 2011, 589쪽). 예작부대사는 4인이며, 애장왕 6년(805)에 2인을 덜었다("大舍, 四人. 哀莊王 六年, 省二人"(『三國史記』 권38, 雜志7, 職官 上, 例作府)). 오기이다.

59) 신형식은 선부소사병이 2인이라 하였다(신형식, 위의 책, 2011, 589쪽). 자료적 근거는 제시되지 않았다.

60) 이인철은 위화부사지 1인을 추가하였다. 슈이 담당한 관청은 5등 직제를 사용하므로, 위화부 사지 1인이 누락되었다고 보았다(李仁哲, 앞의 책, 1993, 41쪽). 자료적 근거가 없으므로 동의하지 않는다.

61) 이인철은 좌이방부사를 10인이라 하였다(李仁哲, 위의 책, 1993, 41쪽). 애장왕대 관원 수이다.

62) 신형식·김철준은 우이방부경을 2인이라 하였다(신형식, 앞의 책, 2011, 589쪽 ; 金哲埈, 앞의 책, 1990, 176쪽). 본기를 반영하지 않았다.

63) 이인철은 상사서사를 6인이라 하였다(李仁哲, 앞의 책, 1993, 41쪽). 애장왕대 관원 수이다.

64) 이인철은 전읍서경을 2인이라 하였다(李仁哲, 위의 책, 1993, 41쪽), 애장왕대 관원 수이다.

65) 박수정은 음성서장을 1인이라 하였다(朴秀淨, 앞의 논문, 2017, 136쪽). 오기

중앙행정제도를 운영하는 44개 관청에는 207개 관직·785인이 배속되었다. 1관청 당 평균 정원은 약 17.8인이고, 1관직 당 평균 정원은 약 3.8인이다.

'1관청 당 약 17.8인·1관직 당 약 3.8인'이란 평균 정원은 기타 관직이 포함되어 정원 구조 분석에 바로 적용할 수 없다. 주요 6관직과 기타 관직은 설치한 관청과 職數에서 상당한 차이가 있기 때문이다. 또 주요 6관직은 44개 관청·202개 관직·678인, 기타 관직은 3개 관청·5개 관직·107인이므로, 1관직 당 평균 정원의 편차가 매우 크기 때문이다. 주요 6관직·기타 관직의 평균 정원을 비교해 도식화하면, 〈표-24〉와 같다.

〈표-24〉 주요 6관직과 기타 관직의 1관직 당 평균 정원

구분	令	卿		監		大舍	舍知	史		주요6관직 총계	기타	총계
		卿	上堂	監	赤位			史	幢			
관직별 정원-㉮	34	47	14	26	12	109	54	337	45	678	107	785
관직별 職數-㉯	19	18	8	15	12	47	23	50	10	202	5	207
㉮/㉯=ⓐ	1.8	2.6	1.8	1.7	1	2.3	2.3	6.7	4.5	3.4	21.4	3.8
주요 6관직별 정원-㉰	34	61		38		109	54	382		678	107	785
주요 6관직별 職數-㉱	19	26		27		47	23	60		202	5	207
평균 정원 -㉰/㉱=ⓑ	1.8	2.3		1.4		2.3	2.3	6.4		3.4	21.4	3.8

※ 이하 〈표-23〉의 범례와 거의 동일.

이다.

66) 이인철은 공장부가 경덕왕대 典祀署로 통폐합되므로, 祠廟工事를 담당했다고 하였다. 따라서 예부 속사인 工匠府署이며, 監이 장관인 관청은 府가 아님을 강조하였다(李仁哲, 앞의 책, 1993, 44~45쪽). 船府署의 사례로 보아 工匠府署란 명칭은 이해되지만, 경덕왕대 개칭명의 의미보다는 원자료를 존중하는 것이 타당하다. 또 경덕왕대 개칭된 전사서는 後에 공장부로 復故된 것("工匠府, 景德王改爲典祀署, 後復故"(『三國史記』 권38, 雜志7, 職官 上))을 간과했으므로 동의하지 않는다.

〈표-24〉처럼, 주요 6관직의 1관직 당 평균 정원은 약 3.4인이다. 주요 6관직 중 사의 1관직 당 평균 정원이 약 6.4인으로 가장 높다. 사의 활용도·담당업무 상 평균 정원의 최대값이 나타나는 것은 당연하다. 반면 기타 관직은 1관직 당 평균 정원이 21.4인이다. 주요 6관직·기타 관직의 평균 정원은 '전자 : 후자'가 '1 : 약 6.3'이며, '사(주요 6관직 중 1관직 당 평균 정원의 최대값) : 기타 관직'은 '1 : 약 3.3'이다. 즉 주요 6관직·기타 관직의 1관직 당 평균 정원이 지닌 편차가 과도하다. 따라서 관청·관직의 정원 구조 분석과 경향성을 파악하려면, 기타 관직도 일단 계산 외의 정원으로 분류하되 기타 관직을 적절히 참고하여 기초통계를 정돈해야 한다.

하나 더 생각할 것은 주요 6관직의 1관직 당 평균 정원의 평균값과 최대값이 기타 관직의 1관직 당 평균 정원과 갖는 관계이다. 누각전박사 외 5직은 고관가전의 사례로 보아 사의 동급관직 혹 사보다 하위관직이다. 따라서 기타에 계산된 누각전박사 외 5職의 상당위는 사의 상당위 상한인 ⑿대사를 넘을 수 없다. 또 당·고려·조선의 吏屬은 文散階 내에 관품이 설정되지 않았으므로, 정식 관위인 19관위 내부에 상당위가 없을 수도 있다. 현재는 자료가 부족해 상기 여러 측면에서 비교가 어렵다. 유사한 통계를 시기별·직관지별로 작성하고, 당·고려·조선과 비교하는 것은 차후 과제이다.

이상 기타 관직을 배제하면, 주요 6관직을 기준으로 44개 관청·202개 관직·678인에 대한 정리가 가능하다. 경·상당과 감·적위는 각각 전자가 주도적인 범주이고, 특히 상당은 겸직이 많다.[67] 따라서 상당은

---

67) 이영호, 앞의 책, 2014, 319~321쪽.

경의 사례로, 적위는 감의 사례로 합산해 수치를 단순화하기로 한다. 비교 대상과 기준이 조정되었으므로, 〈표-23〉을 정돈해 〈표-25〉를 작성하였다.

〈표-25〉 44개 중앙관청의 관직·관원편성 일람 (2)

No.	관청명	令	卿	監	大舍	舍知	史	총원	계산미포함	규모
①	집사부	1	2	·	2	2	20	27		이상(이상)
②	병부	3	3	·	2	1	18	27		이상(이상)
③	조부	2	3	·	2	1	12	20		이상(이상)
④	경성주작전	5	6	·	6	1	8	26		이상(이상)
⑤	사천왕사성전	1	1	1	2	·	2	7		미만(미만)
⑥	봉성사성전	1	1	1	1	·	2	6		미만(미만)
⑦	감은사성전	1	1	1	1	·	2	6		미만(미만)
⑧	봉덕사성전	1	1	1	2	·	2	7		미만(미만)
⑨	봉은사성전	1	1	·	2	·	2	6		미만(미만)
⑩	영묘사성전	·	1	·	1	·	2	4		미만(미만)
⑪	영흥사성전	·	·	1	·	·	3	4		미만(미만)
⑫	창부	2	3	·	2	1	30	38		이상(이상)
⑬	예부	2	3	·	2	1	11	19		이상(이상)
⑭	승부	2	3	·	2	1	12	20		이상(이상)
⑮	사정부	1	3	2	2	·	15	23		이상(이상)
⑯	예작부	1	2	·	4	2	8	17		이상(미만)
⑰	선부	1	3	·	2	1	10	17		이상(미만)
⑱	영객부	2	3	·	2	1	8	16		이상(미만)
⑲	위화부	3	3	·	2	·	8	16		이상(미만)
⑳	좌이방부	2	3	2	2	·	15	24		이상(이상)
㉑	우이방부	2	3	2	2	·	10	19		이상(이상)
㉒	상사서⑯	·	1	1	2	·	8	12		미만(미만)
㉓	대도서⑯	·	1	·	2	·	8	11		미만(미만)
㉔	전읍서	·	·	6	6	15	16	43	1職 70人	이상(이상)
㉕	영창궁성전	·	1	·	2	·	4	7		미만(미만)
㉖	국학⑯	·	1	·	2	·	4	7	(博士·助敎) 若干人	미만(미만)
㉗	음성서⑯	·	2	·	2	·	4	8		미만(미만)
㉘	대일임전	·	·	·	8	13	24	45	1職 10人	이상(이상)
㉙	공장부	·	·	1	2	·	4	7		미만(미만)
㉚	채전	·	·	1	2	·	3	6		미만(미만)

구분	令	卿	監	大舍	舍知	史	총계	註	평균 정원(전체)
㉛ 좌사록관	·	·	1	2	·	4	7		미만(미만)
㉜ 우사록관	·	·	1	2	·	4	7		미만(미만)
㉝ 전사서④	·	·	1	2	·	4	7		미만(미만)
㉞ 신궁	·	·	1	2	·	3	6		미만(미만)
㉟ 동시전	·	·	2	2	·	6	10		미만(미만)
㊱ 서시전	·	·	2	2	·	6	10		미만(미만)
㊲ 남시전	·	·	2	2	·	6	10		미만(미만)
㊳ 사범서④	·	·	·	2	·	4	6		미만(미만)
㊴ 경도역	·	·	·	2	·	2	4		미만(미만)
㊵ 누각전	·	6	·	·	·	1	7		미만(미만)
㊶ 육부소감전	·	·	8	8	6	31	53		이상(이상)
㊷ 식척전	·	·	·	6	·	6	12		미만(미만)
㊸ 직도전	·	·	·	6	8	26	40		이상(이상)
㊹ 고관가전	·	·	·	·	·	4	4	3職 27人	미만(이상)

구분	令	卿	監	大舍	舍知	史	총계	평균 정원(전체)
설치된 관청의 수	19	26	20[68]	41	14	44[69]	·	785人÷44관청≒17.8人
주요 6관직별 정원-㉮	34	61	38	109	54	382	678	·
주요 6관직별 職數-㉯	19	26	27	47	23	60	202	평균 정원(주요 6관직)
평균 정원-㉮/㉯=ⓐ	1.8	2.3	1.4	2.3	2.3	6.4	3.4	678人÷44관청≒15.4人
令 집단 대비 정원 배율	1	1.8	1.1	3.2	1.6	11.2	·	令 1인 대비 비율

※ ① 계산미포함 : 기타정원+국학조교·박사의 정원. ② 규모 : 1관청 당 평균 정원인 15.4인을 15인으로 보아 15인 이상과 미만으로 표현. ③ 규모의 괄호 : 계산 외 정원을 포함하여, 1관청 당 평균 정원 17.8인을 반올림해 18인으로 보아 18인 이상과 미만으로 표현. ④ 숫자 주 : 〈표-23〉과 비교하여 수치의 차이가 나는 것.

〈표-25〉는 〈표-23〉에서 기타 관직을 제외하고, 주요 6관직 기준으로 단순화하였다. 또 1관청 당 평균 정원 기준으로 평균 정원 이상과 미만을 표기하였다. 이제 〈표-25〉를 기준으로, 계산 외 정원으로 분류한 수치를 적절히 활용해 중앙행정관직의 정원 구조와 함의에 대해

---

68) 육부소감전은 감의 동급관직 중 감·적위 계통 두 가지가 모두 설치되었다. 따라서 〈표-23〉의 '설치된 관청의 수'에서 1개가 빠지게 된다.

69) 당만 설치된 관청은 대일임전·고관가전의 2개 관청이고, 사·당이 모두 설치된 관청은 병부·육부소감전이다. 따라서 〈표-23〉의 '설치된 관청의 수'에서 2개가 빠지게 된다.

정리하기로 한다.

2) 중앙행정관직의 정원과 두 개의 허리 구조

전 항은 44개 관청의 정원을 보충·계량화하여 정원통계를 정리하였고, 이 결과로 관청의 산술적 규모 분류를 제시하였다. 또 주요 6관직·기타 관직의 職數·정원 및 1관직별 평균 정원·령 집단 기준 정원 배율을 정리해 〈표-23〉·〈표-25〉의 말미에 분석값을 제시하였다. 두 표에서 제시한 분석값을 지표로, 중앙행정관직의 정원 구조를 정리하기로 한다. 숫자가 많아 자료의 파악이 쉽지 않으므로, 분석한 결과를 〈그림-1〉로 도식화하였다.

〈그림-1〉은 〈표-23〉·〈표-25〉에서 제시한 분석 결과를 ㉮·㉯·㉰·㉱·㉲·㉳의 6개 그래프로 작성하여 중앙행정관직의 정원 구조를 도식화한 것이다. ㉮는 주요 6관직과 기타 관직이 설치된 관청의 수, 즉 7개 관직 群의 활용도를 보여주는데, 감·사지·기타에서 매우 적은 활용도가 나타났다.

㉯는 관청별 동급관직이 중복되는 경우가 있으므로, 주요 6관직·기타 관직의 職數만 제시하였다. ㉯는 ㉮와 달리 령~대사까지 증가추세를 보이며, 사지·기타만 급격한 하락추세가 나타난다. 특히 사지는 대사의 절반 정도 직수를 가진다는 점이 주목된다.

㉰는 7개 관직 群의 총원, 즉 정원의 구조를 보여준다. ㉰에서도 감·사지·기타에서 하락추세가 나타난다. 감의 활용도는 경의 활용도 대비 2/3에 불과하며, 사지의 활용도는 대사의 활용도 대비 절반 정도로 나타난다.

〈그림-1〉 신라 중앙행정관직의 정원과 '두 개의 허리 구조'

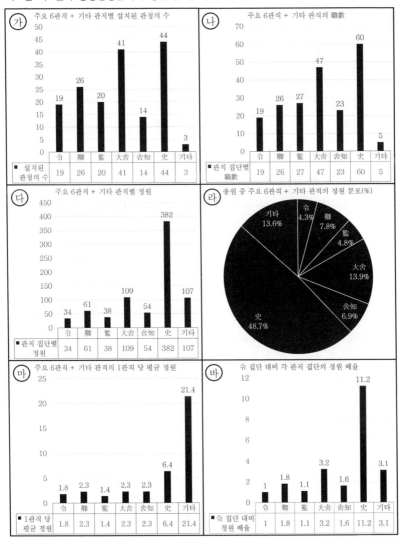

㉋는 7개 관직 群별 총원이 중앙행정 총원(785인) 중 차지하는 비율을 나타낸다. ㉋는 ㉑를 반영하므로, 감·사지·기타에서 하락추세가 나타

난다. 특히 ㉣는 령·감의 비율이 각각 4.3%·4.8%로, 대사·기타의 비율이 각각 13.9%·13.6%로 유사하게 나타나는 것이 특징이다. 또 다소의 오차가 있지만, 경·사지의 비율이 각각 7.8·6.9%이며, 사가 48.7%에 해당한다.

㉤는 1관직 당 평균 정원을 계산한 결과로, ㉡의 총원을 ㉠의 직수로 각각 나눈 것이다. 주요 6관직의 평균 정원은 ㉤처럼, 령 1.8인 - 경 2.3인 - 감 1.4인 - 대사 2.3인 - 사지 2.3인 - 사 6.4인 - 기타 21.4인이다.

㉥는 ㉡를 령의 총원인 34인으로 각각 나눈 값, 즉 령 집단의 정원을 1로 볼 때, 각 관직 群별 정원의 배율을 정리하였다. '령 : 경'이 '1 : 1.8'의 배율을 가졌음에 비해, '령 : 감'은 '1 : 1.1', '령 : 사지'는 '1 : 1.6'의 배율로 나타난다. 또 '령 : 대사'는 '1 : 3.2', '령 : 기타'는 '1 : 3.1'의 배율을 가졌다.

〈그림-1〉은 두 가지 문제를 유의하면서 파악해야 한다. 첫째, 주요 6관직은 202개 관직·678인에 기초한 통계이고, 기타 관직은 5개 관직·107인에 기초한 통계이다. 주요 6관직과 기타 관직의 사례 수 차이와 편차가 매우 크므로, 현재 자료에서 주요 6관직과 기타 관직의 관계에 대한 경향성을 읽기는 무리가 있다. 실제로 ㉤에서 기타 관직의 1관직 당 평균 정원이 급격히 증가하나, 현재 자료에서 특별한 의미를 설명하기는 어렵다.

둘째, ㉤에서 경·대사·사지의 1관직 당 평균 정원은 모두 2.3인이나, ㉣에서 경·대사·사지가 중앙행정 총원에서 차지하는 비율은 다르게 나타난다. 대사·사지의 1관직 당 평균 정원이 동일한 것은 사지가 대사 대비 절반의 활용도를 갖기 때문이다. 즉 대사는 47職 109人이 배속되었지만, 사지는 23職 54人이 배속된 것에 기인한다. ㉣에서 대사가 13.9%, 사지가 6.9%를 차지하는 것은 이를 말한다. 한편 경은 26職

61人이 있으므로, 사지와 유사한 수치를 가졌다. 즉 ㉮에서 3개 관직의 동일수치는 활용도와 관계된 현상이다.

상기 유의점을 고려하면, 〈그림-1〉에서 가장 주목할 것은 감·사지에서 발생한 주요 지표의 급격한 하락추세이다. 일반적·전형적인 관료제는 상급 관직의 하급 관직을 쉽게 통제하려는 목적에서, 상급 관직에서 하급 관직으로 갈수록 정원이 증대하는 구조인 피라미드 구조를 가지기 때문이다.

반면 신라 중앙행정관직의 정원 구조는 감·사지의 활용도·정원에서 급격한 하락추세가 나타난다. ㉮의 활용도, ㉯의 총원, ㉱의 정원분포, ㉰의 령 대비 각 집단별 배율에서 감은 경보다 적고, 사지는 대사보다 적다. 또 ㉮에서 사지를 둔 관청은 대사를 둔 관청의 약 1/3에 불과하다. 감은 경보다, 사지는 대사보다 하급 관직이나, 감·사지의 활용도·정원이 급격히 감소해 매우 독특한 구조를 가졌다. 이로 인해 〈그림-1〉의 6개 그래프 중 4개 그래프(㉮·㉯·㉱·㉰)에서 '허리'나 'V'자 형태로 꺾이는 파형이 감·사지의 두 곳에서 각각 나타난다.

〈그림-1〉의 4개 그래프에 나타난 파형은 '허리', 'V자'처럼 보이므로, 신라 중앙행정관직의 정원 구조는 '두 개의 허리 구조'로 명명할 수 있다. '두 개의 허리 구조'가 보이므로, 신라 중앙행정제도는 모든 관청에 일원적인 원칙을 적용해 관직·정원을 조정·배치하는 피라미드 구조가 아니었다.

그러면 상기 현상의 원인을 규명해야 할 것이다. '두 개의 허리'는 감·사지의 분화를 비롯한 여러 이유로 나타나겠지만, 가장 근본적인 원인은 상대 중앙행정제도의 정비과정에서 多種·多量의 관청이 출현한 역사적 현상에 있다. 이것은 상대 部의 4등 관직인 '령 - 경 - 대사 - 사'

의 정원 구조를 통해 알 수 있다.

특이한 지점인 '두 개의 허리'와 사례가 부족한 기타 관직을 제외하면, '령 - 경 - 대사 - 사'의 4개 관직이 남는다. 그런데 4개 관직만 파악하면, 전형적인 관료제 구조인 피라미드 구조이다. ㉮의 활용도는 19 : 26 : 41 : 44이며, ㉯의 직수도 19 : 26 : 47 : 60이다. ㉰의 총원은 34 : 61 : 109 : 382이며, ㉱의 관직별 정원분포 비율은 4.3% : 7.8% : 13.9% : 48.7%이다. 또 ㉲의 령 집단 대비 비율도 1 : 1.8 : 3.2 : 11.2이다. 즉 ㉮~㉱와 ㉲의 모든 지표가 상급 관직에서 하급 관직으로 내려갈수록 정원이 증대되었음을 나타낸다. 즉 상대 部의 4등 관직체계는 전형적인 관료제 구조·피라미드 구조를 취한다. 따라서 '두 개의 허리 구조'는 상대 중앙행정제도의 정비과정에서 발생한 것이다.

문제는 '두 개의 허리' 중 '허리'를 형성하는 감·사지의 성격에 대한 이해이다. 양자가 '두 개의 허리'를 형성하는 특이한 관직이란 점은 현상적으로 유사하다. 그러나 양자는 관직의 성격이 다르다. 감은 상고기부터 사용된 典의 장관이었다. 지증왕 9년(508) 동시전감을 두었으므로, 감은 늦어도 상고기 말에는 典의 장관으로 쓰였다. 또 〈표-23〉· 〈표-25〉는 상당한 수의 감이 典의 장관으로 활용됨을, 〈그림-1〉은 20개 관청에서 감의 사용을 나타낸다. 반면 사지는 특수성·구체성·전문성이 있는 업무를 담당하였고, 제한적 활용도를 가졌다. 즉 양자는 신라 중앙행정제도 속에서 위상과 담당업무의 성격이 다르다.

'두 개의 허리'란 현상 자체는 유사하므로, 양자가 발생한 본질적 원인은 동일하다. 감은 상고기부터 典의 장관으로 활용된 것이고, 사지는 상고기부터 관위로 쓴 관직명이 전화된 것이다. 따라서 양자는 상고기 이래 중앙행정제도의 운영·정비과정에서 나타났던 문제를 해소하는 과정에서 발생하였다.

이것과 함께 고려할 것은 중앙행정관직의 정원배치에 대한 문제가 행정적 효율성의 제고에 대한 문제와 직결된다는 점이다. 즉 양자의 활용도가 급격히 하락하는 현상의 본질에는 '행정적 효율성 제고'란 과제가 내포되어 있음을 고려해야 한다. 양자는 본질적으로 유사한 문제에서 발생하였고, 상고기 중앙행정제도의 운영·재편과정 속에 '행정적 효율성의 제고'를 추구하면서 나타났다.

그러나 중대 중앙행정제도 속에서 감·사지의 위상·역할은 달리 나타난다. 이 점에서 '두 개 허리'의 발생원인은 본질적으로 같더라도, 세부적으로는 달랐다고 이해된다. 이에 대해서는 절을 넘겨 정리하겠다.

2. 관청의 구성 원리와 중앙관청 조직의 原形

1) 관청의 계통별 등급분류와 기본 조직

전 절에서는 직관 上의 정원을 계량화하고, 중대 중앙행정제도에 나타난 '두 개의 허리 구조'를 제시하였다. 전형적인 관료제의 정원 구조는 피라미드 구조이므로, 신라 중대 중앙행정제도의 '두 개의 허리 구조'는 매우 독특한 구조이다. '두 개의 허리 구조'는 상대 중앙행정제도의 재정비과정에서 여러 계통과 다양한 격의 관청이 출현하며 발생하였다.

'두 개의 허리 구조'와 상대 중앙행정제도의 정비과정이 지닌 상관성을 규명하려면, 관청의 계통·등급을 분류해야 한다. 〈표-23·25〉를 작성하며 논의했지만, 육부 사무 관계 관청은 조직 구성 원리의 차이를 보여주는 사례이다. 따라서 관청의 계통 구분에 대한 기준을 먼저 정리하기로 한다.

관청분류의 기준으로 먼저 고려할 것은 관청별 산술규모이다. 〈표-25〉의 말미에 정리했지만, 주요 6관직에 배치된 총원을 기준으로 하면 1관청 당 평균 정원은 15.4인이다. 따라서 15인이 기준의 하나이다. 한편 기타 관직에 배치된 총원을 포함하면, 1관청 당 평균 정원은 17.8인이다. 따라서 18인이 기준의 하나이다. 양자 중 15인이 규모의 기준으로 더 적절하다. 슈이 관장하는 部·府조차 18인 미만인 사례(선부·영객부·위화부)가 있기 때문이다. 즉 주요 6관직에 배치된 정원을 기준으로, 44개 관청은 산술적으로 15인 이상이면 규모가 크고, 15인 미만이면 규모가 작다.

관청 조직·행정계통을 고려하지 않고, 주요 6관직의 총원에 입각한 산술규모로 분류하면, 44개 관청은 ㉮40인 이상·㉯39인~22인·㉰21인~15인·㉱14인~7인·㉲7인 미만으로 나누어진다. ㉮는 기타 관직을 두거나 정원에 '6 혹 6배수' 등이 적용된 관청으로 사실상 다른 관청과 동등비교가 쉽지 않으며, 단일관청으로 가장 큰 규모이다. 39~15人인 관청의 평균 정원은 22.1인이다. 같은 방식으로 15인 미만인 관청의 평균 정원은 7.2인이다. 따라서 중간기준은 22인·7인이므로, ㉮~㉲의 5개 묶음으로 분류된다.

위 분류에서 고민할 것은 기타 정원의 포함 여부이다. 기타 관직의 정원도 소중한 정보의 하나이므로 완전히 버릴 수 없다.[70] 무엇보다

---

70) 이하 기타 정원을 포함해 계산할 때는 '( )'를 써서 동시에 정리하겠다.

기타 관직의 정원을 포함하면 규모가 역전되는 관청도 있다. 고관가전이 대표적인 사례이다. 고관가전은 당 4인과 기타 관직 27인이 있다. 따라서 위 분류기준에서는 가장 소규모 관청인 ㉲에 포함되나, 기타 정원을 포함하면 ㉯에 포함된다. 이상을 고려해 44관청을 분류하면 〈표-26〉과 같다.

〈표-26〉 산술 규모별 관청 분류

㉮40인 이상		㉯39인~22인		㉰21인~15인		㉱14인~7인		㉲7인 미만	
관청명	인	관청명	인	관청명	인	관청명	인	관청명	인
㉔전읍서	43(113)	①집사부	27	③조부	20	⑤사천왕사성전	7	⑥봉성사성전	6
㉘대일임전	45(55)	②병부	27	⑬예부	19	⑧봉덕사성전	7	⑦감은사성전	6
㊶육부소감전	53	④경성주작전	26	⑭승부	20	㉒상사서⑯	12	⑨봉은사성전	6
㊸직도전	40	⑫창부	38	⑯예작부	17	㉓대도서⑯	11	⑩영묘사성전	4
·	·	⑮사정부	23	⑰선부	17	㉕영창궁성전	7	⑪영흥사성전	4
·	·	⑳좌이방부	24	⑱영객부	16	㉖국학⑯	7+α	㉚채전	6
·	·	**㊹고관가전**	**4(27)**	⑲위화부	16	㉗음성서⑯	8	㉞신궁	6
·	·	·	·	㉑우이방부	19	㉘공장부	7	㊳사범서⑯	6
·	·	·	·	·	·	㉛좌사록관	7	㊴경도역	4
·	·	·	·	·	·	㉜우사록관	7	·	·
·	·	·	·	·	·	㉝전사서⑯	7	·	·
·	·	·	·	·	·	㉟동시전	10	·	·
·	·	·	·	·	·	㊱서시전	10	·	·
·	·	·	·	·	·	㊲남시전	10	·	·
·	·	·	·	·	·	㊵누각전	7	·	·
·	·	·	·	·	·	㊷식척전	12	·	·
관청의 수	4개	관청의 수	7개	관청의 수	8개	관청의 수	16개	관청의 수	9개
정원합계	181(261)	정원합계	169(196)	정원합계	144	정원합계	136	정원합계	48
정원평균	45.5(65.2)	정원평균	28(24.1)	정원평균	18	정원평균	8.5	정원평균	5.3

※ ① 정원합계·평균의 단위 : 人 ② 員의 '( )' : 기타 정원. ③ 정원평균과 정원합계의 '( )' : 기타정원을 포함한 구간별 정원합계·평균. ④ 굵게 : 기타 정원을 포함하면 구간이 바뀌는 관청. ⑤ 국학은 박사·조교 약간인의 '+α'가 있으므로, ㉯에 포함.

〈표-26〉처럼, ㉮40人 이상 관청은 육부소감전·전읍서·대일임전·직도전이다. 각 관청은 주요 6관직에 53인·43인·45인·40인, 기타 관직을 포함하면 113인·55인·53인·40인이다. 따라서 가장 큰 규모의 단일관청이다.

㉮의 육부소감전·전읍서·대일임전은 수도행정에서 육부 전반을 관장하였으므로, 육부를 고려한 안배가 정원에 적용되어 규모가 크다. 따라서 ㉮의 규모가 큰 것은 육부 전반이 대상인 업무의 양이 많았거나, 신라가 육부 사무를 중시했기 때문이다. 직도전도 같은 이유로 정원이 많았고, 경성주작전이 담당업무 대비 규모가 큰 것도 같은 이유이다. 식척전도 육부 사무 관계 관청이므로, 대사·사라는 조직 대비 큰 규모이다.[71]

한편 대일임전·전읍서는 기타 관직인 비벌수·목척이 배치되었다. 이 점에서 鉤尺·水主·禾主 등 기타 관직이 배치된 고관가전도 연관성이 있다. 특히 고관가전은 기타 관직인 □尺·□主를 포함하면, 部·府의 규모를 넘는다. 규모·조직의 측면에서, 고관가전의 업무는 육부 사무와 업무상 연결이 있었다.

44개 관청의 총원 678인(785인) 중에서 육부 사무 관계 관청에 배치된 정원은 223인(330인)이므로, 육부 사무에 배치된 총원은 중앙 관인 총원의 약 32.8%(42%)를 차지하며, 1개 관청에는 평균 31.9인(59.7인)이 배치되었다.

㉯39~22人인 관청은 집사부·병부·경성주작전·창부·사정부·좌이방부·고관가전이다. 경성주작전·고관가전은 위에서 설명했으므로 제외

---

71) 이인철은 이병도의 견해(李丙燾, 『國譯 三國史記』, 乙酉文化社, 1977, 586쪽)를 따라 食尺典·直徒典·古官家典의 3개 관청을 각각 궁중 요리사·성문숙직군·궁정잡무 담당으로 풀이해 內省 관청으로 파악하였다(李仁哲, 앞의 책, 1993, 48쪽). 그러나 직관 上에 수록된 44개 관청의 연혁이 직관 중보다도 충실하므로, 찬자의 오기일 가능성은 낮다.

한다. 규모가 큰 순서로 정리하면, 창부(38인)→ 집사부·병부(각 27인)→ 좌이방부(24인)→ 사정부(23인)이다. 4部 중 3部가 포함되고, 139인이 배치되었다. 집사부·병부·창부·예부의 4部 중 3部가 포함되었다. ㉯의 部·府는 총원 139인으로, 중앙관인 총원의 약 20.5%(17.7%)를 차지한다.

㉰21~15人인 관청은 조부·예부·승부·예작부·선부·영객부·위화부·우이방부로, ㉯와 工匠府 외 모든 部·府가 ㉰에 해당한다. ㉱·㉰는 工匠府를 제외하면, 部·府가 보이지 않는다. ㉰를 규모가 큰 순서로 정렬하면, 조부·승부(각 20인)→ 우이방부(19인)→ 예부·선부(각 17인)→ 영객부(16인)·위화부(16인)이다. 工匠府를 제외하면, 모든 部·府는 15인 이상~40인 미만으로 구성되었다. ㉰는 총 144인이 배치되었고, 중앙관인 총원의 약 21.2%(18.3%)를 차지한다.

고관가전·공장부를 제외하면, ㉯·㉰는 모든 部·府와 경성주작전을 의미한다. 공장부는 監을 장관으로 하는 관청으로, 말자는 府라도 령이 관장하는 府로 파악하기는 어렵다. 경성주작전은 후대 工部 업무와도 관련이 있고, 경성과 주변의 건축을 관장하였으며, 주요 6관직만 설치되었다. 여타 部·府는 대개 國事를 담당하는 관청이다. 部·府의 조직은 차이가 있지만, 주요 6관직만 설치되었다. 고관가전·경성주작전을 제외한 ㉯·㉰의 정원합계는 283인이며, 전체 중앙관인 중 약 41.7%(36.1%)를 차지한다. 또 ㉯ 중 집사부·병부·창부·사정부·좌이방부의 정원합계는 고관가전·경성주작전을 제외한 ㉯·㉰ 정원합계의 49.1%를 차지한다. 部-署의 행정적 구조와 정원의 관계에 대한 해명이 아직까지 미진하므로, 이 수치의 함의를 규명하는 것은 차후 과제이다.

㉲14~7人인 관청은 16개이다. 식척전은 먼저 정리했으므로 따로 설명하지 않는다. 규모가 큰 순서로 정렬하면, 상사서(12인)→ 대도서

(11인)→ 동시전·서시전·남시전(각 10인)→ 음성서(8인)·국학(7인+α) → 사천왕사성전·봉덕사성전·영창궁성전·좌사록관·우사록관·전사서·누각전(각 7인)이다. ㉱에 속한 관청의 총원은 124인으로, 중앙관인 총원의 18.3%(15.8%)이다. ㉱는 대체로 7인을 둔 관청이 많고, 대부분의 署·館은 ㉱에 포함된다.

㉲7人 미만인 관청은 9개이다. ㉲를 규모가 큰 순서로 정렬하면, 봉성사성전·감은사성전·봉은사성전·채전·신궁·사범서(각 6인)→ 영묘사성전·영흥사성전·경도역(각 4인)이다. ㉲의 총원은 48인이며, 중앙관인 총원의 약 7.1%(6.1%)를 차지한다. ㉲는 6인 관청·4인 관청의 두 종류로 이루어졌고, ㉱에 포함되지 못한 寺成典과 典·宮·署·驛 등 다양한 관청이 포함되었다.

식척전을 제외하면, ㉱·㉲의 정원합계는 172인이다. 이것은 중앙관인 총원의 25.4%(21.9%)이다. 또 식척전을 제외한 ㉱·㉲의 정원합계는 고관가전·경성주작전을 제외한 ㉰·㉱ 정원합계인 283인의 60.7%에 해당한다.

〈표-26〉을 분석해 얻을 수 있는 주요 결론은 4가지이다. 첫째, 육부 사무 관계 관청은 다음의 4가지 특징을 공유한다.

㉠ 담당업무·조직 대비 규모가 비정상적으로 크다. 전읍서·대일임전·육부소감전·직도전 등은 단독으로도 40인 이상의 초대형 관청이며, 식척전도 조직 대비 규모가 크다. 대사가 장관인 사범서·경도역은 각각 6인·4인에 불과하나, 식척전은 사범서의 2배·경도역의 3배에 해당하는 정원을 가졌기 때문이다.

㉡ 육부를 고려한 안배가 정원배치에 나타난다. 육부 사무 관계 관청의 각종 관직은 대개 '6·6의 배수·6의 배수 이상'으로 정원이 배치

되었다. 전읍서·육부소감전·대일임전은 물론이고, 경성주작전·식척전 등이 대표적이다.

ⓒ 기타 관직을 두었다. 전읍서목척·대일임전비벌수는 기타 관직이다. 고관가전도 3개의 기타 관직인 □尺·□主를 두었고, 기타 관직을 합한 고관가전의 총원은 병부·집사부 등에 육박한다.

ⓔ 관청 조직이 세분된다. 육부 사무 관계 관청 중 5개 관청은 사지를 두므로, 관청 조직이 세분된다. 이상 4가지 특징은 직관 上에서 육부 사무 관계 관청을 파악하는 기준이다.

둘째, 部·府는 최소 15인 이상~40인 미만으로 편성된다. ㉯·㉰의 部·府 중 가장 소규모 관청은 16人인 위화부이다. 가장 대규모의 관청은 38人인 창부이다. 따라서 部·府의 규모는 15인 이상~40인 미만이다.

셋째, 중앙관인 중 部·府 사무·육부 사무를 맡는 관인이 상당하다. 중앙관인 총원 678인(785인) 중 部·府 사무에 283인, 육부 사무에 223인 (330인)이 배치되었다. 따라서 部·府사무와 육부 사무에 506인(613인)이 배치되었고, 部·府 사무·육부 사무에 배치된 인력은 중앙관인 총원 중 74.6%(78.1%)에 해당한다. 나머지 관청의 정원도 25.4%(21.9%)이나, 중앙관인의 총원에서 차지하는 비율로 보아 部·府 사무·육부 사무의 비중이 상당히 높았다. 차후 主司 - 屬司의 정원 관계 원칙이 정리되어 屬司의 인원을 主司에 포함해야 할 경우가 발생한다면, ㉱·㉯의 정원이 상당히 감소하고, ㉯·㉰의 총원이 증가할 것이다. 따라서 部·府 사무에 배치된 정원의 비중이 더 높아질 것이다.

상기 분석에서 육부 사무 관계 관청의 정원배치는 과도하다. 이것은 두 가지 측면을 고려해야 한다. 하나는 주요 6관직을 기준으로 할 때, 수도를 대상으로 하는 관청에 배치된 정원이 전국을 대상으로 하는 部·府 사무에 배치된 정원의 78.8%나 된다는 것이다. 따라서 신라는 육부에 매우 강력한 국가통제를 시행하였다. 다른 하나는 육부를 고려한 안배가 정원배치에 적용된다는 것이다. 육부 사무 관계 관청에 배치된 인원이 실제로 모두 필요했는지는 쉽게 알 수 없지만, 다른 관청과 별도의 정원배치원리가 적용된 것은 분명하다. 정원은 자체로 해당 관청에 배치되는 관인 인력의 최대값을 의미하기 때문이다.

넷째, 사성전·궁성전 등 成典은 별도 계통을 이루는 것이 분명하다. 사성전·궁성전은 령·경·감 등을 장관으로 한 5등·4등·2등의 조직을 사용하지만, 규모는 ㉣·㉤를 넘지 못한다. 즉 관청 조직 대비 매우 작은 규모이다. 따라서 成典은 별도 계통의 조직 원리가 적용되었다.

이상 44관청은 산술규모·조직 대비 규모·정원배치원칙 등 기준에서 일반관청·성전·육부 사무 관계 관청의 3개 계통으로 분류할 수 있다.

상기 분석 결과는 산술규모에 기준한 것이고, 관청별 조직체계나 담당업무의 계통 관계 등을 고려한 것이 아니다. 실제로 ㉣·㉤는 다양한 조직체계를 지니고, 성격이 다른 관청도 혼재되었다. 즉 산술규모에 입각한 기준은 관청의 계통별 분류기준으로는 유용하지만, 관청의 구성 원리·성격을 파악하기에는 다소 미흡하다. 따라서 관청의 구성 원리·성격을 명료하게 파악하려면, 산술규모에 입각한 기준을 보완할 수 있는 기준이 더 필요하다.

44개 관청의 행정적 구조를 살피려면, 담당업무의 계통을 설정하여 정리하는 것이 가장 유의미하다. 그러나 현행 연구·자료 현황에서는 이를 고려하기가 쉽지 않다. 주사 - 속사의 전모를 비롯해, 담당 관청 간 문서행정체계에서 결재·협조·검토 등 결재선에 대한 정보가 거의 정리되지 않았기 때문이다. 담당업무의 분야별 분류도 마찬가지다.

수도행정 관청으로 분류되는 경성주작전·영창궁성전·7개 사성전은 토목공사를 주관한다는 공통점이 있지만, 업무상 공통점이 있더라도 관청별 담당 분야가 성곽·궁실·사원 등으로 나타난다. 즉 담당업무를 기준으로 삼더라도, 공통점과 분야 중 우선할 수 있는 기준을 설정하기 어렵다. 또 행정적 계통을 중시하면, 개별 관청의 조직이 제각각이 된다는 문제가 있다. 이로 인해 현재 단계에서 행정계통 중심의 통계는 보류할 수밖에 없다.

이상에서 산술규모에 입각한 계통별 분류를 보완할 수 있는 분류기준을 마련해야 한다. 관청분류는 직관 上의 자료적 이해와 직결되므로, 직관 上의 관청 배치 범례에서 해당 기준을 구할 수 있다. 선행연구에서 제시된 직관 上의 관청 배치 범례는 사료 계통·장관의 관직명·관청의 성격·관청 격의 유사성 등이며,[72] 각각의 기준은 모두 예외가 발견된다.

직관 上의 관청 배치 범례 중 장관의 관직명이 포함된 것은 분명하다. 장관의 관직명과 관청의 격은 긴밀히 관련되기 때문이다. 이것은 〈표 -25〉에서도 확인된다. 장관의 관직명에 따른 관청 조직의 변화가 보이기 때문이다. 따라서 장관의 관직명을 기준으로 관청의 등급을 구분해야 한다.

---

72) 이문기는 관청의 배열순서가 사료계통을 따른 것으로 보았다. 즉 7개 寺成典이 별도의 자료이고, 六部少監典 등 4개 관청은 단편적인 기타자료를 수집하여 사정을 잘 모르는 관청을 말미에 정리했다고 하였다(李文基, 앞의 논문, 2006, 245~248쪽). 정덕기는 장관의 관직명을 기준으로 관청의 서열 관계를 정리하였다(丁德氣, 앞의 논문, 2009, 75~76쪽). 박수정은 7개 사성전의 예외가 있지만, 대개 '中侍 → 令 → 大正 → 卿 → 監 → 大舍'의 순서를 따랐고, 관청의 위상·성격에 대한 판단이 고려된다고 하였다(박수정, 앞의 논문, 2010, 86~87쪽). 홍승우는 직관 上 편찬 당시 관청 위계를 체계적으로 파악할 수 없어, 성격·관격이 유사하다고 판단된 일련의 관청을 함께 배치했다고 하였다(홍승우, 앞의 논문, 2015, 315쪽).

실제로 본기는 특정 관직을 기준으로 정원 단위가 구분되고 있었음을 전한다. 직관 上은 신라의 원전을 충실히 반영하였지만, 관직별 정원 단위는 '人'으로 통일되었다. 직관 上에서 정원 단위가 통일된 것은 '志'란 편목 상 '대왕 아래의 신료'란 관념을 반영한 결과이다. 반면 〈표-27〉처럼, 본기는 령·경을 기준으로 정원의 단위를 달리하였다.

〈표-27〉 본기의 정원단위

No.	편년	원문	條	관직	단위	상당위 (9)급찬 이상	상당위 (10)대나마 이하
①	진평왕 5년(583) 정월	始置船府署大監, 各一員.	동일	大監	員	○	
②	진평왕 5년(583) 정월	始置船府署弟監, 各一員.		弟監	員		○
③	진평왕 6년(584) 3월	置調府令, 一員, …….	동일	令	員	○	
④	진평왕 6년(584) 3월	[置]乘府令, 一員, …….		令	員	○	
⑤	진평왕 8년(586) 정월	置禮部令, 二員.	단독	令	員	○	
⑥	진평왕 13년(591) 2월	置領客府令, 二員.	단독	令	員	○	
⑦	진평왕 45년(623) 정월	置兵部大監, 二員.	단독	大監	員	○	
⑧	진평왕 46년(624) 정월	置侍衛府大監, 六員.		大監	員	○	○
⑨	진평왕 46년(624) 정월	[置,]賞賜署大正, 一員.	동일	大正	員	○	
⑩	진평왕 46년(624) 정월	[置,]大道署大正, 一員.		大正	員	○	
⑪	문무왕 18년(678) 정월	置船府令, 一員, …….	동일	令	員	○	
⑫	문무왕 18년(678) 정월	加左·右理方府卿, 各一員.		卿	員	○	
⑬	경덕왕 8년(749) 3월	置天文博士, 一員.	동일	博士	員	○	
⑭	경덕왕 8년(749) 3월	[置,]漏刻博士, 六員.		博士	員	○	
⑮	경덕왕 9년(750) 2월	置御龍省奉御, 二員.	단독	奉御	員	○	
⑯	경덕왕 17년(758) 4월	置律令博士, 二員.	단독	博士	員	○	
⑰	신문왕 2년(684) 4월	置位和府令, 二人, …….	단독	令	人	○	
⑱	신문왕 2년(684) 6월	立國學, 置卿, 一人.		卿	人	○	
⑲	신문왕 2년(684) 6월	又置工匠府監, 一人.	동일	監	人		○
⑳	신문왕 2년(684) 6월	[又置,]彩典監, 一人.		監	人		○
㉑	경덕왕 11년(752) 10월	加置倉部史, 三人.	단독	史	人		○
㉒	경덕왕 16년(757) 8월	加調府史, 二人.	단독	史	人		○
㉓	혜공왕 12년(776) 3월	加倉部史, 八人.	단독	史	人		○

※ 비고 : 단독은 본래 1개의 조. 동일은 본래 같은 조의 기사이나 분리한 것.

〈표-27〉은 본기 중 정원 변동의 사례를 찾아 정원 단위를 구분하여 정리한 것이다. 이 외 大宰相·次宰相 등 고관을 '人'으로 표기한 기사도 보이지만, 당 德宗의 敎書 속 문장을 轉載한 것이므로 제외하였다.[73]

〈표-27〉은 특정 관직을 기준으로 정원 단위가 '員'·'人'으로 구분됨을 보여준다. 본기의 정원 단위 구분은 원문의 直敍 과정에 원인이 있다. 정원 변동은 職員令 등 律令의 조정·개수 문제와 직결되며, 〈표-27〉에 정리한 사례의 원전은 대개 해당 왕의 敎書 등에서 채록했을 것이기 때문이다.

〈표-27〉의 ②·⑧·⑰·⑱을 제외하면, 관직별 정원 단위는 員·人으로 구분된다. 예외 중 ②·⑱은 동일 條에 상·하급 관직이 열거되며 나타났고, ①·②는 대감, ⑱~⑳은 감에 맞춰 단위를 쓰면서 나타났다고 보인다. ①·②는 중고기, ⑱~⑳은 중대 초의 사례이므로, 복수 관직을 열거할 때의 정원 단위에 관한 규정 변화를 상정할 수도 있다. 그러나 사례 수가 미약해 차후 연구가 더 필요하다.

〈표-27〉처럼, ①~⑯은 '員'으로, ⑰~㉓은 '人'으로 나타난다. '員'을 사용한 관직명은 조부·승부·예부·영객부·선부의 령, 선부서·병부·시위부의 대감, 각종 박사, 어룡성봉어 및 선부서제감이다.

선부서의 대감·제감은 발생 관계를 고려하면, 병부의 대감·제감과 동일한 상당위를 가졌다. 시위부 대감의 상당위는 (11)나마~(6)아찬이다.[74] 어룡성 봉어의 상당위는 서술되지 않았지만, 卿에 해당한다. 직관 中에 의하면, '御伯郎은 2인이었다. 경덕왕 9년(750) 고쳐 奉御로

---

73) "大宰相, 一人, 衣一副, 銀梳一. 次宰相, 二人, 各衣一副, 銀椀各一. 卿宜領受分給"(『三國史記』 권10, 新羅本紀10, 元聖王 2년(786)).

74) "大監, 六人. 位自奈麻至阿湌爲之"(『三國史記』 권40, 雜志9, 職官 下, 侍衛府).

하였고, 宣德王 원년(780) 또 고쳐 卿이라 하였다가, 곧 고쳐 監이라
하였다'고 했기 때문이다.[75] 직관 中의 설명은 본기와도 유사하나,
경덕왕 9년(750) 어룡성에 奉御를 처음 둔 것처럼 설명한다는 것만
다르다.[76] 즉 직관 中과 본기의 차이는 봉어의 전신인 御伯郎의 존재
에 대한 문제이고, 봉어는 중대까지 경에 해당하였다가 780년부터
감에 해당하였다. 따라서 중대 어룡성봉어는 일반관청의 경에 해당
한다.

선부서제감(②)의 예외가 있지만, ①~⑫, ⑮는 령·경에 해당하는 관직
의 정원 단위를 '員'으로 썼음을 나타낸다. ⑬·⑭·⑯의 天文博士·漏刻博士
·律令博士 등 여러 博士도 정원 단위를 '員'이라 쓰므로, 박사도 최소
경의 대우를 받았다. 직관 上에서 국학의 박사·조교가 국학경과 국학대사
사이에 출전된 것도, 박사가 경으로 대우받는 관직이기 때문이다.

〈표-27〉의 ①~⑯에서 령의 정원 단위로 '員'을 쓴 것이 5건이고,
경의 정원 단위로 '員'을 쓴 것이 6건이다. ⑰·⑱은 신문왕대의 용례로,
령·경의 정원 단위를 각각 '人'으로 썼다. 〈표-27〉의 경향과 맞지 않고,
신문왕대에 국한되는 예외 사례이다. ⑱~⑳, ㉑~㉒는 감·사의 정원
단위를 모두 '人'으로 썼다. 즉 주요 6관직 중 경 이상은 '員', 감 이하는
'人'으로 정원 단위가 구분된다.

경의 상당위는 (6)아찬~(9)급찬이, 감의 상당위는 (11)나마~(10)대나마가
일반적이다. 즉 정원 단위는 (9)급찬 이상이 '員', (10)대나마 이하가 '人'으

---

75) "御伯郎, 二人. 景德王 九年, 改爲奉御. 宣德王 元年, 又改爲卿, 尋改爲監"(『三國史記』
    권39, 雜志8, 職官 中, 御龍省).

76) "置御龍省 奉御, 二員"(『三國史記』 권9, 新羅本紀9, 景德王 9년(750) 2월) ; "改御龍省
    奉御爲卿, 又改卿爲監"(『三國史記』 권9, 新羅本紀9, 宣德王 卽位條(780)).

로 규정되었다. 따라서 (9)급찬 이상의 관인이 高官이며, 법흥왕 7년 (520) (9)급찬까지 牙笏을 들게 한 조치도 상기 구조에서 이해된다.

⑰·⑱의 예외가 있지만, 령·경과 감 이하 관직의 정원 단위 구분이 주목된다. '경 이상 관직'·'감 이하 관직'은 정원 단위를 엄격히 구분할 정도로 대우의 차가 있음을 보여주기 때문이다. 즉 '경 이상 관직'이 상급 관인·高官, '감 이하 관직'이 하급 관인·下官이다.

'경 이상 상급 관인·高官', '감 이하 하급 관인·下官'이란 구분은 관청에도 적용된다. 령의 상당위 상한은 장관 간 계서 구조·서열의 존재를 보여주며, 장관의 관직명은 部·府 등 관청의 格을 결정짓는 요소이기 때문이다.

실제 직관 上의 육부소감전(육부감전)·직관 中의 典大舍典·上大舍典 등은[77] 장관의 관직명과 관청의 格이 상호 밀접한 관계임을 알려준다. 六部少監典(六部監典)은 감의 동급관직이 맡은 6개 부별 少監典(監典)의 통합명칭이고, 전대사전·상대사전은 각각 典大舍·上大舍가 장관이었다.[78]

이상에서 장관의 관직명을 等級으로 삼아 44관청을 분류할 수 있다. 44관청의 장관은 령·경·감·대사·幢이 보이며, 幢이 장관인 관청은 고관 가전 하나이다. 따라서 당을 장관으로 둔 관청은 육부 사무 관계 관청에만 있다. 나머지 43관청은 령·경·감·대사가 장관인 관청으로 분류된다.

---

77) "典大舍典. 典大舍, 一人. 典翁, 一人. 史, 四人"(『三國史記』 권39, 雜志8, 職官中) ; "上大舍典. 上大舍, 一人. 上翁, 一人"(『三國史記』 권39, 雜志8, 職官 中).

78) 직관 中은 '監典'이라 해도 監을 두지 않는 경우도 있다("監典. 大舍, 二人. 舍知, 二人. 史, 四人. 都官, 四人. 從舍知, 二人. 樂子【無定數.】"(『三國史記』 권39, 雜志8, 職官 中) ; 少年監典. 景德王改爲釣天省, 後復故. 大舍, 二人. 史, 二人(『三國史記』 권39, 雜志8, 職官 中)). 이 사례는 예외 혹 大舍·弟監과 監의 분화관계에서 나타난 것으로 이해되는데, 그 원인에 대한 규명은 차후 과제이다.

령·경·감·대사는 각각 고유의 상당위를 가지면서 계서 구조를 이룬다. 사정부와 좌·우이방부가 대표적인 사례이다. 3개 관청은 모두 '령 - 경 - 좌 - 대사 - 사'로 구성되기 때문이다. 상기 계서 구조는 관청의 계서 구조에도 영향력이 있으므로, 장관의 관직명에 級을 붙여 '관청의 등급'으로 개념화할 수 있다. 이하 령이 장관인 관청을 '令級 관청', 경이 장관인 관청을 '卿級 관청', 감이 장관인 관청을 '監級 관청', 대사가 장관인 관청을 '大舍級 관청', 당이 장관인 관청을 '幢級 관청'이라 하겠다. 또 관직은 경 이상·감 이하를 기준으로 상급 관인·고관과 하급 관인·하관이 구분되므로, 5등급 관청 중에서 경급 관청 이상이 상급 관청, 감급 관청 이하가 하급 관청이다. 이 점에서 령급 관청은 최상급 관청, 대사급·당급 관청은 최하급 관청이다.

44관청은 '일반관청·성전·육부 사무 관계 관청'의 3개의 계통으로, 각 계통은 령급~당급의 4~5등급 관청으로 구분된다. 관청의 계통·등급을 고려해 44관청에 둔 직수와 총원만 표기해 정리하면 〈표-28〉과 같다.

〈표-28〉 44관청의 계통과 등급별 분류

등급	㉮일반관청				㉯성전(성전 생략)				㉰육부 사무 관계 관청		
	No.	관청명	직수	총원	No.	관청명	직수	총원	No.	관청명	직수	총원
令級 (上) (最上)	①	집사부	5	27	⑤	사천왕사	5	7	④	경성주작전	5	26
	②	병부	6	27	⑥	봉성사	5	6				
	③	조부	5	20	⑦	감은사	5	6				
	⑫	창부	5	38	⑧	봉덕사	5	7				
	⑬	예부	5	19	⑨	봉은사	4	6				
	⑭	승부	5	20								
	⑮	사정부	5	23					·	·	·	·
	⑯	예작부	5	17	·	·	·	·				
	⑰	선부	5	17								
	⑱	영객부	5	16								

222

	관청	직수	총원	관청	직수	총원	관청	직수	총원
	⑲ 위화부	4	16						
	⑳ 좌이방부	5	24						
	㉑ 우이방부	5	19						
	13관청 합계	65	283	5관청 합계	24	32	1관청 합계	5	26
	평균 정원 / 1관청	21.8		평균 정원 / 1관청	6.4		평균 정원 / 1관청	26	
卿級 (上) (上)	㉒ 상사서㊞	4	12	⑩ 영묘사	3	4			
	㉓ 대도서㊞	3	11	㉕ 영창궁	3	7			
	㉖ 국학㊞	3	7						
	㉗ 음성서㊞	3	8	·	·	·	·	·	·
	㊵ 누각전	2	7						
	5관청 합계	15	45	2관청 합계	6	11			
	평균 정원 / 1관청	9		평균 정원 / 1관청	5.5		비고 : 790년 이후 전읍서 승격		
監級 (下) (下)	㉙ 공장부	3	7	⑪ 영흥사	2	4	㉔ 전읍서	4(5)	43(113)
	㉚ 채전	3	6				㊶ 육부소감전	30	53
	㉛ 좌사록관	3	7						
	㉜ 우사록관	3	7						
	㉝ 전사서㊞	3	7						
	㉞ 신궁	3	6	·	·	·	·	·	·
	㉟ 동시전	4	10						
	㊱ 서시전	4	10						
	㊲ 남시전	4	10						
	9관청 합계	30	70	1관청 합계	2	4	2관청 합계	34(35)	96(166)
	평균 정원 / 1관청	7.8		평균 정원 / 1관청	4		평균 정원 / 1관청	48(83)	
大舍級 (下) (最下)	㊳ 사범서㊞	2	6				㉘ 대일임전	10(11)	45(55)
	㊴ 경도역	2	4				㊷ 식척전	2	12
	·	·	·	·	·	·	㊸ 직도전	3	40
	2관청 합계	4	10				3관청 합계	15(16)	97(107)
	평균 정원 / 1관청	5					평균 정원 / 1관청	32.3(35.7)	
幢級 (下) (最下)	·	·	·	·	·	·	㊹ 고관가전	1(4)	4(31)
							1관청 합계	1(4)	4(31)
							평균 정원 / 1관청	4(31)	

※ ① 등급 : 첫째 줄은 令級~幢級 표기, 둘째 줄은 上級·下級만 표기. 셋째 줄은 전체 4~5등급 중 最上(令級)·上(卿級)·下(監級)·最下(大舍級, 幢級) 구분. ② 직수·총원 단위 : 職·人. ③ 원문자 숫자 : 직관 上의 순서. ④ 괄호 : 기타 포함.

〈표-28〉은 44개 관청을 계통별 등급으로 분류한 것이다. 〈표-28〉처럼, ㉮일반관청은 13개 령급 관청·5개 경급 관청·9개 감급 관청·2개 대사급 관청으로 분류된다. ㉯성전은 5개 령급 관청·2개 경급 관청·1개 감급 관청으로 분류된다. ㉰육부 사무 관계 관청은 1개 령급 관청·2개 감급 관청·3개 대사급 관청·1개 당급 관청으로 분류되었고, 하대인 원성왕 6년(790) 전읍서가 경급 관청으로 승격하면서, 각 등급의 관청을 모두 갖추었다.

계통별로 정리하면 ㉯는 ㉮보다 규모가 작고, 직수가 적다. 한편 ㉰는 각 급별 관청이 ㉮보다 규모가 크고, 직수가 많으며, 기타 관직을 포함하였다. 특히 동급의 관청이지만, 몇 배 이상의 규모를 갖는 사례가 있다. 단적으로 대사급 관청의 사례를 들 수 있다. 대사급 관청의 평균 정원은 ㉮가 5인이지만, ㉰는 32.3인이다. 직수도 마찬가지이다. ㉮는 2개 관청에 4직이 설치되었다. 반면 ㉰는 3개 관청에 15직이 설치되었고, 기타를 포함하면 16직이 설치되었다. 이상 ㉮·㉰의 차이는 육부를 고려한 안배가 전제되었기 때문이다.

한편 ㉮는 령·경·감·대사급 관청의 평균 정원이 각각 21.8인·9인·7.8인·5인이다. 령급 관청을 기준으로 한 배율은 1 : 0.4 : 0.4 : 0.2이다. 즉 평균 정원의 배율에서 경급·감급 관청은 별 차이가 없다. 후술하겠지만, 이것은 경·감의 상향 분화로 인한 행정적 효율성의 문제와 관계된다.

㉮에서 각급 관청별 직수는 령급 관청이 5등 조직인데 비하여, 경급·감급 관청은 대개 3등 조직이고, 대사급 관청은 2등 조직이다. 이것은 대부분 사지를 두지 않기 때문이다. 령급 이하의 일반관청은 사지를 전혀 두지 않았다. 감급 이하 관청 중 사지를 육부 사무 관계 관청에만 보이고, 육부 사무 관계 관청 중에서도 식척전·고관가전에는 사지를 두지 않았다.

전 절에서 제시한 지표처럼, 사지는 설치된 관청 수·직수·정원이 매우 적다. 주요 6관직은 44개 관청·202개 관직·678인이, 사지는 14개 관청·23개 관직·54인이 배치되었다. 전체 사지 중 10개 관청·10개 관직·12인만이 ㉮의 령급 관청에, 4개 관청·13개 관직·42인이 ㉰에 배속되었다. 즉 사지를 둔 관청의 수는 ㉮의 령급 관청이 많지만, 사지의 직수·정원은 ㉰에 더 많이 배치되었고, 특히 사지의 정원은 ㉰가 ㉮의 3배나 된다. 이것은 사지가 사에서 분화한 신라의 전통적인 관직임을 보여준다.

중앙관인의 총원 중 283인은 部·府 사무에, 223인(330인)은 육부 사무에 배치되고, 사지를 部·府, 육부 사무 관계 관청에만 둔 것은 중요하다. 部·府 사무와 육부 사무, 즉 天下행정과 首都행정의 관계를 나타내기 때문이다.

部·府 사무는 전국을 대상으로 하고 중요도가 높은 國事이자, 신라의 天下행정이었다. 육부 사무는 수도행정 전반을 총괄한다. 천하·수도행정의 주요 6관직에 배치된 인력이 유사하고, 주요 6관직 중 전문적인 업무를 담당하는 사지를 둔 것은 천하·수도행정의 관계에 대한 이념과 연관된다. 京兆·太原·河南의 三府와 都督府·都護府·州·縣의 행정조직을 설명하는 '『唐六典』 권30, 三府督護州縣官吏'에서 비슷한 관념을 볼 수 있기 때문이다.

이에 따르면, 당의 국가행정조직과 首都·副都 행정조직 및 주현 행정 조직은 모두 6전적 범주로 구분되었다. 국가행정은 중서·문하·상서의 3省과 尚書 6部를 중심으로 운영되었다. 수도·부도와 州의 행정은 長官· 通判官 하 상서 6부의 업무에 관계된 6曹의 參軍事를 두어 운영하였고, 縣 행정도 長官·通判官 하 6조 참군사의 업무에 관계된 6尉를 두어 운영하였다. 이 중 주·현은 호구의 규모를 따른 등급이 있었으므로, 주·현의 등급에 따라 6조 참군사·6위 중 일부는 설치되지 않았다.

그런데 『당육전』은 주·현의 등급에 따라 6조 참군사·6위 중 일부를 두지 않을 경우, '두지 않았다'는 표현 대신 다른 조의 참군사나 다른 위가 해당 曹의 참군사나 해당 尉를 '兼'한다고 서술하였다. 이것은 당의 국가→ 수도·부도·州→ 縣 행정이 모두 육전적 범주에서 계통을 이루어 진행되었음을 의미하며, 당의 천하행정은 6部→ 6曹→ 6尉의 행정적 계통으로 구현됨을 의미한다. 즉 상서 6부의 업무 분담이 수도· 지방을 비롯한 天下에 투영되었음을 보여주며, 당제에 구현된 상서 6부·6조 참군사의 관계는 당의 천하행정과 수도행정이 六典體制를 매개로 구축되었음을 보여준다. 즉 당제에서는 천하행정이 축소된 것이 수도행정이고, 수도행정이 확장·연장된 것이 천하행정이었다.

중대 초 신라의 3部·1府에 신설된 4職 5人의 사지와 육부 사무 관계 관청에 설치된 13職·42人의 사지는 당제에 구현되는 천하·수도 행정의 관계를 통하여 이해할 수 있다. 육부 사무 관계 관청의 사지는 초치 연대가 서술되지 않았다. 직관 上의 서술 범례로 보아 육부 사무 관계 관청의 사지는 해당 관청을 설치할 때부터 있었다고 생각된다. 특히 사지는 상고기부터 사용한 관위를 관직으로 쓴 사례이고, 무관의 경우에는 법흥왕 10년(523)에 이미 監舍知가 운용되었음을 고려할 필요도 있다.[79] 이 점에서 상대 이래 수도행정에 주로 사용된 사지가 중요 국사를 담당하는 3部·1府에 신설되었다고 이해되기 때문이다.

당제의 원리로 보아, 중대 초 집사부·병부·창부 등 3部·1府의 사지 신설은 신라 전통의 천하·수도 행정에 대한 관계를 구현했다고 보인다. 3部·1府에 신라 전통의 관직인 사지를 신설해 육부 사무 관계 관청과

---

79) "監舍知. 共十九人. 法興王 十年, 置. …… 位自舍知至大舍爲之"(『三國史記』 권40, 雜志9, 職官 下, 武官, 諸軍官).

部·府의 조직을 일정 정도 맞추고, 신라 중대의 천하행정은 수도행정의 확장·연장이자, 수도행정은 천하행정을 압축한 것이라는 개념을 투영시켰다고 이해된다.[80]

이처럼 생각해도, 여전히 이해가 어려운 것은 사지에 있는 '두 번째 허리'의 발생 원인이다. 삼국통일 직후의 신라는 중고기보다 국가 규모가 대폭 확장되므로, 현실적으로 실무관직의 증원이 필요하였다. 또 병부노사지처럼 나·당 관계로 인해 사지·당 등의 신설이 필요하기도 하였다. 3部·1府 사지의 신설 원인으로 실무관직 증원의 필요성에 대한 문제도 생각할 수 있다.

그런데 실질적으로 3部·1府에 증원된 사지는 문무왕~효소왕대의 4職 5人에 불과하므로, 중대 초 국가 규모의 확장에 비해 증원된 사지가 무척 적다. 오히려 이 시기 관청별 실무관직으로 대폭 증원된 것은 史이다. 직관 上·본기에 따르면, 중대에 증원된 사는 51인이다. 경덕왕대 조부·창부의 사 5인, 혜공왕대 창부·국학의 사 10인의 증원을 제외한 36인의 사는 문무왕~효소왕대에 증원되었다. 문무왕 11년(671)~20년(680)에 집사부·창부·승부·사정부·상사서의 사 31인이, 신문왕 원년(681) 선부사 2인이, 효소왕 4년(695)~8년(699)에 조부·창부의 사 3인이 증원되기 때문이다. 문무왕~효소왕대 3部·1府에 사지 4職 5人이 신설된

---

80) 실제 나말여초의 지방행정조직은 兵部·倉部 등 중앙관청의 명칭이나, 侍中·侍郞·員外郞 등 중앙관직의 명칭을 차용했음이 밝혀져 있다(하일식, 「고려초기 지방사회의 주관(州官)과 관반(官班)」, 『역사와 현실』 34, 1999 ; 李仁在, 「고려초기 원주 지방의 역사와 문화」, 『韓國思想과 文化』 32 / 이인재, 「고려시대 원주의 행정체계와 원주인의 동향」, 앞의 책, 2016). 신라·당에서 중앙행정이 지방행정에 투영된 방식은 관청별 格·정원의 차등을 전제하고, 비교사적 검토를 통해 차후 해명할 과제이지만, 비슷한 현상이 나타났던 것은 중앙행정의 운영방식을 지방행정에 관철한다는 과정이나 이념의 산물이라고 생각한다.

것에 비해 사는 7배가 넘게 증원되었다. 이 점에서 중대 초 국가 규모의 확장으로 인한 실무관직 증원의 필요성은 史의 증원에 반영되었다.

따라서 사지에 보이는 '두 번째 허리'의 발생 원인은 상대 이래 중앙행정제도의 운영에 관한 문제에서 찾아야 한다. 문제는 상대 사지의 활용 사례가 희박하여, 자료적으로 '두 번째 허리'가 발생한 원인을 찾기 어렵다는 것이다.

중대 초에 증원된 4職 5人의 사지를 제외하면, 18職 49人의 사지가 남는다. 즉 상대에도 사지의 활용도는 낮다. 현존 자료 중 '두 번째 허리'의 발생 원인으로 검토할 수 있는 단서는 사지의 기원·관직으로의 전환에 대한 문제 혹 중대 중앙행정제도에서 쓰는 사지와 史의 상당위, 사지를 둔 관청의 계통, 사지 업무의 성격, 하대 사지의 처지에 대한 문제이다. 이 중 사지의 기원·관직으로의 전환에 대한 문제는 상고기 행정 전반에 걸친 문제 및 상대 사지의 활용도가 낮은 이유를 해명해야 하므로 차후 과제이다. 따라서 후자를 검토해 보자.

사지·사의 상당위는 (12)대사~(11)사지·(12)대사~(17)선저지이고, 양자의 상당위 상한은 (12)대사이다. 따라서 두 관직은 公服制의 규정 상 黃衣를 착용하여, 관인의 공무 활동에서 가시적으로 구분되지 못한다. 사지는 '사→사지'의 상향 분화로 발생하였고, 일반적인 사가 담당하기 쉽지 않은 '전문 장부'를 관장하였다. 사지 담당업무의 특성도 이것에서 나타난다. 그러나 사지의 업무는 본질적으로 '장부의 관리'이며, 사의 업무가 지닌 성격과 맥이 통하는 것이다. 즉 숙련된 사·행정 운영 경험이 축적된 사라면, 사지의 업무를 맡을 수 있다. 이것은 중고기~중대 병부의 노사지·사의 사례로 논증할 수 있다. 신라의 弩는 眞興王 19년(558)에 개발되나, Ⅰ~Ⅲ기 병부에는 노사지가 없다. 弩는 군기이므로, I~Ⅲ기 병부에서는 후대 노사지의 업무를 사가 맡았다. 따라서 사지의 업무는 본질적으로 사가 담당할 수 있었다. 이상이 하대에 사지·사가 동일시되는 현상의 원인으로 작용하는 것이다.

관직의 員을 定한다는 것은 본질적으로 행정적 효율성의 제고에 대한 문제이며, 이것은 '夷·唐相雜'의 방향에서 상고기부터 진행되는 행정의 재편에 대한 문제에도 내포되었다. 이 점에서 사지에 보이는 '두 번째 허리'의 발생 원인을 생각할 수 있다. 출전순서·상당위 하한을 고려하면, 사지는 사보다 직급·대우가 더 높았다. 그런데 양자의 담당 업무는 본질적으로 유사하여, 숙련된 사라면 사지의 업무를 일정 정도 감당할 수 있었다. 즉 실무관직의 운용비용이 더 높은 사지보다 사를 설치하는 것이 '비용 절감' 차원에서 효율적이었다고 생각된다. 사지에 있는 '두 번째 허리'는 이러한 현상에서 나타났다고 생각된다.

반면 감은 유관 자료도 많고, 상고기부터 典의 장관으로 쓰이므로, 사지와는 성격·위상이 다르다. 따라서 '첫 번째 허리'의 구체적인 발생 원인은 '두 번째 허리'와 다소 달리 이해해야 한다. 즉 '두 개 허리'의 발생 원인은 본질적으로 '행정적 효율성 제고'라는 과제와 연결되겠지만, 구체적인 발생 원인은 상고기 이래 중앙행정제도의 재편과정에서 찾아야 한다. 이것은 상대 중앙행정제도의 原形·구성 원리 및 상·중대 중앙행정제도의 계승성을 규명하는 작업을 통해 파악할 수 있다. 이에 대해서는 항을 넘겨 정리하겠다.

2) 관청 조직의 原形과 構成 原理의 함의

전 항은 관청 조직의 구성 원리와 중앙행정제도의 구조를 규명하기 위한 기준을 마련하고, '두 번째 허리'가 발생한 원인에 대해 접근하였다. 본 항은 계통별 등급을 적용하여, 관청별 조직체계·계통별 기본조직·계통별 관청 조직의 구성 원리를 일반관청→ 성전→ 육부 사무관계 관청의 순서대로 살피고, 이를 통해 중대 중앙행정제도의 原形·구성 원리·'첫 번째 허리'가 발생한 원인에 대해 접근하고자 한다. 일반관청은 각각의 등급별 관청의 수 자체가 많으므로, 령급 관청→ 경급관청→ 감급·대사급 관청의 순서로 진행할 것이다. 령급 관청의 조직체계는 〈표-29〉와 같다.

〈표-29〉 일반관청 계통의 령급 관청(部·府) 조직체계 일람

순서	No.	관청명	令	卿	監	大舍	舍知	史	총원	규모1	규모2	비고
(1)	①	집사부	1	2	·	2	2	20	27	㉯	이상	
(2)	②	병부	3	3	·	2	1	18	27	㉯	이상	
(3)	③	조부	2	3	·	2	1	12	20	㉯	미만	
(4)	⑫	창부	2	3	·	2	1	30	38	㉯	이상	
(5)	⑬	예부	2	3	·	2	1	11	19	㉯	미만	
(6)	⑭	승부	2	3	·	2	1	12	20	㉯	미만	
(7)	⑯	예작부	1	2	·	4	2	8	17	㉯	미만	
(8)	⑰	선부	1	3	·	2	1	10	17	㉯	미만	
(9)	⑱	영객부	2	3	·	2	1	8	16	㉯	미만	
(10)	⑮	사정부	1	3	2	2	·	15	23	㉯	이상	
(11)	⑳	좌이방부	2	3	2	2	·	15	24	㉯	이상	
(12)	㉑	우이방부	2	3	2	2	·	10	19	㉯	미만	
(13)	⑲	위화부	3	3	·	2	·	8	16	㉯	미만	

구분(部·府)	令	卿	監	大舍	舍知	史	총계	령급 관청의 평균 정원
설치된 관청의 수	13	13	3	13	9	13	·	283人÷13관청≒21.7人
주요 6관직별 정원-㉮	24	37	6	28	11	177	283	→ 약 22人
주요 6관직별 職數-㉯	13	13	3	13	9	14	65	
평균 정원-㉮/㉯=ⓐ	1.8	2.8	2	2.2	1.2	12.6	·	
令 기준 정원 배율	1	1.5	0.3	1.2	0.5	7.4	·	
설치된 관청의 수	19	26	20	41	14	44	·	주요 6관직 평균 정원
주요 6관직별 정원-㉯	34	61	38	109	54	382	678	678人÷44관청≒15.4人
주요 6관직별 職數-㉯	19	26	27	47	23	60	202	기타포함 정원 : 785人

230

평균 정원-⑭/㉓=ⓑ	1.8	2.3	1.4	2.3	2.3	6.4	3.3	785人÷44관청≒17.8人
슈 집단 기준 정원 배율	1	1.8	1.1	3.2	1.6	11.2	·	

※ ① 규모1 : 〈표-26〉의 규모. 이하 규모1은 〈표-26〉에 제시한 산술적 규모를 말함.
② 규모2 : 部·府 평균 정원 대비규모, 이상·미만 표기. ③ 비교를 위해 〈표-25〉의
직관 上 전체 통계를 회색 바탕으로 표시. 이하 회색은 모두 〈표-25〉의 통계치임.

〈표-29〉는 일반관청에서 13개 령급 관청의 조직을 관청별 조직체계
에 따라 정리한 것이다. ⑴~⑼까지의 9개 관청은 '령 - 경 - 대사 - 사지
- 사', ⑽~⑿까지의 3개 관청은 '령 - 경 - 감 - 대사 - 사', ⒀은 '령 - 경 -
대사 - 사'로 구성된다. 공장부를 제외한 모든 部·府가 해당한다. 대체
로 5등 조직체계를 가졌고, 4등 조직체계를 사용한 1개 관청이 있다.
13개 部·府의 평균 정원은 약 22인이며, 집사부·병부·창부·사정부·좌
이방부는 평균 정원보다 규모가 크다.

13개 령급 관청의 총원은 283명으로 주요 6관직의 총원 중 41.7%를
차지한다. 따라서 주요 6관직의 상당수가 13개 령급 관청에 설치되었
다. 구체화하면, 령 70.6%·경 60.7%·감 15.8%·대사 25.7%·사지 20.4%·
사 46.5%를 차지하며, 특히 사는 중앙행정에 설치된 사의 총원 대비
절반에 육박한다.

部·府의 중요성은 당연하지만, 큰 규모·다양한 관직의 설치는 주목된
다. 규모 상 관장업무가 상당하였고, 조직상 특정 사안을 처리할 때는
최소 3~4단계를 거쳐 정책을 집행하였다.

部·府에 설치된 주요 6관직의 평균 정원은 령 1.8인·경 2.8인·감
2인·대사 2.2인·사지 1.2인·사 12.7인이다. 감·사지의 관계는 독특하
다. 部·府에 감은 3개 관청에 6인, 사지는 9개 관청에 11인만 설치되었
다. 평균 정원도 감은 2인, 사지는 1.2인이다. 〈표-29〉의 개별 사례에
보이듯, 감이 설치되면 사지가 설치되지 않았다. 즉 部·府 조직에서

감·사지는 상피하는 관직이다.

〈표-29〉에서 모든 部·府가 취한 조직은 령 - 경 - 대사 - 사이며, 각 평균 정원은 령 1.8인 - 경 2.8인 - 대사 2.2인 - 사 12.6인이다. 4개 관직의 령 기준 정원배율은 령 1인 - 경 1.5인 - 대사 1.2인 - 사 7.4인이다. 즉 部·府의 기본 조직은 령 2인 - 경 3인 - 대사 2인 - 사 13인이며, 기본 조직에 가장 가까운 관청이 조부·승부이다. 이 중 조부는 령의 상당위 상한이 太大角干으로 높고, 직관 上의 3번째 관청으로 출전된다. 간접서술방식으로 상당위를 밝힐 때, 조부 관직이 병부만큼이나 중요기준으로 쓰는 것과 관련될 것이다. 다만 '조부 기준'의 함의는 상·중대 중앙행정제도의 변화과정을 반영한 차후 연구가 더 필요하다.

部·府는 '령 2인 - 경 3인 - 대사 2인 - 사 13인'의 기본 조직에 적절히 정원을 증감하고, 감 2인이나 사지 1~2인을 선택적으로 두어 조직을 완성하였다. 기본 조직인 '령 2인 - 경 3인 - 대사 2인 - 사 13인'을 주목하면, 상기 조직 구성 방식은 상대 중앙행정제도를 운영한 경험이 반영된 결과이다.

령은 정령의 최종집행·결재를 내리는 자이다. 경은 대감·감은 판관이므로, 경은 '큰(중요한) 判'을 내리는 자이다. 대사는 문서·장부·일 등을 주관하는 자이다. 사는 말단실무·행정잡무 담당자이다. 따라서 部·府의 기본 조직은 최종집행자·결재자인 장관 2인 - 큰(중요한) 판단을 내리는 차관 3인 - 문서·장부·일의 주관자 2인 - 말단실무·행정잡무 담당자 13인으로 구성되며, 관청별로 경의 보좌관 2인이나, 전문 장부 담당자 1~2인을 추가한 것이다.

경의 보좌관인 좌는 율령사무와 관계된 관청에만 설치된다. 직관 上 전체에서 일반관청 중 3개의 령급 관청(사정부·좌우이방부)과 1개

의 경급 관청(상사서)에만 설치되었고, 좌를 둔 관청은 감찰·刑政·賞勳
과 포상을 주관하였다.[81] 따라서 좌는 율령 사무 관계 관청에서 경의
大判을 輔佐하기 위해 두었던 '大判官의 補佐官'이다. 좌는 동급관직이
감이지만, 감·좌의 행정적 역할은 분명하게 구별된다. 따라서 좌는
감과 달리 '判權'을 갖지 않았고, 이로 인해 관청별 문서의 결재선상에도
위치하지 않았다.

　이제 볼 것은 경급 관청의 조직체계이다. 〈표-30〉을 보자.

〈표-30〉 일반관청 계통의 경급 관청 조직체계 일람

순서	No.	관청명	令	卿	監	大舍	舍知	史	총원	규모1	규모2	비고
(1)	㉒	상사서(全)	·	1	1	2	·	8	12	㉒	이상	
(2)	㉓	대도서(全)	·	1	·	2	·	8	11	㉒	이상	
(3)	㉖	국학(全)	·	1	·	2	·	4	7	㉒	이상	博士·助教
(4)	㉗	음성서(全)	·	2	·	2	·	4	8	㉒	미만	
(5)	㊵	누각전	·	6	·	·	·	1	7	㉒	미만	
구분			令	卿	監	大舍	舍知	史	총계	경급 관청의 평균 정원		
설치된 관청의 수			·	5	1	5	·	5	·	45人÷5관청=9人		
주요 6관직별 정원-㉮			·	11 [5]	1 [1]	8 [8]	·	25 [24]	45 [38]	[38人÷5관청=7.6人] → 9人		
주요 6관직별 職數-㉯			·	6 [5]	1 [1]	5 [5]	·	6 [5]	18 [16]			
평균 정원-㉮/㉯=ⓐ			·	1.8 [1]	1 [1]	1.6 [1.6]	·	4.2 [4.8]	2.5 [2.4]			
卿 기준 정원 배율			·	1 [1]	0.1 [0.2]	0.7 [1.6]	·	4.3 [4.8]	·			
설치된 관청의 수			19	26	20	41	14	44	·	주요 6관직 평균 정원		
주요 6관직별 정원-㉰			34	61	38	109	54	382	678	678人÷44관청≒15.4人		
주요 6관직별 職數-㉱			19	26	27	47	23	60	202	기타포함 정원 : 785人		
평균 정원-㉰/㉱=ⓑ			1.8	2.3	1.4	2.3	2.3	6.4	3.3	785人÷44관청≒17.8人		
令 집단 기준 정원 배율			1	1.8	1.1	3.2	1.6	11.2	·			

※ ① 이하 〈표-29〉와 대개 동일. ② 규모2 : 경급관청 평균 정원 대비규모, 이상·미만
표기. ③ 국학 규모2 : 博士·助教 약간인을 더하여 이상. ④ 'ﾛ'는 누각전 제외 수치.

---

81) 李仁哲, 앞의 책, 1993, 39~40쪽 및 42~43쪽.

4장 中代 중앙행정제도의 정원 구조와 그 原形　233

〈표-30〉은 5개 경급 관청의 조직을 조직체계에 따라 정리한 것이다. (1)은 '경 - 감 - 대사 - 사'로, (5)는 '경 - 사'로 구성되었다. (2)~(4)까지는 '경 - 대사 - 사'로 구성된다. 따라서 경급 관청은 3등 조직체계를 기본으로 하고, 감을 추가한 4등 조직체계나, 대사를 덜어낸 2등 조직체계를 사용한 경우도 있다.

경급 관청의 정원합계는 45인이며, 평균 정원은 9인이다. 국학은 셀 수 있는 정원이 7인이나, 박사·조교 若干人이 있어 최소 9인 이상 관청이다. 따라서 경급 관청에서는 상사서·대도서·국학 등이 규모가 크다. 또 음성서는 8인, 누각전은 7인이므로, 경급 관청에서는 署가 典보다 상대적으로 규모가 크다.

경급 관청은 전사서·사범서 외 모든 部의 속사가 포함되므로, 部와 관계를 가진 관청이 대부분이다. 한편 누각전은 경의 동급관직인 박사를 6인이나 설치한 상급 관청으로, 물시계의 관리에 대한 관심도를 보여준다. 박사는 물시계를 통해 시간을 읽거나 물시계의 관리·보수를, 사는 시간 기록 및 時報 업무를 담당하였다. 따라서 누각전의 청사는 1곳이며, 신라의 중앙행정에서는 누각전의 시간을 국가표준시로 사용했을 것이다.

경급 관청에 설치된 주요 6관직의 평균 정원은 경 1.8인·감 1인·대사 1.6인·사 4.2인이다. 상기 평균 정원은 산술적인 수치이지만, 두 가지 이유로 조정이 필요하다. 첫째, 상사서에만 좌 1인이 있다. 경급 관청은 대개 경 - 대사 - 사의 조직을 사용하므로, 좌 1인은 실질적 비교가 불가능하다. 둘째, 누각전의 조직문제이다. 누각전은 박사가 6인이나, 사는 1인에 불과하다. 〈표-30〉에서 누각전박사를 제외하면, 경은 각 관청별로 1~2인 정도만 설치되었다. 따라서 관직별 평균 정원은 누각전과 상사서좌를 제외하여 비교해야 한다.

이상의 조정을 반영하면, 경급 관청에 설치된 주요 6관직의 평균 정원은 경 1인 - 대사 1.6인 - 사 4.8인이고, 경 1인 대비 정원 배율도 동일하다. 즉 경급 관청은 경 1인 - 대사 2인 - 사 5인이 기본 조직이며, 전형적인 관료제 구조이다. 상사서·누각전은 기본 조직에 감을 추가하거나 대사를 덜어 만들어졌다.

경급 관청까지가 상급 관청이므로, 신라 중대 중앙행정에서 상급 관청은 部·府 등 國事 담당 관청이거나, 部의 屬司 및 물시계 등을 관장하는 관청이다.

이상에서 령급·경급 관청의 구조가 주목된다. 部·府의 기본 조직은 령 2인 - 경 3인 - 대사 2인 - 사 13인이고, 部 屬司의 기본 조직은 경 1인 - 대사 2인 - 사 5인이다. 즉 部·府는 장관인 령이 2인 이상 설치되고, 전형적인 관료제 구조가 아니다. 반면 署는 경 1인 아래 전형적인 관료제 구조이다.

대사를 기준으로 하면, 部·府는 구조적으로 고관의 비율이 상당히 높다. 이것은 복수의 령을 두면서 발생하는 현상이다. 部·府는 2인 이상의 령이 설치된 경우가 많고, 그에 따라 경도 많이 설치되었기 때문이다. 후술하겠지만, 部·府 이하 일반관청에서 복수의 장관을 둔 경우는 거의 찾을 수 없다.

그러면 部·府에 령을 복수로 둔 이유를 고민해야 한다. 령의 복수제에 대한 의미로 귀족합의제 원리의 적용,[82] 梁部·沙梁部 출신자에 대한 우대책[83] 혹 귀족합의제의 전통과 진골의 정치권력독점[84] 등이 지적

---

82) 井上秀雄, 앞의 책, 1974, 266~267쪽.
83) 李基白, 앞의 책, 1974, 146쪽.

되었다. 즉 행정적 문제보다 정치적 문제에서 원인을 찾았던 것이
일반적이었다.

상기 해석도 일정부분 수긍할 수 있지만, 행정권의 독점에 관한
문제가 더 크다. 신라에서 部·府는 國事를 담당하는 최상급 관청이었고,
部·府의 결정사안은 경급 이하 관청의 정책집행에 직접적인 영향을
미치는 것이다. 이 점에서 각 部·府의 장관이 1명이라면, 國事의 '專知·
專典'에 대한 문제가 발생할 확률이 높다. 유관 사례로 C가 주목된다.

> C. 兼中書侍郎 岑文本을 中書侍郎으로 삼아 機密을 專知하게 하였다【胡三省
> 注 ; 中書侍郎은 2員이다. 당시에 단독으로 [잠]문본을 기용하였다. 그러므로
> 機密을 오로지 담당한(專典) 것이다.】.[85]

C는 7세기 전반 당의 사례이며, 『구당서』·『신당서』에도 유사한 기사
가 있다.[86] 『당육전』에 의하면, 중서시랑은 중서령을 돕는 중책이었다.
2인의 중서령은 軍國의 政令을 관장하고 百揆를 고찰하여 천자의 대정을
집행하였고, 중서시랑 2인은 邦國의 庶務와 朝廷의 大政에 참여하였
다.[87] 그런데 642년 잠문본은 중서시랑에 홀로 기용되었으므로(獨用),

---

84) 李基東, 앞의 책, 1984, 136~139쪽.

85) "以兼中書侍郎 岑文本爲中書侍郎, 專知機密【胡三省 注 ; 中書侍郎, 二員. 時, 獨用文本.
故專典機密.】"(『資治通鑑』 권196, 唐紀12, 太宗 貞觀 16년(642) 春 正月 辛未).

86) "兼中書侍郎·江陵子 岑文本, 爲中書侍郎, 專知機密"(『舊唐書』 권3, 本紀3, 太宗 下,
貞觀 16년(642) 春 正月 辛未) ; "中書舍人 岑文本, 爲中書侍郎. 專典機密"(『新唐書』
권2, 本紀2, 太宗 貞觀 16년(642) 春 正月 辛未).

87) "中書令二人, 正三品. 中書令之職, 掌軍國之政令, 緝熙帝載, 統和天人. 入則告之,
出則奉之, 以釐萬邦, 以度百揆, 蓋以佐天子而執大政者也. 中書令之職, 掌軍國之政令,
緝熙帝載, 統和天人. 入則告之, 出則奉之, 以釐萬邦, 以度百揆, 蓋以佐天子而執大政
者也. …… 中書侍郎二人, 正四品上. 中書侍郎掌貳令之職, 凡邦國之庶務, 朝廷之大

기밀을 '專知'·'專典'했다고 하였다. 유관 기사가『구당서』·『신당서』등 正史와『자치통감』에 수록된 것은 642년 잠문본의 사례가 특이한 것이기 때문이다.

실제로 최상급 관청에 복수의 장관을 설치하는 것은 신라 특유의 현상이 아니다. 신라 중대 중앙행정제도에는 省이 없으므로, 部·府가 최상급 관청이다. 당제의 최상급 관청은 省이므로, 部·府와 省을 비교해야 한다.

당제도 省의 장관은 복수로 규정하거나, 규정상 1인이라도 실질적으로는 복수제를 활용해 운영하였다. 당에서 문하성의 장관인 侍中은 2인이고,[88] 중서성의 장관인 중서령도 2인이다. 상서성의 장관인 상서령은 1인으로 규정되나 대부분 闕席이었고, 상서성의 실질적 운영은 左·右의 僕射가 담당하였다. 상서령이 대부분 궐석인 것은 당 초기 이세민이 상서령으로 사무를 專知하다가 현무문의 난을 겪은 역사적 경험이 작용하였다.[89] 즉 당제는 3省의 장관을 복수로 규정하거나, 1인으로 규정했어도 실질적으로는 복수로 운영하였다.

따라서 중요 국사를 담당하는 최상급 관청 장관의 복수제는 신라 특유의 현상이 아니며, 國事의 專知를 막기 위한 행정적 안전장치이다. 따라서 신라가 部·府에 복수의 령을 둔 것은 '專知國事'를 막기 위한 행정적 조치이다.

이제 하급 관청인 감급 관청·대사급 관청을 볼 차례이다. 감급 관청이

政, 皆參議焉. 凡臨軒冊命大臣, 令爲之使, 則持冊書以授之"(金鐸敏 主編,『譯註 唐六典 中』, 신서원, 2005, 89~104쪽).

88) 金鐸敏 主編, 위의 책, 2005, 16쪽.

89) 金鐸敏 主編, 앞의 책, 2003, 110~116쪽.

9개, 대사급 관청이 2개이므로, 양자를 합쳐 정리하면 〈표-31〉과 같다.

〈표-31〉 일반관청 계통의 감급·대사급 관청 조직체계 일람

순서	No.	관청명	令	卿	監	大舍	舍知	史	총원	규모1	규모2	비고
(1)	㉙	공장부	·	·	1	2	·	4	7	㉰	미만	
(2)	㉚	채전	·	·	1	2	·	3	6	㉯	미만	
(3)	㉛	좌사록관	·	·	1	2	·	4	7	㉰	미만	
(4)	㉜	우사록관	·	·	1	2	·	4	7	㉰	미만	
(5)	㉝	전사서(典)	·	·	1	2	·	4	7	㉰	미만	
(6)	㉞	신궁	·	·	1	2	·	3	6	㉯	미만	
(7)	㉟	동시전	·	·	2	2	·	6	10	㉰	이상	
(8)	㊱	서시전	·	·	2	2	·	6	10	㉰	이상	
(9)	㊲	남시전	·	·	2	2	·	6	10	㉰	이상	
구분			令	卿	監	大舍	舍知	史	총계	감급관청의 평균 정원		
설치된 관청의 수			·	·	9	9	·	9	·	70人÷9개 관청≒7.8人		
주요 6관직별 정원-㉠			·	·	12	18	·	40	70	→ 8人		
주요 6관직별 職數-㉡			·	·	9	9	·	12	30			
평균 정원-㉠/㉡=ⓐ			·	·	1.3	2	·	3.3	2.3			
監 기준 정원 배율			·	·	1	1.5	·	3.3	·			
순서	No.	관청명	令	卿	監	大舍	舍知	史	총원	규모1	규모2	비고
(1)	㊳	사범서(典)	·	·	·	2	·	4	6	㉯	이상	
(2)	㊴	경도역	·	·	·	2	·	2	4	㉯	미만	
구분			令	卿	監	大舍	舍知	史	총계	대사급 관청의 평균 정원		
설치된 관청의 수			·	·	·	2	·	2	·	10人÷2개 관청=5人		
주요 6관직별 정원-㉢			·	·	·	4	·	6	10			
주요 6관직별 職數-㉣			·	·	·	2	·	2	4			
평균 정원-㉢/㉣=ⓑ			·	·	·	2	·	3	2.5			
大舍 기준 정원 배율			·	·	·	1	·	1.5	·			
설치된 관청의 수			19	26	20	41	14	44	·	주요 6관직 평균 정원		
주요 6관직별 정원-㉤			34	61	38	109	54	382	678	678人÷44관청≒15.4人		
주요 6관직별 職數-㉥			19	26	27	47	23	60	202	기타포함 정원 : 785人		
평균 정원-㉤/㉥=ⓑ			1.8	2.3	1.4	2.3	2.3	6.4	3.3	785人÷44관청≒17.8人		
令 집단 기준 정원 배율			1	1.8	1.1	3.2	1.6	11.2	·			

※ 규모2 : 감급·대사급 관청 평균 정원 대비규모, 이상·미만 표기.

〈표-31〉은 감급 관청·대사급 관청의 조직을 정리한 것이다. 감급 관청은 직관 上의 출전 순서상 ㉙~㉙에 해당한다. 감급 관청의 정원합계는 70인이며, 평균 정원은 약 8인이다. 따라서 감급 관청에서는 3시전이 상대적으로 규모가 크다. 또 감급 관청은 대개 감이 1인이나, 3시전은 감이 2인이다. 3시전은 경도 3시에 위치하므로, 감의 증원은 담당업무의 현장성 문제에 기인한다. 즉 감 1인은 3시를 항상 감독하고, 감 1인은 유관부서에 사안을 협조·전달하는 역할로, 두 가지 역할을 교대 혹 분담하며 운영하였다. 대사급 관청은 정원합계가 10인이고, 평균 정원이 5인이므로, 사범서의 규모가 상대적으로 크다.

감급 관청은 공장부 같은 府도 있으나 예외이고, 대개 典·館·署·宮이다. 대사급 관청은 署·驛이다. 한편 전읍서 외 署는 部의 屬司이므로, 屬司로 署를 말자로 쓴 관청인 '屬司 署'도 경급·감급·대사급 관청의 등급을 갖춘다.

〈표-31〉에서 특히 주목되는 것은 사지를 설치한 관청이 전혀 없다는 것이다. 시전서생은 사지와 유사한 성격을 지녔지만, 사의 상당위를 차용하였다. 사범서대사는 사지의 상당위를 취하지만, 관직명은 대사이다. 경급 관청에서 사지를 볼 수 없으므로, 일반관청에서 사지는 령급 관청인 部·府에만 설치되었다. 또 대사는 일반관청에서 장관이 되는 下限 관직이다.

하급 관청은 상급 관청보다 조직체계가 단순하다. 감급 관청은 감 - 대사 - 사, 대사급 관청은 대사 - 사이다. 관직별 평균 정원은 감급 관청이 감 1.3인 - 대사 2인 - 사 3.3인, 대사급 관청이 대사 2인 - 사 3인이다. 따라서 기본 조직은 감급 관청이 감 1인 - 대사 2인 - 사 3인, 대사급 관청이 대사 2인 - 사 3인이다.

이상 29개 일반관청의 기본 조직을 정리하였다. 각급 관청의 기본 조직을 중심으로 관청 조직의 구성 원리를 정리하면, 〈표-32〉와 같다.

〈표-32〉 일반관청 계통에 소속된 29개 관청 조직의 구성 원리

구분	No.	관청 등급	관청 개수	고하 공복 관직	高官[員]		下官[人]		
					紫衣	緋衣	靑衣	靑衣~黃衣	黃衣
					令	卿	監	大舍	史
상급 관청	①	령급	13	정원	2[1]	3[1.5]	·	2[1]	13[6.5]
	②	경급	5		·	1	·	2	5
하급 관청	③	감급	9		·	·	1	2	3
	④	대사급	2		·	·	·	2[1]	3[1.5]

※ '[]' : 비교의 가시성을 높이고자 장관의 인원수로 약분한 결과를 같이 제시함.

29개 일반관청의 기본 조직은 〈표-32〉로 나타나며, 몇몇 특징이 있다. 첫째, 령급 관청의 기본 조직은 고관의 비중이 높다. 령·경을 합하면 5인이고, 대사·사를 합하면 15인이다. 령급 관청의 기본 조직 내부에서 고관은 25%의 비중을 차지하므로, 상급 관인 조직의 정원이 많은 편이다.

둘째, 각급 관청은 고정적으로 대사 2인을 두는 것이 원칙이었다. 주요 6관직별 평균 정원에서도 대사의 평균 정원은 약 2.3인인데, 고정적으로 대사 2인을 둔 것과 관계될 것이다. 그러나 상기 원칙의 원인 규명은 차후 과제이다.

셋째, 경급 이하 관청은 관직별 정원 비율로 보아 전형적인 관료제 구조이다. 경급 관청은 경 : 대사 : 사가 1 : 2 : 5, 감급 관청은 감 : 대사 : 사가 1 : 2 : 3, 대사급 관청은 대사 : 사가 2 : 3이다. 대사급 관청은 일반관청의 최소단위이므로, 최소규모의 관청 조직 구성 비율이다. 상기 관청등급별 기본 조직의 정원 비율은 장관의 관직명이 1급씩

승급할 때마다 사의 비율이 조정·증가되었음을 나타낸다.

각급 관청 대사는 모두 2인이다. 이 점에서 사의 정원 비율만 살피면, 장관의 관직명이 1급씩 승급할 때 사의 정원 비율에 대한 조정값이 나타난다. 대사급 : 감급 : 경급 : 령급의 비율은 3 : 3 : 5 : 13이고, 감급·대사급 관청의 사 비율은 3 : 3으로 같다. 직관 中에도 대사 : 사 비율을 2 : 3으로 구성한 典이 있다.[90] 따라서 감급 관청은 대사급 관청에 감 1인을 둔 것이다. 경급 관청은 감 대신 경을 두고, 사의 정원 비율을 조정해 구성되었다. 령급 관청도 령·경과 대사 2인을 두고 사의 정원 비율을 조정해 구성되었다.

대사급·감급 관청 사의 정원 비율은 조정이 없다. 그러나 감급·경급·령급 관청 사의 정원 비율은 3 : 5 : 13으로 증대된다. 감급 관청은 典이 많으므로, 監典의 조직을 기초로 재편하면서 상급 관청이 형성된 역사성이 반영된 결과이다. 대사급 관청은 감급 관청의 原形이지만, 경급·령급 관청은 감급 관청이 原形이었다. 따라서 경급·령급 관청의 실질적 原形은 감급 관청이다. 이로 인해 대사급·감급 관청은 사의 정원 비율의 조정 없이 장관의 직급만 승급하였고, 감급·경급·령급 관청은 사의 정원 비율의 조정이 이루어졌다. 이러한 원칙은 〈표-33〉처럼, '屬司 署'에서도 확인된다.

---

90) 최소규모의 관청 조직 구성 비율은 직관 中의 典과 관계된다. 內省에서 '대사·사', '대사·사·기타(從舍知는 舍知의 변형일 수 있어 제외함)'로만 구성된 관청이 31개나 발견되기 때문이다. 특히 坐山典은 대사 2인 - 사 3인의 비율이 적용되었다. 또 대사 대비 사의 약분비율인 대사 1인 - 사 2인이 적용된 5개 관청(上新謀典·下新謀典·左新謀典·右新謀典·新園典)과 대사 2인 - 사 4인이 적용된 4개 관청(嶽典·行軍典·古昌典·北廂典)이 있다.

〈표-33〉 '屬司 署'의 각급별 분류

순서	No.	관청명	令	卿	監	大舍	舍知	史	총원	규모1	규모2	비고
(1)	⑫	상사서(會)	·	1	1	2	·	8	12	㉣	이상	
(2)	㉓	대도서(禮)	·	1	·	2	·	8	11	㉣	이상	
(3)	㉖	국학(禮)	·	1	·	2	·	4	7	㉣	이상	博士·助敎
(4)	㉗	음성서(禮)	·	2	·	2	·	4	8	㉣	이상	
(5)	㉝	전사서(禮)	·	·	1	2	·	4	7	㉣	미만	
(6)	㊳	사범서(禮)	·	·	·	2	·	4	6	㉤	미만	
C.F	⑬	예부	2	3	·	2	1	11	19	·	·	

구분	令	卿	監	大舍	舍知	史	총계	'屬司 署'의 평균 정원
설치된 관청의 수	·	4 [3]	2 [1]	6 [5]	·	6 [5]	·	50人÷6개 관청≒8.3人 → 8人
주요 6관직별 정원-㉮	·	4 [4]	2 [1]	12 [10]	·	32 [24]	50 [38]	[38人÷5개 관청≒7.6人] → 8人
주요 6관직별 職數-㉯	·	4 [3]	2 [1]	6 [5]	·	6 [5]	18 [14]	*대도서·국학·음성서의 관직별 비율 : 경 1.3 : 대사 2 : 사5.3
평균 정원-㉮/㉯=㉰	·	1 [1.3]	1 [1]	2 [2]	·	5.3 [4.8]	2.7 [2.7]	

※ ① 규모2 : '屬司 署' 평균 정원 대비규모, 이상·미만 표기. ② '[ ]'는 창부의 속사인 상사서를 제외한 통계. ③ C.F : 참고를 위하여 예부의 조직을 별도 표기

〈표-33〉은 '屬司 署'의 조직을 정리하고, 예부의 조직을 부기한 것이다. 창부는 경급 관청인 상사서 1개만 속사로 가졌다. 예부는 속사로 3개 경급 관청·1개 감급 관청·1개 대사급 관청을 가졌다. 屬司 署의 관직별 평균 정원은 경 1인·감 1인·대사 2인·사 5.3인이며, 창부 속사인 상사서를 제외하면 경 1.3인·감 1인·대사 2인·사 4.8인이다. 감은 상사서·전사서에만 1인이 설치되어 조직체계 상 비교는 어렵다. 반면 대부분의 속사에 존재한 경·대사·사의 비율만 살피면, 屬司 署의 평균 정원은 경급 관청의 기본 조직과 유사하다.

예부 속사 중 경급 관청의 관직별 평균 정원은 경 1.3인·대사 2인·사 5.3인이므로, 기본 조직은 경 1인·대사 2인·사 5인이다. 예부 속사는 경급·감급·대사급 관청의 위계를 갖추므로, 〈표-33〉과 동일한 방법으

로 정리할 수 있다. 이를 활용해 아래 〈표-34〉처럼 정리하면, 최하급 관청이자 대사급 관청인 사범서의 조직이 原形으로 작용했음을 볼 수 있다.

〈표-34〉 예부와 예부 屬司의 관청 조직 구성 원리

구분	No.	관청 명칭	관청 등급	관청 개수	고하 공복 관직	高官[員]		下官[人]		
					紫衣 令	緋衣 卿	靑衣 監	靑衣~黃衣 大舍	黃衣 史	
주사	①	예부	령급	1		2[1]	3[1.5]	·	2[1]	11[5.5]
속사	②	대도서 국학 음성서	경급	3	정원	·	1	·	2	5
	③	전사서	감급	1		·	·	1	2	4
	④	사범서	대사급	1		·	·	·	2[1]	4[2]

※ ① 'll' : 비교의 가시성을 높이고자 장관의 인원수로 약분한 결과를 같이 제시.
② 경급은 대도서·국학·음성서의 평균 정원인 경 1.3인 - 대사 2인 - 사 5.3인을 소수점 이하 첫 자리에서 반올림한 값으로 기입.

〈표-34〉는 主司인 예부와 5개 예부의 屬司에 나타난 관청 조직 구성 원리를 도식화한 것이다. 主司 예부·5개 예부의 屬司는 모두 대사 2인이 공통적으로 설치되었고, 감급·대사급의 대사 - 사가 동수로 설치되었다. 즉 사범서에서 감 1인을 둔 것이 전사서의 조직이었다. 령·경의 비율은 〈표-33〉과 동일하다.

〈표-33〉에서 감급·경급·령급 관청은 장관의 직급이 하나씩 승급하면서, 사의 정원조정이 이루어졌고, 사의 정원 비율은 4 : 5 : 11로 나타난다. 〈표-34〉에 나타난 사의 정원 비율이 3 : 5 : 13이므로, 〈표-33〉에 보이는 사의 정원 비율과는 차이가 있다. 사의 정원 비율 차이는 각 관청별 운영상황에서 발생했을 것이다. 분명한 것은 〈표-33〉·〈표-34〉에 나타난 관청 조직의 구성 원리가 동일하다는 것이다.

이상의 분석 결과는 신라 중대 중앙행정관청의 조직 구성 원리가 '아래에서 위로'·'소규모에서 대규모로'임을 나타낸다. 즉 '위에서 아래로'라는 제도사의 통설적 이해방식과는 상당한 차이를 나타낸다.

監典 등 상고기 관청인 典의 정비가 部의 성립·정비보다 앞선다는 것은 2장에서 논증하였다. 그리고 상대 이래 중앙행정관청의 운영과정에서 여러 변화를 겪은 중대 말 중앙행정관청의 관청·관직별 정원통계에서 감급·대사급 관청 조직의 구성 원리가 유지되고 있다. 따라서 신라의 중앙행정관청은 후대 하급 관청인 감전·대사전 등을 규모·직급을 따라 재편하는 과정에서 발생하였고, 후대의 상급 관청은 본래 하급·소규모로 존재하던 전통적인 관청이 대규모로 전환·승격되는 과정에서 발생하였다.

이제까지 일반관청 계통에서 관청 조직의 구성 원리를 논의하였다. 그렇다면 일반관청의 관청 조직 구성 원리와 나머지 두 계통의 관청 조직 구성 원리가 지닌 관계를 규명해야 한다. 44개 관청이 중앙행정관청인 이상 공유하는 원리가 있을 것이다. 또 3계통으로 분류된다면, 차이가 나는 원리도 있을 것이다. 실제 남은 두 계통의 관청을 분석하면, 관청 조직의 구성 원리상 공유점과 차이점이 있다. 〈표-35〉를 통해 성전의 조직체계를 정리하였다.

〈표-35〉 성전의 조직체계 일람

순서	No.	관청명	令	卿	監	大舍	舍知	史	총원	규모1	규모2	관청등급
(1)	⑤	사천왕사성전	1	1	1	2	·	2	7	라	이상	令級
(2)	⑥	봉성사성전	1	1	1	1	·	2	6	마	이상	令級
(3)	⑦	감은사성전	1	1	1	1	·	2	6	마	이상	令級
(4)	⑧	봉덕사성전	1	1	1	2	·	2	7	라	이상	令級
(5)	⑨	봉은사성전	1	1	·	2	·	2	6	마	이상	令級
(6)	⑩	영묘사성전	·	1	·	1	·	2	4	마	미만	卿級

구분(部·府)	令	卿	監	大舍	舍知	史	총계	成典의 평균 정원		
(7) ㉕ 영창궁성전	·	1	·	2	·	4	7	㉣	이상	卿級
(8) ⑪ 영흥사성전	·	·	1	·	·	3	4	㉤	미만	監級
설치된 관청의 수	5	7	5	7	·	8	·	47人÷8관청≒5.9人		
주요 6관직별 정원-㉮	5	7	5	11	·	19	47	→ 6人		
주요 6관직별 職數-㉯	5	7	5	7	·	8	32			
평균 정원-㉮/㉯=ⓐ	1	1	1	1.6	·	2.4	1.5			
설치된 관청의 수	19	26	20	41	14	44	·	주요 6관직 평균 정원		
주요 6관직별 정원-㉰	34	61	38	109	54	382	678	678人÷44관청≒15.4人		
주요 6관직별 職數-㉱	19	26	27	47	23	60	202	기타포함 정원 : 785人		
평균 정원-㉰/㉱=ⓑ	1.8	2.3	1.4	2.3	2.3	6.4	3.3	785人÷44관청≒17.8人		
令 집단 기준 정원 배율	1	1.8	1.1	3.2	1.6	11.2	·			

※ 규모2 : 성전의 평균 정원 대비규모, 이상·미만 표기.

〈표-35〉는 8개 成典의 조직체계를 정리한 것이다. 〈표-35〉처럼, 성전은 5개 령급 성전·2개 경급 성전·1개 감급 성전으로 구분된다. 경덕왕대의 관호 변경을 고려하면, 사천왕사성전·영창궁성전·영흥사성전은 독특한 이력을 지녔다. 영창궁성전은 관청명칭의 변경이 없다. 반면 사천왕사성전은 監四天王寺府로 고쳤다가 復故되었고, 영흥사성전은 監永興寺館으로 고친 이후 復故되지 않았다. 나머지 성전은 모두 修營□□寺使院(□□는 사찰명칭)으로 개명되었다가 復故되었다. 영흥사성전을 제외하면, 성전에서 직관 上의 표제관청명칭으로 사용된 것은 모두 중대 말 명칭이다.[91]

8개 성전 중 (1)~(4)까지는 '령 - 경 - 감 - 대사 - 사', (5)는 '령 - 경 - 대사 - 사', (6)~(7)은 '경 - 대사 - 사', (8)은 '감 - 사'로 구성된다. 따라서 령급·경급 성전의 일반적인 조직체계는 '령 - 경 - 감 - 대사 - 사'·'경 - 대사 - 사'이다. 모든 성전은 대부분의 일반관청과 마찬가지로 사지를 설치

---

91) 7개 사성전의 관청 명칭 변동에 대해서는 '이영호, 앞의 책, 2015, 295~296쪽'의 '〈표-1〉 제사성전 관호변천 일람표'가 상세하다.

하지 않았다. 반면 감은 설치되므로, 감·사지의 상피관계는 성전의 조직에도 나타난다.

한편 (8)은 예외이다. 경덕왕이 監永興寺館으로 고친 후 復故된 사실이 서술되지 않았으므로, 나말까지 감영흥사관, 즉 館의 하나였다. 감영흥사관의 대나마도 監으로 고친 후 복고되지 않았다. 일반관청에서 館은 감급 관청이며, 감 1인 - 대사 2인 - 사 4인으로 구성된다. 감영흥사관은 대사를 설치하지 않았고, 사도 3인이다. 혜공왕대 復故를 볼 수 없거나, 대사가 설치되지 않은 것은 자료 누락의 가능성·사성전과 사찰의 格에 대한 문제일 수도 있다. 그러나 사성전 관련 기록은 일괄 자료로 알려져 있으므로,[92] 자료를 존중하기로 한다.

8개 성전의 총원은 47인이고, 관청별 평균 정원은 약 6인이다. 영묘사성전·영흥사성전 외 6개 성전의 규모는 8개 성전의 평균 정원 이상이다. 일반관청의 동급관청에 비하면, 성전은 상대적으로 규모가 작다. 령급·경급·감급 일반관청의 평균 정원은 22인·9인·8인이지만, 령급·경급·감급 성전의 평균 정원은 6인·5인·4인이다. 전자·후자의 상대적 비율은 령급이 1 : 0.3, 경급이 1 : 0.7, 감급이 1 : 0.5에 불과하다.

이상에서 成典 조직은 4가지 특징을 가졌다. 첫째, 대사는 0~2인이 설치되나 일률적이지 않다. 일반관청에서 예작부대사는 2인이었고, 누각전은 대사를 설치하지 않았다. 나머지 일반관청은 모두 2인의 대사를 두었으므로, 일반관청은 관청별 대사 2인을 두는 것이 원칙이었다. 4개 성전은 2인의 대사를 두었고, 성전의 조직체계에서 대사의

---

92) 李文基, 앞의 논문, 2006, 245~246쪽.

평균값은 2에 수렴한다. 따라서 대부분의 성전은 설치를 기획할 당시에 대사 2인이 있었을 것이다. 그러나 설치시점이나 운영과정에서 특정 이유가 반영되어 대사의 정원이 조정되었을 것이다.

둘째, 장관의 직급에 따른 사의 정원조정이 거의 이루어지지 않았다. 일반관청에서 2인의 대사는 고정이고, 사는 장관의 직급이 오를 때마다 정원 비율이 조정되었다. 반면 (1)-(6)은 사가 2인으로 고정이고, (7)·(8)만 사가 4인·3인이다. 일반관청의 최소규모의 관청 조직 구성 비율도 (7)만 지켜졌다.

이것은 성전이 취한 최소규모의 관청 조직 구성 비율이 다른 것에 기인한다. 〈표-35〉의 관직별 평균 정원에서 대사 : 사의 정원 비율은 2 : 2이므로, 상기 비율을 지닌 典을 최소단위로 취하였다. 실제로 직관 中에는 대사 2인 - 사 2인으로 구성된 10개의 典이 있고, 이 중 7개는 '宮典'으로 나타난다.[93]

셋째, 감은 설치되나, 좌는 설치되지 않았다. 일반관청에서 감은 령급·경급 관청에서 좌로, 감급 관청에서 감으로 설치된다. 즉 경의 좌관·典의 장관이란 두 계통으로 분리된다. 반면 성전은 령급에도 적위가 설치되었고, 경덕왕대 개명사례에서 적위는 監이나 判官이었

---

93) 직관 中에서 '대사 2인 - 사 2인' 혹 '대사 2인 - 사 2인 - 기타'(從舍知는 앞과 마찬가지로 제외함)로 구성된 典은 11개로 명칭만 열거하면 다음과 같다. '대사 2인 - 사 2인'으로 구성된 관청은 藪宮典·北吐只宮典·弘峴宮典·葛川宮典· 善坪宮典·伊同宮典·平立宮典·少年監典·永昌典·番監·龍王典의 7개이다. 이 중 '弘峴宮典·葛川宮典·善坪宮典·伊同宮典·平立宮典'은 5宮의 典이며, 5宮을 통칭해 古奈宮이라 하였다("弘峴宮【巳下五宮, 通謂之古奈宮.】典"(『三國史記』 권39, 雜志8, 職官 中). 또 '대사 2인 - 사 2인 - 기타'로 구성된 관청은 '靑淵宮典·夫泉宮典·屛 村宮典'의 3개이다. 또 대사 대비 약분비율을 적용하면, 대사 1인 - 사 1인으로 구성된 관청은 '租典·氷庫典·白川苜蓿典·漢祇苜蓿典·蚊川苜蓿典·本彼苜蓿典·陵 色典·監夫大典·大傅典·永昌典·番監·庖典·龍王典'의 13개를 찾을 수 있다.

다.94) 즉 성전에는 감 중 佐官이 아닌 判官계통의 관직이 설치되었다. 이것은 일반관청과 운영이 다름을 의미한다.

이것은 금하신·상당의 겸직 문제에 기인한다. 금하신·상당은 다른 관청 령·경의 겸직이 많다. 성전의 업무는 담당자에게 비중 있게 여겨지지도 않았으며, 성전 관직은 실직이 아니라고 한다.95) 또 성전 금하신·상당의 겸직에 초점을 맞춰 실질적으로는 3등 조직으로 운영된다는 견해도 있다.96)

실제 성전의 규모상 성전 업무는 항상 많은 것이 아니며, 성전 업무와 部·府 사무의 중요도를 맞비교하기 어렵다. 따라서 령·경이 성전 청사에 상주할 필요가 없고, 일반관청의 령·경이 상주하기도 어렵다. 성전은 특정 사찰의 관리가 주요 업무이며, 담당업무의 특성상 청사는 관리하는 사찰의 소재지에 있다. 즉 성전은 담당업무와 현장이 밀착되어, 담당업무의 현장성이 있는 관청이다.

령·경급 관인이 성전 청사에 상주하면, 일반관청과 성전 사이의 이동 시간이 많아진다. 이것은 령·경급 관인이 본래 담당하는 일반관청

---

94) "赤位, 一人. 景德王改爲監"(『三國史記』 권38, 雜志7, 職官 上, 四天王寺成典) ;
　　 "赤位, 一人. 景德王改爲判官"(『三國史記』 권38, 雜志7, 職官 上, 奉聖寺成典) ;
　　 "赤位, 一人. 景德王改爲判官"(『三國史記』 권38, 雜志7, 職官 上, 感恩寺成典) ;
　　 "赤位, 一人. 景德王改爲判官"(『三國史記』 권38, 雜志7, 職官 上, 奉德寺成典).

95) 이문기는 겸직원칙관직을 통해 신라의 兼職制를 논의하였다. 겸직원칙관직
　　 은 '일상적인 국가통치업무와 거리가 있는 관직'이고, '원칙적으로 겸직이
　　 시행된 관직(兼職當然職)'이다. 겸직제 시행의 의도는 '소수 진골귀족이 배타
　　 적으로 권력을 독점하거나, 권력 집중을 위한 제도적 수단'이라 하였다(李文
　　 基, 앞의 논문, 1984). 겸직제의 시행 의도에 대한 설명은 중요하지만, 겸직당
　　 연직의 속성상 동의가 다소 어렵다. 겸직원칙관직 자체가 권력 독점·집중과
　　 거리가 있기 때문이다. 병부령 겸직제 등 겸직제의 실태 해명은 차후 과제이
　　 고, 본서는 성전이 현장성을 지닌 관청이란 점을 중심으로 설명할 것이다.

96) 李仁哲, 앞의 책, 1993, 47쪽.

의 사무에 지장을 초래함을 의미한다. 아울러 성전의 담당업무는 일반 관청사무 대비 상대적인 중요도가 떨어지므로, 령·경급 관인의 고과에서도 중요한 업무는 아니다. 즉 관인 개인에게도 성전의 청사에 상주하면서 업무를 처리할 필요가 없다.

바로 이것이 성전에 령·경급 관직이 있음에도 적위가 설치된 이유이다. 적위는 監·判官이므로, '判'의 권한을 가졌다. 즉 성전의 적위는 령·경급 관인을 대신해 성전의 청사에서 관청 운영에 필요한 결재를 처리하는 실질적 운영자이다. 반면 성전의 금하신·상당은 국정운영회의 같은 곳에 國事와 성전의 운영에 필요한 사안을 전달하고 검토결과를 적위에게 하달하거나, 國事와 관계된 중요 사안만을 서류상으로 결재하는 정도의 일을 맡았겠다. 즉 금하신·상당은 명목상의 장·차관으로 상주하지 않았고, 성전의 실질적 장관은 적위이다.

적위가 없는 성전은 적위의 역할을 청위가 대신하였다. 영묘사성전은 경덕왕대 上堂을 判官으로 격하시켰지만, 후에 복고되므로 일시적인 조치였다.[97] 따라서 청위가 적위의 역할을 대신하였다. 청위는 대사의 동급관직이고, 대사는 弟監이므로, 역시 '判'의 권한을 가졌다. 즉 적위

---

97) "上堂, 一人. 景德王改爲判官, 後復稱上堂"(『三國史記』 권38, 雜志7, 職官 上, 靈廟寺成典). 이 기사는 단순히 관호를 변경한 것이 아니라, 상당을 적위에 해당하는 判官으로 격하시켰다고 읽어야 한다. 나머지 성전의 상당은 모두 卿이나 副使로 고쳤기 때문이다("上堂, 一人. 景德王改爲卿, 惠恭王復稱上堂. 哀莊王又改爲卿"(『三國史記』 권38, 雜志7, 職官 上, 四天王寺成典) ; "上堂, 一人. 景德王改爲副使, 後復稱上堂"(『三國史記』 권38, 雜志7, 職官 上, 奉聖寺成典) ; "上堂, 一人. 景德王改爲副使, 惠恭王復稱上堂, 哀莊王改爲卿【一云, 省卿, 置赤位.】"(『三國史記』 권38, 雜志7, 職官 上, 感恩寺成典) ; "上堂, 一人. 景德王改爲副使, 惠恭王復稱上堂, 哀莊王又改爲卿"(『三國史記』 권38, 雜志7, 職官 上, 奉德寺成典) ; "副使, 一人. 惠恭王 始置, 尋改爲上堂. 哀莊王又改爲卿"(『三國史記』 권38, 雜志7, 職官 上, 奉恩寺成典) ; "上堂, 一人. 景德王, 置, 又改爲卿. 惠恭王復稱上堂, 哀莊王六年又改爲卿, 位自級湌至阿湌爲之"(『三國史記』 권38, 雜志7, 職官 上, 永昌宮成典)).

를 둔 성전은 3등 조직체계로, 적위를 두지 않은 성전은 2등 조직체계로 운영되었다.

이상에서 성전 운영의 특징을 논의하였다. 성전 조직에서 장관의 직급이 승급할 때, 사의 정원조정이 거의 나타나지 않는 것은 성전의 운영방식에 원인이 있다. 그러면 일반관청과 성전의 조직 구성 원리를 비교해야 한다. 성전은 대부분 중대에 설치되었고, 봉은사성전 외 성전은 설치시점부터 자료에 등장한 모든 관직이 있었을 것이다. 〈표 -36〉과 같이 성전 조직의 원형을 추적하여 일반관청의 조직 구성 원리와 비교하면, 중대에 신설된 관청도 상대 이래의 관청 조직 구성 원리가 적용되었음이 나타난다.

〈표-36〉 성전 조직의 구성 원리

No.	관청명	관청 등급		고하	高官[員]		下官[人]		
		규정 (총원)	운영 (총원)	공복	紫衣	緋衣	靑衣	靑衣~黃衣	黃衣
				관직	令	卿	監	大舍	史
①	사천왕사성전 봉성사성전 감은사성전 봉덕사성전	령급 (26)	감급 (26)	정원	1	1	1	2	2
②	영흥사성전	감급 (4)	감급 (4)		·	·	1	·	3
③	봉은사성전	령급 (6)	대사급 (6)		1	1	·	2	2
④	영묘사성전 영창궁성전	경급 (17)	대사급 (17)		·	1	·	2	3

※ 분류된 관청의 관직별 평균 정원을 소수점 첫 자리에서 반올림하여 기입함.

〈표-36〉처럼, 성전은 규정상의 등급과 운영상의 등급이 달랐다. 규정적으로 령·경이 설치되지만, 실질적 운영은 감·대사의 소관이기 때문이다. 즉 성전의 고관 조직은 중앙과 연계를 위한 일종의 연락조직이고, 하관 조직은 운영조직이었다. 따라서 성전은 자체로 연락·운영 조직이 분리되었고, 二元化된 조직을 갖춘 관청이다. 사의 정원조정이 없는 것은 조직의 二元化에 기인한다. 성전의 담당업무는 많지 않고, 고관 조직은 연락조직이자 명목상 조직에 불과하다. 그러므로 하관 조직을 변형할 필요가 없었다.

고관 조직의 의미는 성전의 격·중앙행정체계 상 해당 성전의 영향력을 결정한다는 점에서 찾을 수 있다. 고관인 령·경이 특정 성전의 령·경을 겸직한다는 것은 개별 성전의 의사를 국정회의에 전달하고, 국정회의의 결과를 통보 받는 공식적 통로가 관청 내부에 확보되었음을 의미하기 때문이다.

이상에서 성전 조직의 구성 원리를 정리하면 다음과 같다. 하관 조직은 대사 – 사가 대부분 설치되었다. 성전은 명칭 자체가 典이므로, 성전 조직의 原形은 감급·대사급 典이다. 특히 대사 2인 – 사 2인으로 구성되는 大舍典이 원형이며, 적위를 두어 監典을 만들었다. 감전에 령 1인 – 경 1인 혹 경 1인 등 고관 조직을 붙여 완성하였다.

감급·대사급 典, 특히 監典을 기초로 령·경 등 고관 조직을 붙이는 구성 원리는 일반관청의 조직 구성 원리와 공유되었다. 다만 기본 조직인 대사 2인 – 사 2인은 4개의 령급 성전에만 지켜졌으며, 나머지 4개 사례는 변형이 있다. 이것은 운영상 특정한 이유가 반영되면서 대사·사의 정원이 약간 조정된 것이다. '운영상 특정한 이유'의 실체는 자료의 확충을 기다려 논의해야 한다.

이제까지 일반관청과 성전의 조직을 분석하였다. 일반관청은 장관의 직급이 승급하면서 사의 정원을 조정하였다. 반면 성전은 二元化된 조직을 갖추었고, 고관 조직은 연락조직, 하관 조직은 운영조직이었다.

양자 모두 기원·기본 조직은 감급·대사급의 典, 특히 監典에 령·경 등 고관을 더해 완성하였다. 따라서 일반관청과 성전은 관청 조직의 구성 원리를 공유한다.

이제 남은 것은 육부 사무 관계 관청이다. 육부 사무 관계 관청은 4가지 특징을 지닌다. 첫째, 장관의 직급 대비 규모가 비정상적으로 크다. 둘째, 육부를 고려한 안배가 정원배치에 전제되어 있다. 셋째, 기타 관직이 설치된다. 넷째, 관청 조직이 자체적으로 세분화된다. 이상의 4가지 특징 때문에 육부 사무 관계 관청은 일반관청·성전과 같은 방법으로 분석이 어렵고, 분석의 틀을 다소 달리해야 한다. 관청별·관직별 평균 정원의 오차가 크고, 기타 관직을 정리해야 하기 때문이다. 상기 문제를 반영해 〈표-37〉로 정리하였다.

〈표-37〉 육부 사무 관계 관청 일람

순서	No.	관청명	令	卿	監	大舍	舍知	史	기타1	기타2	기타3	총원	관청등급
(1)	㊶	육부소감전	·	·	8	8	6	31	·	·	·	53	監級
		職數	·	·	8	6	6	10	·	·	·	30	
		정원/職數	·	·	1	1.3	1	3.1	·	·	·	1.8	
(2)	④	경성주작전	5	6	·	6	1	8	·	·	·	26	令級
		職數	1	1	·	1	1	1	·	·	·	5	
		정원/職數	5	6	·	6	1	8	·	·	·	26	
		평균 정원/6	0.8	1	·	1	1	2	·	·	·	4.3	
(3)	㉔	전읍서	·	·	6	6	15	16	70	·	·	113	監級
		職數	·	·	1	1	2	1	1	·	·	5	
		정원/職數	·	·	6	6	7.5	16	70	·	·	22.6	
		평균 정원/6	·	·	1	1	1.3	2.7	11.7	·	·	3.8	
(4)	㉘	대일임전	·	·	·	8	13	24	10	·	·	45	大舍級
		職數	·	·	·	2	4	4	1	·	·	11	
		정원/職數	·	·	·	4	3.3	6	10	·	·	4.1	
		평균 정원/6	·	·	·	0.7	0.6	1	1.7	·	·	0.7	

(5)	㊸	직도전	·	·	·	6	8	26	·	·	·	40	大舍級
		職數	·	·	·	1	1	1	·	·	·	4	
		정원/職數	·	·	·	6	8	26	·	·	·	10	
		평균 정원/ 6	·	·	·	1	1.3	2.2	·	·	·	1.7	
(6)	㊷	식척전	·	·	·	6	·	6	·	·	·	12	大舍級
		職數	·	·	·	1	·	1	·	·	·	2	
		정원/職數	·	·	·	6	·	6	·	·	·	6	
		평균 정원/ 6	·	·	·	1	·	1	·	·	·	1	
(7)	㊹	고관가전	·	·	·	·	·	4	6	6	15	31	幢級
		職數	·	·	·	·	·	1	1	1	1	4	
		정원/職數	·	·	·	·	·	4	6	6	6	7.8	
		평균 정원/ 6	·	·	·	·	·	0.7	1	1	2.5	1.3	

구분	令	卿	監	大舍	舍知	史	·	·	·	총계
설치된 관청의 수	19	26	20	41	14	44	·	·	·	·
주요 6관직별 정원-㉮	34	61	38	109	54	382	·	·	·	678
주요 6관직별 職數-㉯	19	26	27	47	23	60	·	·	·	202
평균 정원-㉮/㉯=ⓐ	1.8	2.3	1.4	2.3	2.3	6.4	·	·	·	3.3
令 집단 기준 정원 배율	1	1.8	1.1	3.2	1.6	11.2	·	·	·	·

※ ① 육부소감전 : 육부분사가 명시되므로, 개별 직수를 모두 계산. ② '평균 정원 / 6' : 1관직 당 평균 정원에서 '육부'에 입각한 기준 수 '6'으로 나눔.

〈표-37〉은 육부 사무 관계 관청을 조직체계에 따라 정리한 것이다. 〈표-37〉에서 먼저 주목할 것은 (2)~(6)의 관청이 지닌 1관직 당 평균 정원이 매우 크다는 것이다. 단적인 예로 일반관청에서 령급 관청에 설치된 주요 6관직의 평균 정원은 '령 2인 - 경 3인 - 감 2인 - 대사 2인 - 사지 1인 - 사 13인'이고, 직관 上의 전체통계에서도 '령 2인 - 경 2인 - 감 1인 - 대사 2인 - 사지 2인 - 사 11인'이다. 〈표-37〉은 관청별로 정원을 집계한 것이나, 평균 기준으로 파악해도 1관직 당 평균 정원이 많다. 따라서 일반관청·성전과 관청 조직의 구성 원리가 상당히 달랐고, 이것은 육부를 고려한 안배가 작용하기 때문이다.

이것은 (1)인 육부소감전을 통하여 파악된다. 육부소감전은 部別

分司 조직을 지녔다. 이로 인해 관청의 규모 자체는 대형이지만, 分司의 규모는 일반관청의 監典과 큰 차이가 없다. 이 현상은 〈표-37〉에서도 볼 수 있다. 부별 감전의 1관직별 평균 정원은 감 1인 - 대사 1.3인 - 사지 1인 - 사 3.1인, 즉 감 1인 - 대사 1인 - 사지 1인 - 사 3인에 불과하다. 이를 기준으로 몇몇 관직을 증감해 5職 11人~5職 7人으로 구성된 부별 소감전 6개를 합친 것이 육부소감전이었다.

전읍서·대일임전 등은 육부소감전보다 후대에 두었다. 따라서 육부 소감전 외 나머지 육부 사무 관계 관청은 分司에 관계없이 육부소감전 의 구성 원리를 차용하였다. 실제 (2)~(7)의 1관직별 평균 정원을 각각 기준 수인 6으로 나누면 육부소감전의 관직별 평균 정원과 유사하고, 직관 上 전체의 관직별 평균 정원과 비교해도 큰 차이가 없다. 따라서 (2)~(7)은 육부소감전의 구성 원리를 차용해 만들어졌음이 분명하다.

이상에서 육부 사무 관계 관청의 원형적인 모습을 파악하려면, 최소 두 번의 계산이 필요하다. 관직별 평균 정원을 계산하여 '육부'에 입각한 기준 수 '6'으로 나누고, 각급별 관청의 평균값을 계산해야 직관 上의 나머지 관직과 동등비교가 가능하다. 반면 기타 관직은 각급 관청 중 1개씩이므로, 관청별 평균값은 불필요하다. 이상의 작업을 수행하 여 〈표-38〉을 작성하였다.

〈표-38〉 각급별 육부 사무 관계 관청의 평균 정원과 조직 구성 원리

순서	No.	관청명	주요 6관직						기타 관직					관청 등급
			令	卿	監	大舍	舍知	史	木尺	鉤尺	比伐首	水主	禾主	
(1)	④	경성주작전	0.8 [1]	1 [1]	·	1 [1]	1 [1]	2 [2]	·	·	·	·	·	令級
(2)	㊵ ㉔	육부소감전 **전읍서**	·	·	1 [1]	1.2 [1]	1.2 [1]	2.9 [3]	11.7 [12]	·	·	·	·	監級

254

(번호)	관청											등급
(3)	㉘ **대일임전** ㊸ 직도전 ㊷ 식척전	·	·	0.9 [1]	0.6 [1]	1.4 [1]	·	·	1.7 [2]	·	·	大舍級
(4)	㊹ **고관가전**	·	·	·	·	0.7 [1]	·	1 [1]	·	1 [1]	2.5 [3]	幢級
C.F	④ 경성주작전 ㉘ **대일임전** ㊸ 직도전 ㊷ 식척전			0.9 [1]	0.7 [1]	1.6 [2]			1.7 [2]			大舍級

※ ① 기타 관직의 배치순서 : □尺 → 比伐首 → □主. ② 관청명의 굵은 표시 : 기타 관직을 둔 관청. ③ '[' : 소수점 하 첫 자리에서 반올림. ④ C.F : 참고를 위하여 중대 전반의 육부 사무 관계 관청 중 대사급 관청의 평균 정원을 표기.

〈표-38〉은 각급 육부 사무 관계 관청의 평균 정원을 '육부'에 입각한 기준 수 '6'으로 나누어 정리한 것이다. 육부 사무 관계 관청은 789년까지 경급 관청이 없었다. 또 경성주작전은 성덕왕 31~32년(732~733)에 령·경이 설치되었다. 따라서 육부 사무 관계 관청은 중대 전반까지 감급·대사급·당급 관청으로 운영되었고, 중대 후반에 령급·감급·대사급·당급 관청이, 하대에 경급 관청이 발생하면서 모든 등급의 관청을 갖추었다.

중대 전반 4개 대사급 관청의 관직별 평균 정원은 대사 1인 - 사지 1인 - 사 2인과 비벌수 2인이다. 고관가전은 幢만 4인이 있고, 나머지는 기타 관직만 있다. 따라서 특정 결과를 유도하기 어렵고, 유사사례의 분석이 더 필요하다.

중대 전반 육부 사무 관계 관청의 정원은 감급 관청에 감 1인 - 대사 1인 - 사지 1인 - 사 3인, 대사급 관청에 대사 1인 - 사지 1인 - 사 2인이 배치되었다. 즉 대사 1인 - 사지 1인은 고정적으로 설치되었고, 장관의 직급이 승급하면서 사의 정원이 2인에서 3인으로 조정되었다.[98] 따라서 이 조직을 기본 조직으로 육부를 고려한 안배가 정원배치에 적용되었다. 육부 사무 관계 관청 조직의 구성 원리는 6부를 고려한 안배만 제외하면, 일반관청과 동일하다.

중대 후반에 승격되었던 경성주작전은 성전의 구성 원리도 적용되었다. 경성주작전은 일반관청과 달리 사의 정원조정이 없다. 즉 대사급 관청에 령·경에 해당하는 고관 조직을 붙여 완성하였다. 이것은 경성주작전·성전의 운영방식이 유사하기 때문이다. 경성주작전령도 겸직이 많은 관직이므로,[99] 고관 조직이 연락 조직으로 기능하였다. 경성주작전이 '성전'과 자구적으로 유사한 명칭인 '作典'을 쓰거나, 직관 上에서 作典 이후 成典이 연속하여 서술된 것과도 맥이 통한다. '作典'·'成典'에서 字意가 상통하고, 직관 上의 출전순서가 연속되며, '二元化된 조직'과 같은 관청 구성 원리나 운영방식도 동일한 것이다.

이제까지 직관 上의 44관청에 대해 중대 말 통계를 기준으로 계통·등급을 적용해 분류하고, 각급 관청의 기본 조직·조직 구성 원리·원형을 모색하였다. 44관청의 개별 사례로 계통별 관청의 原形을 설정한 것은 아니지만,[100] 직관 上의 중대 말 중앙행정제도의 정원 구조를 고려하면,

---

98) 직관 中에서 대사 1인 - 사지 1인 - 사 2인이나 사 3인을 기준으로 한 典은 찾기 어렵다. 다만 대사 1인 - 사지 1인을 기준으로 하는 관청은 몇 개가 찾아진다. 內省의 하관 조직이 대사 1인 - 사지 1인이다. 또 어룡성 휘하 監典이 대사 2인 - 사지 2인 - 사 4인 - 도관 4인 - 종사지 2인 - 樂子 무정원이고, 廩典이 대사 2인 - 사지 2인 - 사 8인 - 늠옹 4인 - 종사지 2인이었다. 監典·廩典의 조직은 대사 2인 대비 비율로 정확하게 나누어지므로 일정정도 관련될 것이다.

99) 李文基, 앞의 논문, 1984, 20~21쪽.

100) 이것은 필자의 차후 과제이기도 하다. 位和府의 정비과정·船府가 船府署에서 별치되었다는 점·領客府가 본래 倭典이었다가, 領客典·領客府 등으로 설치된다는 점·例作府의 이칭이 例作典이란 점 등은 본서의 논의에 도움을 주는 사례이나, 예외적인 사례도 다소 발견된다. 이 점에서 44관청 전체의 연혁과 운영양상을 차후에 논증하여, 본서에서 설명한 관청 조직의 구성 원리와

3계통의 관청이 지닌 기본 조직의 原形은 대개 하급·소규모 관청이었다. 즉 大舍가 장관인 典인 大舍典, 監이 장관인 典인 監典이 중대 말 중앙행정제도에서 상급 관청의 原形이다. 특히 史의 정원은 대사급 관청에서 감급 관청으로 승급할 때는 변화가 없고, 감급 관청에서 경급 이상 관청으로 승급할 때 본격적인 변화가 나타난다. 이 점에서 大舍典은 監典의 원형이고, 監典은 경급·령급 관청의 원형이다. 즉 직관 上에 수록된 관청의 초기 모습은 大舍典이며, 령·경이 통할하는 상급 관청의 실질적 원형은 監典이다. 따라서 監典의 재편과정이 '두 개의 허리 구조'에서 '첫 번째 허리'를 만들어낸 원인이다.

상대~중대 이래 여러 변형을 겪은 중대 말 관청 조직의 원형이 典이며, 기본 조직인 監典·大舍典이 직관 中의 典과도 연관성을 가진다는 점은 중요하다. 이것은 신라의 중앙행정관청이 상고기 관청인 監典·大舍典, 특히 監典을 실질적 原形으로 삼아 재편한 것임을 알려주기 때문이다. 44관청은 기본 조직이자 하관 조직인 典에 고관 조직을 두면서, 사의 정원조정을 가해 구성되었다. 즉 部·府·署 등 상급 관청을 原形으로 典을 만든 것이 아니라, 여러 형태로 존재하던 典, 특히 監典을 재편하는 과정에서 상급 관청이 성립하였다.

상기 관청 조직의 구성 원리는 신라 상대·중대 중앙행정관청의 발달 방향이 '아래에서 위로'·'소규모에서 대규모로'이며, 관청의 발달이 지

개별 사례의 정합 관계에 대한 검토가 이루어질 필요가 있다. 다만 이 과제는 44관청 각각의 성립 시점과 조직 정비의 관계·본기와 여러 문자 자료를 통한 자료적 보완·본기 및 직관지의 비교와 원전의 성격·시기별 관청운영의 특징과 중앙행정체계 상의 위상에 대한 문제 등을 함께 검토해야 한다. 특히 「眞興王巡狩碑」에는 '奈夫□典'·'及伐斬典' 등이 보여 직관지에 보이지 않는 典에 대한 보충이 필요하고 「南山新城碑」는 部監 등이 보이므로, 운영사례를 계속 주목해야 할 것이다. 그러므로 이 문제는 차후의 과제로 삼겠다.

닌 방향성은 관위·관직의 상향 분화라는 역사적 경험이 반영되었음을 보여준다. 이 점에서 신라 중앙행정제도의 발달 방향도 한국 고대사 제 분야의 발달 방향과 합치하였다. 따라서 상고기에 존재한 소규모·하급 관청을 원형으로, 계통별 재정리·재편과정에서 대규모·상급 관청이 발생하였다. 중대 중앙행정제도는 상고기·상대 이래 관청 운영의 경험을 반영하여 꾸준히 재편·재정비한 산물이었다.

이상의 발달 방향·과정이 신라 중대의 중앙행정제도가 전형적인 관료제 구조인 피라미드 구조를 갖지 못하고, '두 개의 허리 구조'를 갖게 만든 요인이다. 감에 있는 '첫 번째 허리'는 관청 조직의 구성원리에 기인하기 때문이다.

실제 〈그림-1〉의 ㉣에서 령·감은 대체로 동일한 비율로 나타나고, 〈그림-1〉의 ㉤에서 령 집단 대비 감의 정원배율이 1.1로서, 1에 수렴하는 것은 령·감의 정원이 동수에 가까움을 의미한다. 즉 고관 조직의 령과 하관 조직의 감이 유사한 위상을 가졌음을 나타낸다. 신라의 상급 관청은 중앙관청의 기본 조직인 감전·대사전 같은 원형에 고관 조직을 덧씌워 만든 것이다. 고관·하관 조직은 조직마다 관료제 구조를 취할 것임은 당연하다. 즉 고관·하관 조직이 합쳐진다는 것은 1개 관청에 '二重의 官僚制 構造'가 발생함을 의미한다.

문제는 두 개의 관료제 구조를 1개 관청에 합할 경우, 1개 관청에 '判'의 담당자가 3職이나 설치된다는 것이다. 경·감·제감은 본질적으로 대감·감·제감이고, 감은 判官이다. 즉 대감·감·제감은 큰 판관(大判官)·[일반] 판관(判官)·낮은 판관(弟判官)이다. 따라서 '두 개 관료제 조직의 중첩'이란 判의 영역·권한이 다른 판관이 3職이나 설치됨을 의미한다.

'判官'은 문서의 결재권자이므로, 두 개 관료제 구조의 중첩이란 중간결재권자·중간결재단계가 증대됨을 의미한다. 최소 3職의 판관 사이에서 중간결재만 2번이나 존재하고, 장관의 최종 결재를 포함하면 3~4번의 결재를 받아야 하기 때문이다. 사가 문서를 올리면, 경급 관청은 '대사→감→경'이, 령급 관청은 '대사→감→경→령'의 결재를 받아야 정책의 제도적인 집행이 가능하다.

監典은 대부분 '감 - 대사 - 사'로 구성되므로, 중간결재는 1번이고, 최종결재까지 2번이다. 두 개 관료제 구조의 중첩은 필연적으로 중간결재권자·중간결재단계의 증대를 초래한다. 문서결재체계를 조정하지 않는다면, 중간결재권자·중간결재단계가 증대하면서 행정적 효율성을 저해하는 구조가 발생한다.

그러나 당제를 참고하면, 신라의 중앙행정사무에서 1개 사안에 3번 이상의 중간결재가 필요한 사안은 많지 않았다고 생각한다. 당은 신라보다 국가 규모가 컸으므로 신라보다 큰 규모의 관료제를 구축했지만, 각 관청의 내부 결재는 2번의 중간결재를 거쳐 장관에게 전달되었다. 主典官이 서류를 올리면 判官·通判官이 결재하고, 장관이 최종적으로 서명·집행하는 것이 일반적이었기 때문이다.[101] 신라가 당보다 국가·관료제의 규모가 상대적으로 작았음을 고려하면, 신라 중앙행정제도에서 1개 관청 내부의 중간결재단계가 3번씩이나 필요하다고 생각되지 않는다.

상기 이유에서 일련의 조정을 진행한 결과가 '첫 번째 허리'를 만든 원인이다. 전술했지만, 성전·작전처럼 고관 조직이 연락조직이 아니라면, 경 아래 감 계열 관직은 좌관이 설치되었다. 대사급 관청이 승격할

---

101) 金鐸敏 主編, 『譯註 唐六典 下』, 신서원, 2008, 436쪽의 각주 187).

때 경·감 중 하나만 설치되는 것이 일반적인 것도 상기 이유에서
나타난 현상으로 이해된다.

　　요컨대 감에 설정된 '첫 번째 허리'는 하관 조직에 고관 조직을 쌓거나
덧씌워 상급 관청으로 재편하면서, 判官의 중복을 피하기 위해 감
중의 일부를 대감으로 분화시킨 것에 기인한다. 모식으로 정리하면,
〈그림-2〉와 같다.

〈그림-2〉 '두 개의 허리 구조'와 '첫 번째 허리'의 발생과정 모식

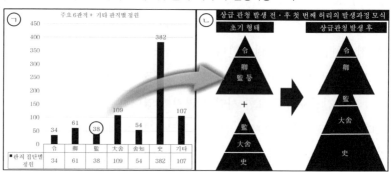

　　〈그림-2〉의 ㉠은 중앙행정의 총원구조를 재인용한 것이다. ㉠처럼,
신라의 중앙행정관직은 감·사지에 발생한 '두 개의 허리 구조'를 가졌
다. '두 번째 허리'는 비용 절감 등 행정적 효율성의 문제에 기인한다.
'첫 번째 허리'는 ㉡의 모식처럼, 監典 조직을 기초로 령·경 등 고관
조직을 쌓거나 덧씌워 상급 관청을 만들면서 나타났다. 중대 중앙행정
제도에서 감은 典의 장관이지만, 部·府 등 상급 관청에 잘 보이지 않고,
활용도가 비교적 낮았다. 이것은 〈그림-2〉의 과정에서 중간결재권자·
중간결재단계를 축소하기 위해 '판관'의 설치를 조정하였기 때문이다.
　　이상 감·사지에 있는 '두 개의 허리'와 중앙행정의 관직체계에 보이는

'두 개의 허리 구조'는 모두 신라가 추구한 행정적 효율성의 제고에 대한 노력이 반영되어 나타났다. 따라서 중대의 중앙행정제도는 상고기에 존재한 監典·大舍典을 재편하면서, 행정의 계통화와 행정적 효율성을 추구하였던 상대 중앙행정제도의 정비과정을 반영한 결과물이다. 또 령·경 등 중국식 이름을 사용한 관직이 部·府 등 상급 관청의 고관 조직으로, 감·대사·사지·사 등 신라의 전통적인 관직과 대사전·감전의 조직체계가 部·府 등 상급 관청의 하관 조직으로 기능하였다. 직관 上에서 '신라 관호를 살펴보니, 외래적인 것(唐)과 동이적인 것(夷)이 서로 섞였다'고 총평한 것은 전통적인 행정방식이 典과 같은 관청만 아니라, 部·府 등 상급 관청의 조직체계에도 반영되어 있기 때문이다. 따라서 신라 중대의 중앙행정제도는 상고기 이래 행정의 계통화와 행정적 효율성을 추구하고, 외래문물을 참고하며 자국의 국가체제를 질적으로 발전시킨 결과물이다.

아울러 상대 중앙행정제도의 정비과정이 지닌 함의로 하나 더 지적할 것은 신라 상대 감전·대사전의 재편이 지닌 동아시아 역사 속의 함의이다. 신라의 部·府 등 상급 일반관청은 흔히 당제의 상서 6부와 비교된다. 그런데 중국의 상서 6부도 신라와 유사한 과정을 거치면서 발달하였음을 볼 수 있다.

중국도 秦漢시대에는 官長과 副 정도만 있었으며, 중간관직인 屬官이 발달한 형태는 아니었다. 전한~후한 초기에 걸쳐 중국 전토의 군주사속화·군주권의 강화과정이 있었고, 군주의 私的세력에 속한 낭관이 尚書·黃門·宮中 등에 給事하여 중앙관서로 침투하였다. 다만 당시의 낭관은 임시직이었다. 이후 후한을 거치면서 낭관은 점차 公的 존재로 전화되고, 낭관이 맡던 속관의 정규직화 현상이 발생하여 관료제가

정비되었다. 따라서 '郎官의 제도화'는 후한 관료제 발달사에서 중요한 분수령의 하나이다.[102]

이 과정에서 尙書의 비중이 증대되었고, 후한 광무제 때 6조로 개편되는 과정을 거치면서 尙書臺가 되었으며, 曹魏에서 尙書省이 독립되었다. 이후 상서성에는 후대 6部의 전신이 되는 5·6曹가 설치되지만,[103] 5·6曹 외 '郎이 관장하는 部(曹)'도 사안별로 두어졌다. '郎이 관장하는 部(曹)'는 왕조별로 변화의 폭이 일정하지도 않았고, 행정적 계통도 잘 찾아지지 않는다.

해당 내용은 『通典』 권22, 職官4, 尙書上, 歷代郎官'에 상세하다. 이에 의하면 魏 黃初년간 殿中·吏部·駕部 등 唐制의 육부 屬司와 유사한 명칭을 쓰는 23인의 郎이 있었고, 晉代에는 35~36曹까지 늘어났다. 남조는 東晉의 15曹·宋의 20曹·梁의 23曹·陳의 21曹 등이 두어졌다. 북조는 後魏에서 36曹를 둔 것이 西魏의 12部로 개편되거나, 北齊의 28曹 등이 두어졌다.[104] 즉 남북조시기는 당제의 입장에서 '司'로 부를 만한 것의

---

102) 閔厚基, 「郎官의 屬官化를 통해 본 漢代 官僚制度의 발달」, 『역사와 실학』 36, 2008, 182~183쪽 및 210쪽.

103) 후대 6부의 기원이 되는 5·6曹에 대해서는 『通典』 권22, 職官4, 尙書上, 歷代尙書'를 중심으로 분석한 '정동준, 앞의 책, 2013, 302~306쪽'이 좋은 참고자료의 하나이다. 그러나 『通典』의 「歷代尙書」와 정동준의 분석은 엄밀히 말해 6尙書, 즉 6部 尙書의 기원을 정리한 것이다. 관청의 발달을 다루는 입장에서 6部 尙書의 발달과정보다 더 주목해야 하는 것은 6部 24司의 형성·정비과정이다. 실제 상서성은 다양한 曹로 운영되었고, 당의 6部도 난립한 각 曹를 6部 24司로 통폐합하면서 성립하였다. 이 점에서 당의 육전체제란 6개 상급 관청이 24司의 담당업무를 총괄하면서, 국가행정의 가장 큰 단위로 나타났던 것이라 할 수 있다. 따라서 실질적인 관청 행정의 운영·조직 정비란 측면을 중심으로 생각하면, 部(曹)의 발달 및 계통화에 대한 문제가 더욱 중요하므로, 본서에서는 이 점을 위주로 설명하고자 한다.

104) "魏, 自黃初, 改祕書爲中書, 置通事郎掌詔草.【卽, 今中書舍人之任.】而尙書郎有二十三人【有, 殿中·吏部·駕部·金部·虞曹·比部·南主客·祠部·度支·庫部·農部·水部·儀曹·三公·倉部·民

전신으로 '郞이 관장하는 部(曹)'가 있었다. '郞이 관장하는 部(曹)'는
남북조시기에 군소관청의 형태로 존재하면서 난립하고 있었던 것이
다. 이 상황에서 隋 초에 이르면, D와 같이 난립한 部(曹)들이 6曹
24司로 위계를 갖추면서 계통을 잡아 정돈되었다.

D-①. [隋]고조가 이미 천명을 받으니(581), [北]周의 6官을 고쳤는데,
이름을 정한 것이 前代의 法에 의거한 것이 많았다. 三師·三公 및
尙書 …… 등을 두면서, 司를 나누고, 職을 통령하게 하였다(分司統職).
…… 尙書省은 일을 총괄하지 않는 것이 없다. 令과 左·右僕射 각
1인을 두어 吏部·禮部·兵部·都官·度支·工部 등 6曹의 사무를 통괄하였
으니, 이것이 八座가 된다. 屬官인 左·右丞, 各 1인과 都事 8인은 司를
나누고 관할하였다(分司管轄). 吏部尙書는 吏部侍郎 2인·主爵侍郎 2인·司
勳侍郎 1인·考功侍郎 1인을 統領하였다(統). …… 모두 36侍郎이 曹의
사무를 나누어 담당하고(分司曹務), 궁중(禁省)에서 宿直하니, 漢의 제도
와 같았다.105)

曹·二千石·中兵·外兵·別兵·都兵·考功·定課.】非復漢時職任. …… 晉 …… 武帝時有三十四
曹. …… 後又置運曹爲三十五曹 …… 或爲三十六曹. …… 東晉, 有十五曹. ……
宋, 高祖時有十九曹. 元嘉以後有二十曹郎. 梁, 加三曹爲二十三曹. …… 陳, 有二十一
曹. 後魏, 三十六曹. 至西魏改爲十二部. 北齊有二十八曹"(『通典』 권22, 職官4, 尙書
上, 歷代郎官). 전문이 워낙 많으므로, 본문에 관계된 자료만 각주로 인용하였
다. 이 자료는 『通志』 권53, 職官略3, 尙書省5上, 郎官總序'에도 대부분 전제되었
다. 양자의 차이는 다음과 같다. 『通典』은 曹의 數만 있고, 曹의 명칭이나
변화를 알 수 없는 것은 알 수 없다고 분주를 적었고, 당대 郎中의 章服制를
분주로 정리하였다. 『통지』는 알 수 없는 부분에 구태여 분주를 적지 않고,
당대 낭중의 장복제를 본문으로 적었다. 『통전』·『통지』의 서술 관계 상
『통전』이 『통지』의 원전에 가까우므로, 『통전』의 자료를 중심으로 정리한다.
105) "高祖旣受命, 改周之六官, 其所制名, 多依前代之法. 置三師·三公及尙書, …… 分司統
職焉. …… 尙書省, 事無不總. 置, 令, 左·右僕射, 各, 一人, 總吏部·禮部·兵部·都官·

D-②. 隋 초에 尙書는 6曹·24司였고, 모두 36시랑이【吏部·司勳·主客·膳部·兵部·職方·都官·司門·度支·戶部·比部·刑部 등 侍郞이 각 2인이었다. 主爵·考功·禮部·祠部·駕部·庫部·金部·倉部·工部·屯田·虞部·水部, 侍郞이 각 1인이었다.】 나누어 官曹의 일(務)을 담당하였고(分司官曹務), 禁省에서 宿直하였으니, 漢의 제도와 같았다. …… 煬帝가 卽位(604)하여 상서6조에 각각 시랑 1인을 두고, 상서의 차관으로 하였다.【지금[唐]의 시랑은 두어진 것이 이로부터 시작하였다. 혹 어떤 조에는 2인을 더하였다. …… 隋 초에 상서 諸曹 24司의 諸郞은 모두 그들을 시랑이라 일컬었으니, 지금[唐]의 郞官과 같이 통할 따름이었고, 지금 6部 시랑의 직임이 아니다. 漢 이래 상서·시랑은 다 그러하였다.】 …… 大唐은 隋 諸司 郞을 고쳐 郞中으로 하고, 매 조에 또다시 員外郞을 두었다. 武德 6년(623) 6司의 侍郞을 폐하였다. 貞觀 2년(628) 옛 것을 회복하였다. 지금[唐]의 상서성은 左·右司郞中 각 1인과 [左·右司]員外郞 각 1인이 상서 6조의 일을 나누어 담당(分管)한다.106)

D-①은 『수서』, 백관 하의 자료를 인용한 것이다. 원자료가 장문이므로, 수 문제 즉위(581) 후 尙書六曹 정비의 특징을 드러낸 문장과 이부의

度支·工部等, 六曹事, 是爲八座. 屬官, 左·右丞, 各, 一人, 都事八人, **分司管轄**. 吏部尙書, **統**吏部侍郞二人, 主爵侍郞一人, 司勳侍郞二人, 考功侍郞一人. …… 凡三十六侍郞, **分司曹務**, 直宿禁省, 如漢之制"(『隋書』 권28, 志23, 百官 下).

106) "隋初, 尙書, 有六曹·二十四司, 凡領三十六侍郞,【吏部·司勳·主客·膳部·兵部·職方·都官·司門·度支·戶部·比部·刑部等, 侍郞, 各, 二人. 主爵·考功·禮部·祠部·駕部·庫部·金部·倉部·工部·屯田·虞部·水部, 侍郞, 各, 一人.】**分司官曹務**, 直禁省, 如漢之制. …… 煬帝卽位, 以尙書六曹, 各置侍郞一人, 以貳尙書之職.【今之侍郞, 其置自此始也. 或有曹加二人者. …… 隋初, 尙書諸曹二十四司諸郞, 皆謂之侍郞, 通若今之郞官耳, 非今六部侍郞之任. 自漢以來, 尙書·侍郞悉然.】 …… 大唐, 改隋諸司郞爲郞中, 每曹又復置員外郞. 武德 六年, 廢六司侍郞. 貞觀 二年, 復舊. 今尙書省, 有左·右司郞中, 各, 一人, 員外郞, 各, 一人, **分管尙書六曹事**"(『通典』 권22, 職官4, 尙書上, 歷代郞官).

사례를 중심으로 인용하였다. D-②는 『통전』, 歷代郞官에서 채록한 것으로, D-①의 내용과 수 양제 즉위~당 태종 초기의 상황을 요약할 수 있어 인용하였다.

D-①은 수 문제가 진행한 '郞이 관장하는 部(曹)'의 정비를 중점적으로 보여주며, '分司統職'·'分司管轄'·'分司曹務' 등이 강조되었다. D-②는 이를 '分司官曹務'로 표현하였다. 수 문제가 진행한 分司統職의 핵심은 D-①에 인용한 吏部의 사례에 보인다. 分司統職의 핵심은 吏部·禮部·都官·度支·工部尙書를 八座에 배속하고, 한 이래 난립한 '郞이 관장하는 部(曹)'의 계통을 정리하는 것이다. 수 문제 개혁의 핵심인 分司統職은 6曹·24司체제로 구현되었다.

D-②는 수 문제의 개혁으로 6曹·24司에 36侍郞을 두었으며, 수 양제가 즉위하여 상서 아래 시랑을 배속했음을 전한다. 두우는 양제가 둔 시랑이 당 6部 시랑의 시초임을 설명하였다. D-②에서 당의 낭관을 약술한 부분을 살피면, 수 초에 '郞이 관장하는 部(曹)'란 당에서 '郞中이 관장하는 司'와 같은 것이다. 요컨대 한 이래 난립한 '郞이 관장하는 部(曹)'는 수 초에 이르러 통폐합을 거치면서 계통화(分司統職)가 진행되었고, 이 과정의 결과물이 당제의 '尙書六部'를 형성·구축하였던 것이다.

중국사에 보이는 '郞이 관장하는 部(曹)'의 정비과정은 신라 상대 典·部의 재편이 지닌 동아시아사적 함의를 보여주는 것이다. 상고기 이래 영역의 팽창과 각종 국가체제의 재정비는 國事·京都事·王室事 등 국가행정의 영역이 확대되는 과정이다. 이 과정에서 사안별로 여러 典이 발생·소멸하고 양적으로 증가하였다. 동시전의 사례처럼, 典은 후대의 도감·현대의 위원회 같은 성격을 지닌 관청이 관리기구로 상설화된 것이다. 典은 사안별 증감·치폐가 용이하므로, 6세기 초에는 이미

多種·多量의 典이 병존하였을 것이다. 따라서 국가행정의 재정비에 대한 필요성이 현실문제로 대두하였다.

상급 관청으로서 部가 정비되었던 것은 이러한 문제를 해결하는 과정의 중간 해답으로 나타났다. 兵部의 정비과정처럼, 部가 성립했어도 새 律令체제가 도입되면서 행정계통을 비롯한 관청 간의 격·관계를 재편하는 작업이 지속되었다. 어느 시점에 이르면 상고기의 행정체계 재편에 기초한 각종 성과가 인정되고, 이전까지 진행하였던 중앙행정 제도 재편의 경험을 활용하면서 행정체계 재편에 가속도를 붙였을 것이다.

신라 상대 중앙행정제도의 정비과정에는 실제로 가속도를 붙였던 시기가 나타난다. 진평왕대가 중앙행정체계 재편에 가속도를 붙인 시기이다. 진평왕대는 신라 중앙행정제도 발달사에서 發展期로 평가되며,[107] 吏·戶·禮·兵의 4部 상응관청이 등장하였고, 진평왕 7년(585)에 둔 三宮私臣을 진평왕 44년(622)에 內省으로 재편하였다.[108] 특히 진평왕대 중앙행정제도의 재정비는 급속도로 진행되었다. 진평왕 3년(581) 위화부가 始置되고,[109] 5년(583) 선부서대감·제감이,[110] 6년(584) 조부령·승부령이,[111] 8년(586) 예부령이,[112] 11년(589) 집사부대사의 전신

---

107) 李基白, 앞의 책, 1974, 140~141쪽.

108) 金哲埈, 앞의 책, 1990, 59~62쪽.

109) "始置位和府, 如今吏部"(『三國史記』 권4, 新羅本紀4, 眞平王 3년(581) 春 正月) ; "位和府, 眞平王 三年, 始置"(『三國史記』 권38, 雜志7, 職官 上).

110) "始置船府署, 大監·弟監, 各, 一員"(『三國史記』 권4, 新羅本紀4, 眞平王 5년(583) 春 正月).

111) "置調府令, 一員, 掌貢賦. 乘府令, 一員, 掌車乘"(『三國史記』 권4, 新羅本紀4, 眞平王 6년(584) 3월) ; "調府, 眞平王 六年, 置"(『三國史記』 권38, 雜志7, 職官 上) ; "令, 二人. 眞平王 六年, 置"(『三國史記』 권38, 雜志7, 職官 上, 乘府).

과 병부제감이,[113] 13년(591) 영객부가 설치되었다.[114] 또 45년(623) 병부대감과[115] 46년(624) 상사서·대도서에 대정이 설치되었다.[116]

진평왕대 상당히 많은 중앙행정관청이 정비된 것은 진평왕이 54년이나 재위해 나타나는 현상일 수도 있다. 그러나 직관 上은 지증왕 9년(508)·법흥왕 4년(517)의 동시전·병부 설치 이후, 법흥왕 7년(520)의 율령반포~진평왕 2년(580)까지의 61년간 정비된 관청·관직을 상대등(531)[117]·집사부전대등의 전신(565)[118]·병부령 1인 증치[119]·사정부경의 전신 정도로 서술하였다.[120] 따라서 500~580년까지의 행정제도 정비에 비해 진평왕대는 급속도로 정비가 진행되었다. 특히 진평왕 3년(581)~13년(591)의 11년 동안에는 1~3년 간격으로 위화부·조부·예

---

112) "置禮部令二員"(『三國史記』 권4, 新羅本紀4, 眞平王 8년(586) 春 正月) ; "令二人 眞平王八年置"(『三國史記』 권38, 雜志7, 職官 上, 禮部).

113) "大舍, 二人. 眞平王 十一年, 置"(『三國史記』 권38, 雜志7, 職官 上, 執事省) ; "弟監, 二人. 眞平王 十一年, 置"(『三國史記』 권38, 雜志7, 職官 上, 兵部).

114) "置, 領客府令, 二員"(『三國史記』 권4, 新羅本紀4, 眞平王 13년(591) 春 2월) ; "領客府. 本名倭典, 眞平王 四十三年, 改爲領客典【後又別置倭典.】"(『三國史記』 권38, 雜志7, 職官 上). 본기는 진평왕 13년(591)에 영객부령을 두었다고 하였고, 직관 上은 진평왕 43년(621)에 영객전으로 고쳤다고 하였다. 이 글에서는 일단 본기를 기준으로 정리하였다.

115) "置, 兵部大監, 二員"(『三國史記』 권4, 新羅本紀4, 眞平王 45년(623) 春 正月) ; "大監, 二人. 眞平王 四十五年, 初置"(『三國史記』 권38, 雜志7, 職官 上, 兵部).

116) "置, 侍衛府大監, 六員, 賞賜署大正, 一員, 大道署大正, 一員"(『三國史記』 권4, 新羅本紀4, 眞平王 46년(624) 春 正月) ; "大正一人 眞平王四十六年置"(『三國史記』 권38, 雜志7, 職官 上, 賞賜署) ; "大正一人 眞平王四十六年置"(『三國史記』 권38, 雜志7, 職官 上, 大道署).

117) "上大等【或云, 上臣.】 法興王 十八年, 始置"(『三國史記』 권38, 雜志7, 職官 上).

118) "典大等, 二人. 眞興王 二十六年, 置"(『三國史記』 권38, 雜志7, 職官 上, 執事部).

119) "令, 一人. …… 眞興王 五年, 加一人"(『三國史記』 권38, 雜志7, 職官 上, 兵部).

120) "卿, 二人. 眞興王 五年, 置"(『三國史記』 권38, 雜志7, 職官 上, 司正府).

부·병부 등 部·府와 선부서 등 속사가 집중적으로 정비되었다. 즉 진평왕대는 행정의 체계화와 계통화가 크게 진전된 시기였다.

6세기 말에 이르러 신라·중국의 행정제도 정비는 유사한 방향으로 진행되었다. 신라는 581년 이후 기존 행정제도 정비의 흐름 속에서 典·部·府·署 등을 정비하며 행정제도의 계통화·재편을 진행하였고, 중국은 581년 수 문제가 즉위해 '郎이 관장하는 部(曹)'를 6曹 24司로 정리하였기 때문이다.

즉 6세기 말의 한·중 양국은 모두 비슷한 현실 문제를 가졌고, 자국의 관료제 운영 경험을 바탕으로 행정제도의 재정비를 진행하였다. 이상의 관료제 발전이 신라 상대 말~중대 초 관제와 당제로 정돈되었다. 상대 이후 지속적으로 관원이 증감된 중대 말 관제에서 관청 조직의 구성 원리를 볼 수 있는 통계수치가 나타나고, 기본 조직이 監典·大舍典으로 나타나는 것은 이를 반증한다.

요컨대 제도사 상에서 동일한 시기 한·중 양국은 유사한 현실 문제에 직면하였고, 행정제도의 체계화·계통화라는 최종적인 목표를 두고 자국의 행정체제를 재정비하였다. 6세기 말의 한·중 양국은 직면한 현실 문제가 유사하였고, 문제의 풀이 방식과 최종적인 목표도 비슷하였다. 이 과정에서 신라는 4部 9府 6署 등으로 구성한 통일신라체제를 선택하였고, 중국은 상서 6部 24司를 위시한 상서성의 정비와 唐制를 선택하였다. 즉 통일신라체제·당제는 동이·중국이 선택한 天下국가의 행정체제였고, 동궤의 발전 속에 자국 전통을 기초로 각자의 國制를 변화시킨 산물이었다. 양자의 행정적 효율성이 어떤 형태로 발휘될지, 각급 관청의 행정체계가 지닌 장단점이 무엇인지는 차후 과제이다. 분명한 것은 한·중 양국 국가체제 재정비의 결과물은 상당히 달랐고,

이 원인은 자국사의 재해석에 기초한 국가행정제도의 재편과정에 있었다는 것이다.

신라 중대 중앙행정제도는 상고기의 전통적 행정운영 경험이 중고기의 재편·재정비를 거쳐 중대로 계승되었던 역사적 산물이었다. 상고기는 중고기 관청의 원형으로서 다종·다양한 大舍典·監典이 병존·병립한 시기였다. 상고기 말 동시전 같은 변형된 監典이, 중고기 초 병부 같은 部가 성립하였다. 즉 상고기 말~중고기 초는 監典의 성립·재편과 部의 성립 등 상고기 행정의 재정비가 두드러지는 시기였다. 상고기 말~중고기 초의 성과가 인정되면서, 監典·部의 구성 원리가 중대 관청의 구성 원리로 전화된 것이 진평왕대이다. 진평왕 3년(581)부터 중앙행정관청의 재정비가 급속히 진행되고, 중앙행정관청의 계통화가 크게 진전되었던 것은 상고기 말~중고기 초 監典과 監典의 재편결과인 部가 원형으로 작용하였기 때문이다. 이 흐름이 진평왕 이후의 중고기에 지속적으로 작동하면서 중앙행정제도의 개수·보수가 진행되었고, 중대 초에 실질적 마무리를 지었던 것이 통일신라체제인 중대 중앙행정제도였다.

따라서 신라 중앙행정제도 발달사에서 상고기는 중대의 먼 원형이 마련된 시기이며, 중고기는 실질적 원형을 창출한 시기이다. 이 점에서 중고기란, 중대 중앙행정제도의 실질적 원형이 창출되어 상고기 행정제도의 재편이 본격화된 시기이다. 즉 신라의 국가체제 재정비는 지증왕~진흥왕대의 실질적인 시도·모색·성과확인을 거쳐, 진평왕대 본격적으로 진행되었다. 이후 상대 말~중대 초의 개수·보수를 통해 통일신라체제로 계승되었다. 이 점에서 상고기 국가체제의 질적 발전 형태가 통일신라체제이다.

신라 중앙행정제도 발달사는 자국 전통의 재해석에 기초하고 외래 요소를 참용하면서(夷·唐相雜), 자국의 국가체제에 세계사적 보편성을 획득한 방식과 결과를 보여준다. 바로 이 점에서 신라 중앙행정제도 발달사는 한국적 세계화의 원형이란 함의를 지니므로, 그 현재적 의의를 높이 평가하여야 한다.

5장

—

결론

본서는 신라 上·中代 天下化의 정책적 기조를 '夷·唐 相雜'으로 평가하고, 신라 상·중대의 중앙행정제도 재편과정 및 그 함의를 논의하였다. 천하화란 '자국사의 전개과정에서 當代人이 생각하는 세계사적 보편성을 획득하는 것'으로서, 세계화의 의미와 본질이 같다. 상고기 말·중고기 초 신라는 자국 전통(夷)을 근본으로 동아시아의 보편성(唐)을 참고하면서, 중앙행정제도의 재편을 진행하였다. 이에 대해 본서는 상·중대 典과 部의 재편과정·중대 중앙행정제도의 운영양상 및 조직체계·상·중대 중앙행정제도의 계승 관계를 밝히고자 하였다. 이를 통해 신라 상대 중앙행정제도의 발달과정은 자국 전통에 기초한 국가체제의 질적 발전과정이자, 天下國家 행정체계로의 발달과정임을 논의하고, 신라 중앙행정제도 발달사의 현재적 의의를 규명하였다.

상·중대 典과 部의 재편과정을 구체적으로 살피고자, 상고기 有司·所司의 활동과 東市典·兵部의 사례를 검토하였다. 典은 유사·소사나 夫道가 담당한 物藏庫事務·物藏典의 관계로 보아, 상고기 관청 운영에서 기원하였다. 典의 명칭과 담당업무는 한국어순으로 자연스럽다. 그러나 典은 관청의 格을 末字로 분류하기 어렵고, 隋·唐까지의 중국 관청에서 유사한 사례를 찾기도 어렵다. 따라서 상고기 典에 가장 가까운 모습을 가지는 典으로서, '監이 장관으로 있는 典', 즉 '監典'을 설정하였다. 감전 중에서도 명료한 설치연대·담당업무의 중요도·다른 감전이나 감의 동급관직이 설치된 典 및 部 조직과의 유사성을 고려하여, 동시전을 분석의 대상으로 삼았다.

동시전은 지증왕 9년(508)에 설치되어 京師市肆·京都東市를 관리·감독하였고, 후대의 도감·현대의 위원회처럼 활동했다가 관리기구로 굳어진 관청이었다. 동시전의 업무는 수도행정(京都事)이자 중앙행정(國事)에 해당하였다.

동시전의 조직은 중앙행정관청에서 두루 쓴 監 - 大舍 - 史와 시전업무의 특수성을 반영하는 書生으로 구성되었다. 따라서 감전의 조직을 약간 변형한 것이다. 典이나 監典은 상고기 관청의 운영양상 및 조직의 재편을 보여주며, 상고기 전통적 행정운영이 국가·수도·왕실행정에 계승되었음을 알려준다.

병부는 상고기 중요 國事의 하나인 '(內外)兵馬事나 軍事', 즉 軍政權(兵馬行政權)을 재편하며 성립하였다. 이사금시기 병마업무에서 군정권은 軍令權(軍事指揮權)과 구분되며, 군정권·군령권은 경우에 따라 兼할 수 있는 권한이었다.

신라는 마립간시기에 영역이 비약적으로 팽창하면서 고대집권국가 간 항쟁단계로 진입하였다. 신라의 영역 팽창은 신라가 쓸 수 있는 재화와 인력의 증대를 의미했지만, 고대집권국가 간 항쟁의 시작은 병마 행정의 효율성·전문성에 대한 제고를 요청하고 있었다. 이로 인해 마립간시기에 제도적인 상설관직으로 將軍이 등장하였고, 평시에 복수의 장군이 군령권·군정권을 分掌하였다.

강대한 권한을 지닌 장군의 제도화·상설관직화는 장군의 인사·보임·감찰에 대한 업무가 양적·질적 측면에서 국가 차원의 문제로 대두함을 의미하였다. 재화와 인력이 유한한 가운데 병마 행정업무의 양과 중요도는 지속 증대되었다. 이로 인해 신라는 장군의 군정권을 일정 정도 환수하고, 국가적 차원에서 병마 행정을 체계적·일원적·효율적·상시적으로 관리하려 하였다. 군정전담관청인 병부는 이러한 의도에서 성립하였다.

병부는 중국의 '部' 등 타국의 유사사례가 있는 관청이며, 병마 행정의 재편이란 사안은 시급히 진행될 필요성이 있는 것이었다. 이 점에서 병부의 조직정비는 타국의 유사사례를 수용하여 진행할 수도 있었다. 그러나 병부는 율령반포 전에 성립해 긴 시간 동안 정비되었다. 따라서 병부의 조직 정비에는 상고기 전통적 병마 행정방식의 재편·타국의 사례를 참용하는 문제가 내포되었다. 또 병부는 직관 上의 4部 중 정비에 가장 긴 시간을 소요한 관청이므로, 신라 중앙행정제도의 재편 과정을 압축적으로 보여주는 사례이다.

병부의 조직에 기준하면, 병부의 운영양상은 4시기로 구분된다. I기 병부는 令 2인 - 史 12인이 배치되었고, 변화된 병마 행정을 담당하기 위한 기초 작업을 준비하면서, II기 이후 병부 업무의 일부를 담당하였다. 병마 행정의 재편은 장군의 군정권 환수 문제와 직결되므로, 장군의 반발을 초래할 것이었다. 따라서 I기 병부는 장군의 반발을 축소·해결할 조치를 강구하고, 법흥왕 7년(520) 반포된 율령에 맞춘 병마 행정체계의 재편을 진행하였다.

II기 병부는 令 2인 - 大監 2인 - 弟監 2인 - 史 12인, III기 병부는 令

3인 - 大監 2인 - 大舍 2인 - 史 12인이 배치되었다. Ⅲ기 병부는 Ⅱ기 병부보다 행정관청으로서의 역할이 강화되었다. 그러나 Ⅱ·Ⅲ기 병부의 조직은 큰 차이를 보이지 않으므로 운영양상은 유사하였다.

　Ⅱ기 병부의 조직은 중고기 병부의 조직이며, Ⅱ기 이후 병부조직의 근간이었다. 따라서 Ⅱ기 병부부터는 Ⅳ기 병부의 역할을 대부분 담당하였다. 특히 Ⅱ기 병부부터는 屬司로 船府署를 두었으므로, 전함·수군·공사 선박·수로 교통의 업무까지 담당하였다. Ⅳ기 初, 문무왕 18년(678)에 船府가 別置되므로, Ⅳ기 병부보다 Ⅱ기 병부의 담당업무가 오히려 컸다.

　Ⅳ기 병부는 슈 3인 - 大監 3인 - 大舍 2인 - 弩舍知 1인 - 史 17인 - 弩幢 1인이 배치되었다. 弩는 진흥왕 19년(558)에 개발·배치되었고, 삼국통일전쟁의 과정에서도 활용되었다. 弩는 軍器이므로, 弩 관련 업무는 Ⅰ기 병부에서도 史가 담당하였다. Ⅳ기 병부는 弩師·弩兵의 명부·弩의 총량을 기록한 장부의 관리 등 弩 관련 업무를 전담하는 노사지·노당을 설치하였으므로, 弩 관련 담당업무의 전문화가 진행되었다. 이것은 나당전쟁을 목전에 두면서, 弩의 제작 및 운용에 대한 기술 관리의 중요성이 국가 차원에서 증대되었기 때문이다.

　동시전·병부의 사례를 통해 살펴본 典·部의 재편은 상고기의 전통적 행정운영 경험이 중고기 이후의 京都事·國事로 재편된 과정을 압축적으로 보여준다. 중대 중앙행정제도가 六典的 업무 분담을 지향했지만, 전형적인 육전과 다른 이유는 상기 역사상에 기인한다. 즉 상대 중앙행정제도의 재편은 상고기의 전통적인 관료제 운영 경험을 原形으로 진행되었고, 타국의 사례를 참용하면서 중대 중앙행정제도로 계승되었기 때문이다. 이것은 전수조사에 입각하여 직관 上의 중앙관직체계와 정원 구조를 분석하면 명료하다.

직관 上은 중대 말인 혜공왕대를 중요기준시점으로 서술되었다. 중대 중앙행정제도는 44개 관청·207+α개 관직·785+α인으로 구성되었다. 관직별 상당위는 19관위를 기준으로 설정되며, 상당위가 파악되는 주요 6관직과 상당위의 파악이 어려운 기타 관직으로 구분된다. 따라서 신라 중대 중앙행정제도는 19관위 - 주요 6관직체계를 중심으로 운영되었다.

직관 上의 207관직 중 상당위를 직·간접적으로 알 수 있는 것은 99관직으로, 관직 총수의 절반 이하인 47.8%에 불과하다. 그러나 두 가지 기준에서 26개 관직의 상당위는 추정이 가능하다. 하나는 특정 관청이 존재하다가 동일관청이 추가되면서, 복수의 관청이 기존 관청의 역할을 분담한 경우이다. 다른 하나는 관청의 담당업무와 조직체계가 유사하며, 출전이 연속된 경우이다. 두 가지 기준의 사례를 통해 125개 관직의 상당위가 파악되며, 이것은 관직 총수의 절반 이상인 60.4%에 해당한다.

125개 관직의 상당위는 17개 유형으로 구분되고, 6개의 대표관직(令 - 卿 - 監 - 大舍 - 舍知 - 史)과 각각의 동급관직 및 주도적인 상당위를 규정할 수 있다. 이것이 본서에서 정의한 '주요 6관직'이며, 각 관직별 속성은 이하와 같다.

令은 部·府·成(作)典의 장관이며, 中侍·衿荷臣이 동급관직이다. 상당위의 하한은 (5)대아찬이다. 령의 상당위 상한은 [非(1)]太大角干·[非(2)]大角干·(1)角干·(2)伊湌·(3)迊湌으로 구별된다. 상당위 상한의 차이는 령 내부에 존재하는 대우의 차와 더불어 관청의 格을 반영하는 것이다.

令의 상당위 상한은 非常位에 설정된 것과 常位에 설정된 것으로 분류된다. 非常位는 '闕席이 많은 관위'로, 실제 소지한 사례를 찾기 어렵다. 따라서 비상위에 설정된 령의 상당위 상한은 관인의 보임에 관한 의미보다도, 령급 관청의 격·서열에 대한 의미가 강하다. 병부·예부·조부령의 상당위 상한은 [非(1)]태대각간이므로, 3개 관청이 최상급 관청이다. 경성주작전·창부·위화부령의 상당위 상한은 [非(2)]대각간이므로, 3개 관청이 차상급 관청이다. 常位에 령의 상당위 상한을 둔 관청은 5府·5成典→ 執事部→ 理(議)方府 순서로 서열이 있다.

령의 상당위 상한이 비상위에 설정된 6개의 관청은 육전체제 하 兵·禮·戶·工·吏의 업무 분담과 관계된다. 따라서 중대 중앙행정제도는 전형적인 육전이 아니지만, 육전적 업무 분담을 보편적인 국가행정원리로 지향하였다.

卿은 部·府·成(作)典의 차관 혹 署의 장관으로, 大監·上堂·大正·典大等·長이 동급관직이다. 경의 紫衣를 착용할 수 없어 령과 명확히 구분되며, 계통에 따라 卿·上堂으로 관직명이 구분된다. 일반적으로 경은 部·府·署에, 상당은 成典에 설치된다. 경의 상당위는 병부대감, 상당의 상당위는 집사부전대등이 기준이다. 따라서 경은 大監系 卿(경)·大等系 卿(상당)으로 분리된다.

대등계 경은 營繕·造營을 담당하는 成典에 설치되었고, 대부분 古官職으로서 대감계 경의 전신이었다. 따라서 성전은 일반관청의 업무·운영과 차이가 있고, 卿 등 '漢式 명칭'의 도입에도 불구하고 전통적인 방식으로 이루어졌다.

대감계 경은 일반관청에 설치되었고, '弟監(=大舍)→ 監→ 大監(卿)'의 상향 분화과정에서 발생하였다. 3자는 감을 기본으로, '弟'나 '大'를 붙여 권한의 대소를 표현하였다. 대감은 監으로 약칭될 수 있고, 직관

上에는 감에서 경으로 승격된 기사가 나타난다. 한편 대사는 일반관청에서 장관이 되는 하한 관직이므로, '弟監(=大舍)→ 監→ 大監(卿)'의 상향 분화가 상정된다.

대감계 경의 전신은 대등계 경이다. 대감계 경은 신라의 행정운영 경험이 축적되고 외래적 요소가 도입되면서, 권한의 대소를 명료하게 규정하고 서열의 조정을 거친 산물이었다. 이로 인해 部·府·署 등 외래적 요소를 참용하였던 상급의 일반관청은 감의 상당위를 규정적으로 제거하고 경을 설치하였다.

監은 署·典·館·府 등의 장관이며, 佐·赤位가 동급관직이다. 佐는 署·府에 설치된 경의 佐官이고, 赤位는 寺成典의 실질적 장관이다. 감·좌의 상당위는 ⑾나마~⑽대나마이며, 赤位의 상당위는 ⑽대나마~⑼급찬이다. 감은 대사를 전신으로 삼아 典의 장관으로 발생하였고, '감독·관리·판단' 등을 담당하는 判官이다. 좌는 佐官인 丞에서 기원하였고, 율령 사무 관계 관청에서 大判官인 경의 판단을 輔佐하는 佐官, 즉 大判官의 輔佐官이다. 감은 판관으로 결재권자이지만, 좌는 보좌관으로 결재권자가 아니다. 따라서 감과 달리 좌는 결재선에 위치하지 않는다. 감·좌의 단순한 관직명과 행정적 역할의 분명한 차이는 상고기 중앙행정제도에서 감이 운용되었던 역사성을 나타낸다.

大舍는 각급 중앙행정관청의 중간관리자로 널리 활용되었고, 5개 하급관청의 장관이었다. 대사의 동급관직은 靑位·主書·大都司·大司邑이며, 대사의 상당위는 ⒀사지~⑾나마이다. 대사는 '문서(書)·장부(簿)·일(事)' 등을 主管하는 弟判官이며, 史의 담당업무를 감독하였다.

舍知의 동급관직은 小都司·中司邑·小司邑이며, 사지의 상당위는 ⒀사지~⑿대사이다. 舍知는 部·府 등 일반관청·육부 사무 관계 관청에 소수가 설치되었다. 사지는 상고기부터 활용된 관위를 관직으로 쓴 사례이다. 사지는 일반관청보다 육부 사무 관계 관청에 상대적으로 많이 설치되었고, 部·府의 사지 중 일부는 중대 初에 설치되었다. 일반관청은 천하행정을, 육부 사무 관계 관청은 수도행정을 담당하였다. 당제에서는 천하행정을 압축한 것이 수도행정이었고, 수도행정을 확장한 것이 천하행정이기도 하였다. 이 점에서 중대 初에 3部·1府에 4職 5人의 사지가 신설된 것은 육부 사무와 국가사무, 즉 수도행정과 천하행정의 관계를 구현한 것이었다고 생각된다.

사지는 중대 중앙행정체계 속에서 활용도가 낮고, 대사 대비 활용도도 낮다. 일반적인 관료제가 하급 관직으로 갈수록 정원이 감소하는 피라미드 구조를 가지므로, 대사·사지의 대조적인 활용도는 쉽게 이해하기 어렵다. 대사·사지의 대조적인 활용도는 양자의 담당업무·행정적 역할에 기인한다.

대사는 경덕왕대의 관호 변경에서 主書·主簿 등으로 개칭된다. 문서(書)·帳簿의 主管은 보편적 행정업무이고, 대사는 대부분의 관청에 설치되었다. 따라서 대사는 행정운영에서 일반적으로 필요한 업무를 담당하였다.

사지는 경덕왕대의 관호 변경에서 '員外郞'이나 '司·典＋담당업무' 형태로 개칭되며, 대개 후자의 용례로 나타난다. 후자의 사례에서 담당업무로 쓴 글자는 관청명칭의 일부와 관계된다. 사지는 개칭사례·제한적 활용도를 통해 구체성·특수성·전문성을 필요로 하는 장부를 전담하는 관직이었다.

동시전서생과 동시전사·병부노사지와 병부사의 관계로 보아, 사지는 史에서 상향 분화한 관직이었다. 서생은 사와 동일한 상당위가 설정되지만, 제한적 활용도·담당업무의 성격·대우·경덕왕대의 개칭 명이 유사하다. 노사지는 Ⅳ기 병부에서 弩 관련 특수 장부를 담당하였고, Ⅲ기 병부까지는 史가 노사지의 업무를 담당하였다. 이상에서 사지는 史에서 상향 분화한 관직이다.

史는 광범위한 활용도를 지닌 관직이다. 사의 동급관직은 서생·幢이며, 사의 상당위는 (17)선저지~(12)대사이다. 직관 上에서 사는 특정 접두어가 붙은 경우를 볼 수 없고, 경덕왕대의 개칭사례도 희소하다. 몇몇 예외를 제외하면, 사는 각 관청의 조직에서 마지막으로 출전되는 관직이다. 따라서 사는 대부분의 관청에 필요한 말단행정실무, 즉 문서·장부의 기초적인 정리 및 행정잡무를 담당하였고, 관청 간 전출·전입도 용이하였다. 사지의 낮은 활용도로 인하여 대부분의 관청에서 史의 직속상관은 대사로 나타난다. 따라서 사가 담당한 문서·장부는 대사의 결재를 받기 위한 것이거나, 대사의 판단을 위해 필요한 문서의 담당, 즉 '官書의 草記'와 이에 수반되는 말단행정잡무를 담당하였다.

서생·사·당의 출전순서는 사 내부 대우의 차를 보여준다. 당은 (14)길사의 이칭이므로, 관위를 관직으로 쓴 사례 중에서 가장 낮은 관직이다. 당은 활용도가 낮아 특징은 명료하지 않지만, 담당업무의 범위는 협소하였다.

중대 중앙행정제도의 19관위 - 주요 6관직체계에서, '경 - 감 - 대사 - 사지 - 사'는 '대사→ 감→ 경'·'사→ 사지'의 계통별 상향 분화가 있었음을 보여준다. 관직의 계통별 상향 분화는 上代 전통적 행정운영의 발달과정에서 발생하였다.

관직의 계통별 상향 분화는 감전의 성립에 내포된 역사적 의의를 보여준다. 部에 앞서 감전이 성립하였고, 部는 감전 조직에 상·하급 관직을 적절히 가감하여 조직을 갖추었다. 部가 성립한 이후에는 部 조직 자체가 部·府 등 상급 관청 조직의 전범으로 작용하면서 상대 중앙행정제도를 구축하였다. 이것이 중대의 19관위 - 주요 6관직체계로 정돈되었으므로, 신라 중앙행정제도 발달사에서 감전의 성립과 재편이 지닌 의미는 중요하다. 중대 중앙행정제도가 상고기의 전통적 행정운영 경험에 외래 요소를 참용하면서, 상고기부터 있던 다양한 업무들을 중고기 이후 행정운영의 형태로 지속 재편한 것임을 알려주기 때문이다. 따라서 신라 중앙행정제도의 발달과정은 '夷·唐相雜'의 방향 아래 육전적 업무 분담을 지향하며 상고기 행정을 재편한 결과물이다.

상기 역사적 전개과정은 중대 중앙행정제도의 정원 구조 속에 나타난다. 중대 중앙행정제도를 운영하는 주요 6관직·기타 관직의 정원을 계량화하여 분석하면, 주요 6관직의 정원 구조는 '두 개의 허리 구조'로 나타나기 때문이다.

직관 上에 수록된 44관청에는 207관직·785인이 배치되었다. 주요 6관직은 44관청에 202관직·678인이, 기타 관직은 3관청에 5관직·107인이 배치되었다. 주요 6관직과 기타 관직의 '1관직 당 평균 정원 배율'은 1 : 6.3으로 편차가 크다. 따라서 주요 6관직을 중심으로 기타 관직을 참고하면서 분석하였다.

동급관직을 대표관직에 포함해 주요 6관직으로 통계를 단순화하면, 주요 6관직별 정원·관직의 수·관직별 평균 정원·령 기준 정원배율이 정리된다. 분석결과를 그래프로 치환하면, 관직별로 활용도·총원·총원 중 개별 관직이 차지하는 비율·령 집단 기준 정원 배율의 수치가 급격히 하락하는 지점으로 감·사지가 나타난다. 두 지점은 그래프의 파형 상 '허리' 혹 'V자'로 꺾이는 모습으로 나타난다. 따라서 신라 중대 중앙행정제도의 정원 구조는 감과 사지에 각각의 허리를 갖는 '두 개의 허리 구조'로 명명할 수 있다. 전형적인 관료제는 상급 관직에서 하급 관직으로 내려갈수록 정원이 증대하는 피라미드 구조이므로, 신라 중대 중앙행정제도에 나타난 '두 개의 허리 구조'는 독특하다.

감·사지와 달리 '령 - 경 - 대사 - 사'의 4개 관직의 정원 구조는 전형적인 관료제 구조인 피라미드 구조로 나타난다. '두 개의 허리'인 감·사지는 모두 관직의 상향 분화와 관계된 관직이다. '령 - 경 - 대사 - 사'는 신라 상대 部의 관직체계이므로, '두 개의 허리 구조'는 신라 상대 중앙행정제도의 정비과정에 기인한다. 또 관직에 員을 定한다는 것은 행정적 효율성의 제고 문제와 직결되므로, '두 개의 허리'는 상고기 이래 중앙행정제도의 재편과정에서 행정적 효율성의 제고 문제가 반영되어 발생하였다. 이 점에서 '두 개의 허리'는 본질적으로 유사한 문제에서 발생했지만, 중앙행정체계에서 감·사지의 위상·역할이 다르므로, 각각의 허리가 발생한 구체적인 원인은 달리 파악된다.

사지의 활용에 대한 자료가 희소하므로, 사지에 있는 '두 번째 허리'의 발생원인은 차후 지속적인 연구가 필요한 과제이다. 현존 자료에서 생각할 수 있는 '두 번째 허리'의 발생원인은 비용 절감을 통한 행정적 효율성의 제고이다. 사지·사의 담당업무는 본질적으로 '장부의 관리'이다. 이 점에서 직급이 높아 상대적으로 높은 대우가 필요한 사지보다 사에게 사지의 담당업무를 맡겨, 실무관인의 운영에 소요되는 비용을 절감하는 과정에서 나타났다고 생각된다.

감에서 나타난 '첫 번째 허리'는 監典의 再編과정에서 발생하였다. 이것은 상대 중앙행정제도의 발달과정 속에 내재된 관청의 기본 조직·원형·관청 조직의 구성 원리를 규명하면 명료하게 설명된다.

상기 문제를 해명하고자 먼저 관청의 계통과 등급을 정리하였다. 산술규모로 분류하면, 40인 이상·39인~22인·21인~15인·14인~7인~7인 미만의 5가지로 구분된다. 각 집단을 분석하면, 육부 사무 관계 관청의 4가지 특징·部와 府의 기본규모·육부 사무 관계 관청 및 部와 府의 정원배치 관계·별도 계통을 이루는 성전의 특징이 찾아진다. 정리하면 아래와 같다.

첫째, 육부 사무 관계 관청은 규모가 비정상적으로 크고, 육부를 고려한 안배가 전제되며, 기타 관직이 설치되고, 관청 조직이 세분화되었다. 둘째, 部와 府의 기본규모는 최소 15인 이상~40인 미만이다. 셋째, 육부 사무에 배치된 정원이 部·府사무에 버금가므로, 신라는 육부에 강력한 국가통제를 시행하였다. 넷째, 성전은 관청 조직 대비 매우 작은 규모이다. 따라서 중대 중앙행정제도의 44개 관청은 일반관청·성전·육부 사무 관계 관청의 계통으로 구분된다.

산술규모에 입각한 계통별 분류는 관청의 성격을 명료하게 드러내기는 한계가 있다. 관청의 성격과 행정적 구조를 고찰하려면, 담당업무의 계통을 설정하는 것이 합리적이다. 그러나 관청 간 결재선을 비롯한 각종 행정적 정보의 파악이 미진하므로, 현재의 연구 단계에서는 보류해야 한다.

산술규모별 분류를 보충할 수 있는 대안이 직급별 분류이다. 신라는 경 이상과 감 이하 관직의 정원 단위를 員·人으로 구분해 파악하므로, 경 이상이 고관이고, 감 이하가 하관이다. 장관의 관직명을 기준으로 분류하면, 령급·경급·감급·대사급·당급 관청의 5개 등급이 설정된다. 따라서 44개 중앙행정관청은 3계통별 4~5등급으로 분류된다. 계통별 관청을 등급별로 분류하여 관청의 기본 조직·원형·구성 원리를 모색하면 다음과 같다.

일반관청 중 령급 관청의 기본 조직은 령 2인 - 경 3인 - 대사 2인 - 사 13인이며, 상대 중앙행정제도의 4등 관직이 기본 조직이었다. 령급 관청은 기본 조직에 정원을 증감하고, 좌 2인 혹 사지 1~2인을 선택적으로 설치하여 조직을 완성하였다. 따라서 상대 중앙행정제도의 운영 경험을 반영하였다.

령급 관청은 최종집행자·결재자인 장관 2명 - 중요한 판단을 내리는 차관 3명 - 문서·장부·일의 주관자 2명 - 말단실무·행정잡무 담당자 13명을 주축으로 관청이 운영되었다. 기본 조직의 정원 증감 이후 율령 사무 관계 관청은 경의 보좌관 2명을 추가하고, 나머지 관청은 전문장부 담당자 1~2명을 추가해 구성·운영되었다. 당제와 마찬가지로, 령급 관청은 國事의 '專知'·'專典'을 막기 위한 안전장치로 복수의 장관을 두었다.

령급 관청과 달리 경급·감급·대사급 관청은 전형적인 관료제 구조로 구성되었다. 경급 관청의 기본 조직은 경 1인 - 대사 2인 - 사 5인이다. 감급 관청은 감 1인 - 대사 2인 - 사 3인, 대사급 관청은 대사 2인 - 사 3인이 기본 조직이다.

일반관청의 기본 조직은 고관·하관 조직이 구분된다. 감급 관청의 기본 조직은 대사급 관청의 기본 조직에 감을 더했다. 경급 관청의 기본 조직은 감급 관청의 기본 조직에서 감을 제거하고, 사의 비율을 조정하였다. 령급 관청의 기본 조직은 경급 관청의 기본 조직에서 령을 추가하고, 사의 비율을 조정하였다. 사의 조정 비율만 차이가 있을 뿐, 상기 구성 원리는 主司-屬司체계에도 적용되었다. 따라서 일반 관청의 조직 구성 원리는 대사 2인을 원칙처럼 두고, 장관의 직급이 승급할 때 사의 비율을 조정하는 것이다.

상기 구성 원리는 신라 중앙행정관청의 구성 원리에 '아래에서 위로'·'소규모에서 대규모로'라는 발달 방향이 내포된 것이다. 신라의 중앙행정관청은 후대에 하급 관청으로 남은 監典·大舍典을 규모·직급을 따라 재편하면서 정비되었다. 특히 사의 비율조정을 주목하면, 실질적인 原形은 감전이었다. 감전은 대사전이 원형이지만, 령급·경급 관청은 감전이 원형이기 때문이다.

성전의 조직 구성 원리는 일반관청과 유사하나, 성전의 운영상 3가지 차이점이 있다. 첫째, 대사의 정원이 고정되지 않았다. 둘째, 장관 직급에 따른 사의 비율조정이 없다. 셋째, 령·경이 있지만, 判官인 적위·감이 설치되었다.

성전의 장·차관은 타관의 겸직이 많았다. 성전 업무는 중요도가 낮고 현장성이 높아 '二元化된 조직'으로 구성되었다. 성전의 고관 조직은 연락조직이고, 하관 조직은 운영조직이다. 하관 조직에 고관 조직을 얹어 성전을 구성하나, 이상의 운영상황에서 3등관으로 판관을 두고 사의 비율을 조정하지 않았다.

따라서 성전의 실질적 운영자는 判官인 감·적위 혹 弟判官인 대사이다. 운영상황과 별도로, 고관 조직이 설치된 성전의 격이 더 높다. 국정 회의에 성전의 입장을 전달할 수 있는 공식적 통로를 관청 내부에 확보했기 때문이다.

육부 사무 관계 관청은 조직 구성 원리에 육부를 고려한 안배가 전제된다. 따라서 部別 分司조직을 갖춘 육부소감전을 제외하고, 관직별 평균 정원을 기준 수 '6'으로 나눈 후 관청 개수를 따라 평균을 내야 기본 조직이 파악된다.

육부 사무 관계 관청 중 감급 관청의 기본 조직은 감 1인 - 대사 1인 - 사지 1인 - 사 3인이고, 대사급 관청은 대사 1인 - 사지 1인 - 사 2인이 기준이다. 당급 관청을 고려하면, 대사 1인 - 사 1인은 고정적으로 설치되었고, 장관의 직급이 승급하면서 사의 비율이 조정되었다. 기본 조직에 육부를 안배하여 6을 곱하고, 정원을 적절히 가감하였다. 즉 육부 사무 관계 관청의 조직 구성 원리는 육부를 고려한 안배만 제외하면, 일반관청의 조직 구성 원리와 동일하다.

육부 사무 관계 관청 중 경성주작전은 중대 초 대사급 관청에 고관 조직을 얹어 령급 관청으로 승격하였다. 경성주작전은 '二元化된 조직'을 갖춘 作典·成典으로, 성전과 같은 조직 구성 원리가 적용되었다. 직관 上에서 作典 이후 寺成典이 출전된 것은 作·成의 字意와 조직 구성 원리가 상통하기 때문이다.

44관청을 3계통과 4~5등급으로 분류하여 관청 조직의 구성 원리를 추출하면, 관청 조직의 원형은 감전·대사전으로 나타난다. 또 직관 中은 계통별 원형이 된 대사전과 유사한 조직을 사용한 典을 전한다. 사의 비율조정 관계를 고려하면, 중앙행정관청에서 대사전은 감전의 원형, 감전은 령급·경급 관청의 원형이다. 즉 중대 중앙행정제도에서 상급 관청의 실질적 원형은 감전이다.

중대 중앙행정제도는 감전·대사전 등의 하관 조직에 고관 조직을 얹으면서 상급 관청이 성립한 역사성을 보여준다. 이것은 신라의 중앙 행정제도가 '아래에서 위로'·'소규모에서 대규모로'라는 발달 방향 아래 성립한 것임을 의미하며, 이러한 발달 방향은 한국 고대사의 제 분야에 존재한 발달 방향과 합치된다. 즉 직관 上의 중대 중앙행정제도는 상고기에 존재한 감전·대사전 등 소규모·하급 관청을 꾸준히 재편한 산물이다. 늦어도 지증왕대 동시전에서 감전 조직의 변형·존재가 확인되므로, 상급 관청의 발달과정은 감전의 재편과정이다.

'첫 번째 허리'는 감전의 재편과정에서 나타났다. 감전에 령·경 등 고관 조직을 증설한다는 것은 1개 관청에서 2개의 전형적인 관료제 구조가 포개졌다는 것, 즉 '二重 官僚制 構造'가 발생함을 의미한다. 二重 관료제 구조를 별도로 조정하지 않는다면, 1개 관청에 判官이 3職씩이나 설치되어, 사가 올린 문서의 중간결재권자·중간결재단계가 증대된다. 즉 二重 관료제 구조가 발생한다는 것은 국가의 정책집행에 대하여 행정적 효율성을 저해하는 구조가 발생하는 것을 의미하는 것이다.

이로 인해 중간결재권자를 조정하여 행정적 효율성을 제고할 필요가 있었다. 성전·작전 외 령·경이 설치된 관청의 감 계열 관직은 모두 佐官이 설치되고, 경·감의 상피가 관청 조직의 구성 원리로 나타났다. 감·대감의 상향 분화도 중간결재권자의 조정을 거친 산물이었다. '첫 번째 허리'는 判官·大判官의 중복을 피해 행정적 효율성을 제고하려는 목적에서 나타났다. 따라서 '두 개의 허리'는 모두 행정적 효율성의 제고라는 목적에서 나타났다. 즉 상고기 중앙행정제도가 중대 중앙행정제도로 계승되면서 행정적 효율성을 추구한 결과가 '두 개의 허리 구조'로 나타난 것이다.

신라 중대 중앙행정관청의 原形과 조직 구성 원리에서 상대 중앙행정제도와 그 정비과정이 지닌 동아시아 역사 속의 함의를 찾을 수 있다. 감전의 재편과정은 당제 상서 6부의 발달과정과 본질적으로 같기 때문이다.

당제 상서 6부의 발달과정은 '郎이 관장하는 部(曹)'의 서열화·계통화가 진전되는 과정이다. 중국에서 '郎이 관장하는 部(曹)'는 後漢부터 두어졌고, 南北朝시기에 군소관청의 형태로 난립하였다. 581년 隋 문제의 정비로, 난립하던 '郎이 관장하는 部(曹)'는 위계·행정적 계통을 갖춰 6曹 24司로 정비되었다. 수 문제 정비의 핵심은 '司를 나누고, 職을 통령하는 것(分司統職)'이었다. 수 초에 개편을 겪은 '郎이 관장하는 部(曹)'란 당제에서 '郎中이 관장하는 司'이다. 요컨대 당 상서 6부의 발달과정은 '郎이 관장하는 部(曹)'의 재편과정이다.

신라 중앙행정제도의 발달과정은 당 상서 6부의 발달과정과 본질이 같다는 점에서 동아시아 역사 속의 함의를 가진다. 상고기 이래 신라의 다양한 발전·변화는 國事·京都事·王室事 등 국가행정의 영역이 확장되는 과정이었다. 상고기 관청인 典은 후대의 都監·현대의 위원회와 유사한 성격을 지녔다. 따라서 典은 사안별 증감·치폐가 용이하였고, 6세기 초에 이미 多種·多量의 대사전·감전 등 典이 병존하였다. 이로 인해 6세기 초 신라에서는 국가행정의 재정비가 현실 문제로 대두하였고, 部는 이에 대한 중간 해답의 하나였다. 部의 성립 후에도 律令이 도입되고, 행정의 계통화 등 중앙행정제도의 재편이 지속되었다.

지증왕~진흥왕대는 중앙행정제도 재편의 경험이 축적되고 성과가 확인되는 시기이다. 진평왕대는 기존 중앙행정제도 재편의 경험을 활용하여 국가체제의 재정비를 급속도로 진행하고, 행정의 계통화가 크게 진전된 시기이다. 진평왕대의 국가체제 재정비는 상고기의 전통적 행정운영 경험과 중앙행정제도의 재편 경험이 原形으로 작용하지 않았다면 불가능하다.

즉 신라의 국가체제 재정비는 지증왕~진흥왕대의 실질적인 시도·모색·성과확인을 거쳐, 진평왕대에 본격적으로 진행되었다. 이후 상대 말~중대 초의 개수·보수를 통해 통일신라체제로 계승되었다. 따라서 상고기 국가체제의 질적 발전 형태가 통일신라체제이다. 결국 신라 중앙행정제도 발달사에서 상고기는 중대의 먼 원형이 마련된 시기이며, 중고기는 실질적 원형을 창출한 시기이다. 중고기란, 상고기 유산의 활발한 재해석을 통해 중대체제의 실질적 원형이 창출되고, 상고기 체제의 재편이 본격화된 시기로 이해해야 한다.

이상에서 6세기 말인 581년 이후 한·중 양국은 비슷한 현실 문제에 직면하였고, 자국 관료제의 운영 경험을 재편하여 기존 체제의 체계화·계통화라는 목표를 달성하였다. 이 과정의 산물이 통일신라체제·당제이다.

동일시기 한·중 양국은 직면한 현실 문제·문제의 풀이 방식·문제풀이의 최종적인 목표가 유사하였다. 동이가 선택한 체제가 4部 9府 6署 등으로 구성한 통일신라체제라면, 중국이 선택한 체제는 6部 24司를 위시한 상서성의 정비와 唐制였다. 통일신라체제·당제는 동이·중국이 동궤의 역사적 발전을 진행하면서, 자국 유산을 재해석하여 각자의 국가체제를 천하국가체제로 변화시킨 산물이었다. 양국 중앙행정제도에 대한 다방면의 비교사적 검토는 차후 과제이나, 자국 유산의 재해석에 기초해 천하국가체제를 구축한 과정은 동일하다.

신라 중앙행정제도 발달사는 자국 전통의 재해석에 기초하고 외래 요소를 참용하면서(夷·唐相雜), 자국의 국가체제에 세계사적 보편성을 획득한 방식과 결과를 보여준다. 한국사 속에서 신라 중앙행정제도 발달사는 한국적 세계화의 원형이란 함의를 지니므로, 그 현재적 의의를 높이 평가하여야 한다.

Ⅰ. 자료 및 공구서

『三國史記』『高麗史』, 百官志

「昌寧新羅眞興王拓境碑」「聖德大王神鍾銘」

「皇龍寺 九層木塔 舍利函記(利柱本記)」

『史記』『隋書』『舊唐書』『新唐書』『資治通鑑』

『唐六典』『通典』『通志』『太平廣記』

鄭玄 注·賈公彦 疏,『周禮注疏』

『日本書紀』

金富軾 저·이강래 교감,『原本 三國史記』, 한길사, 1998.

정구복 외 4인,『개정증보 역주삼국사기 1~4』, 한국학중앙연구원, 2012.

韓國古代社會硏究所 編,『譯註 韓國古代金石文 2~3』, 駕洛國史蹟開發硏究院,
        1992.

윤국일 옮김,『新編 經國大典』, 신서원, 1998.

金鐸敏 主編,『譯註 唐六典 上』, 신서원, 2003.

金鐸敏 主編,『譯註 唐六典 中』, 신서원, 2005.

金鐸敏 主編,『譯註 唐六典 下』, 신서원, 2008.

賀旭志·賀世慶 編著,『中國歷代職官辭典』, 中國社會出版社, 2003.

연민수 외 5인,『역주 일본서기 2』, 동북아역사재단, 2013.

II. 저서

〈국문저서〉

金瑛河, 『韓國古代社會의 軍事와 政治』, 高麗大 民族文化硏究院, 2002.

김용섭, 『東아시아 역사 속의 한국문명의 전환』, 지식산업사, 2008.

김창석, 『삼국과 통일신라의 유통체계 연구』, 일조각, 2004.

金哲埈, 『韓國古代社會硏究』, 知識産業社, 1975.

金哲埈, 『韓國古代史硏究』, 서울대학교 출판부, 1990.

金翰奎, 『古代東亞細亞幕府體制硏究』, 一潮閣, 1997.

문은배, 『한국의 전통색』, 안그라픽스, 2012.

朴南守, 『신라수공업사』, 신서원, 1996.

박용운, 『高麗時代 官階·官職 硏究』, 고려대학교 출판부, 1997.

서영일, 『新羅 陸上交通路 硏究』, 학연문화사, 1999.

서의식, 『新羅의 政治構造와 身分編制』, 혜안, 2010.

申瀅植, 『韓國古代史의 新硏究』, 一潮閣, 1984.

申瀅植, 『新羅通史』, 도서출판 주류성, 2004.

신형식, 『한국고대사의 새로운 이해』, 주류성 출판사, 2009.

신형식, 『삼국사기의 종합적 연구』, 景仁文化社, 2011.

윤훈표·임용한·김인호 외, 『경제육전과 육전체제의 성립』, 혜안, 2007.

李景植, 『韓國 古代·中世初期 土地制度史』, 서울대학교 출판부, 2005.

李基東, 『新羅骨品制社會와 花郎徒』, 一潮閣, 1984.

李基白, 『新羅政治社會史硏究』, 一潮閣, 1974.

李基白·李基東 共著, 『韓國史講座 Ⅰ-古代篇』, 一潮閣, 1982.

李明植, 『新羅政治史硏究』, 螢雪出版社, 1992.

李文基, 『新羅兵制史硏究』, 一潮閣, 1997.

이영호, 『신라 중대의 정치와 권력구조』, 지식산업사, 2014.

이인재, 『북원경과 남한강 불교문화』, 혜안, 2016.

李仁哲, 『新羅政治制度史硏究』, 一志社, 1993.

李鐘旭, 『新羅國家形成史硏究』, 一潮閣, 1982.

張晉藩 主編·한기종 외 4인 역, 『중국법제사』, 소나무, 2006.

장창은, 『신라 상고기 정치변동과 고구려 관계』, 신서원, 2008.
全德在, 『新羅六部體制研究』, 一潮閣, 1996.
정동준, 『동아시아 속의 백제 정치제도』, 일지사, 2013.
하일식, 『신라 집권 관료제 연구』, 혜안, 2006.
한국고대사학회, 『한국고대사 연구의 새 동향』, 서경문화사, 2007.
한국사연구회 편, 『새로운 한국사 길잡이 上』, 지식산업사, 2008.
황선영, 『나말여초 정치제도사 연구』, 국학자료원, 2002.

〈일문저서〉

木村誠, 『古代朝鮮の國家と社會』, 吉川弘文館, 2004.
井上秀雄, 『古代朝鮮』, 日本放送出版協會, 1972.
井上秀雄, 『新羅史基礎研究』, 東出判株式會社, 1974.

Ⅲ. 논문

〈국문논문〉

강종훈, 「신라 상대」, 『한국고대사 연구의 새 동향』, 서경문화사, 2007.
권영국, 「고려 초기 兵部의 기능과 지위」, 『史學研究』 88, 2007.
金光洙, 「高麗時代의 胥吏職」, 『韓國史研究』 4, 1969.
김기흥, 「한국고대사 연구 50년(1945-1995)」, 『韓國學報』 79, 1995.
김영심, 「6~7세기 삼국의 관료제 운영과 신분제」, 『韓國古代史研究』 54, 2009.
金瑛河, 「三國時代 王의 統治形態 研究」, 고려대학교 대학원 박사학위논문, 1988.
金瑛河, 「新羅 中古期의 政治過程試論」, 『泰東古典研究』 4, 1988.
金瑛河, 「新羅의 發展段階와 戰爭」, 『韓國古代史研究』 4, 1990.
김영하, 「古代史研究 半世紀의 궤적과 논리」, 『光復 50周年 國學의 成果』, 한국정신문화연구원, 1996.

金瑛河, 「新羅 上古期의 官等과 政治體制」, 『韓國史研究』 99·100合, 1997.

김영하, 「신라 중대의 전제왕권론과 지배체제」, 『한국 고대사 연구의 새 동향』, 주류성, 2007.

金容燮, 「土地制度의 史的推移」, 『韓國中世農業史研究』, 지식산업사, 2000.

金恩國, 「新羅道를 통해 본 渤海와 新羅 관계」, 『白山學報』 52, 1999.

김인호, 「여말선초 육전체제의 성립과 전개」, 『東方學志』 118, 2002.

김재홍, 「철제농기구와 우경」, 『한국역사입문 ①』, 풀빛, 1995.

김재홍, 「농경의 발전과 고대사회」, 『한국고대사연구의 새 동향』, 서경문화사, 2007.

김창석, 「한국 고대 市의 原形과 성격변화」, 『韓國史研究』 99·100, 1997.

김창석, 「관상의 기원과 관시체제」, 『삼국과 통일신라의 유통체계 연구』, 일조각, 2004.

金昌錫, 「新羅 왕경 내 市場의 위치와 운영」, 『한국문화』 75, 2016.

金昌錫, 「신라 중대의 國制 개혁과 律令 改修」, 『歷史學報』 238, 2018.

金哲埈, 「高句麗·新羅의 官階組織의 成立過程」, 『李丙燾華甲紀念論叢』, 一潮閣, 1956.

金哲埈, 「韓國古代國家發達史」, 『韓國文化史大系Ⅰ』, 高麗大 民族文化研究所, 1964.

金哲埈, 「統一新羅 支配體制의 再調整」, 『한국사 3』, 한길사, 1976.

金鐸敏, 「唐六典解題」, 『譯註唐六典 上』, 신서원, 2003.

金羲滿, 「新羅 "官等" 用語의 檢討」, 『慶州史學』 15, 1996.

金羲滿, 「新羅官等制研究」, 동국대학교 대학원 박사학위논문, 2000.

金羲滿, 「新羅의 王權과 官職制」, 『新羅文化』 22, 2003.

金羲滿, 「新羅의 衣冠制와 骨品制」, 『慶州史學』 27, 2008.

金羲滿, 「新羅의 官府와 官職制」, 『한국고대사연구의 현단계』, 주류성출판사, 2009(a).

金羲滿, 「新羅 官職體系의 樣相과 그 性格」, 『慶州史學』 29, 2009(b).

金羲滿, 「新羅 官名 '大舍'의 運用과 그 性格」, 『東國史學』 54, 2013.

盧瑾錫, 「新羅 中古期의 軍事組織과 指揮體系」, 『韓國古代史研究』 5, 1992.

盧鏞弼, 「新羅 中古期 中央政治組織에 대한 研究史的 檢討」, 『忠北史學』 3, 1990.

盧重國, 「法興王代의 國家體制强化」, 『統一期의 新羅社會研究』, 慶尙北道·東國大學校 新羅文化研究所, 1987.

노중국, 「三國의 官等制」, 『강좌 한국고대사 2』, 가락국사적개발연구원, 2003.

武田幸男, 「新羅六部와 그 展開」, 『民族史의 展開와 그 文化 上』, 창작과 비평사, 1990.

閔厚基, 「古代 中國에서의 爵制의 形成과 展開」, 연세대학교 대학원 박사학위논문, 2004.

閔厚基, 「郎官의 屬官化를 통해 본 漢代 官僚制度의 발달」, 『역사와 실학』 36, 2008.

朴南守, 「신라 「法光寺石塔記」와 御龍省의 願堂 운영」, 『한국고대사연구』 69, 2013.

박수정, 「『삼국사기』 잡지의 편찬과 직관지의 체제」, 『한국사학보』 41, 2010.

박수정, 「『三國史記』 職官志 研究」, 고려대학교 대학원 박사학위논문, 2016.

박수정, 「新羅 執事省의 성격과 위상에 대한 再論」, 『新羅史學報』 40, 2017.

朴龍雲, 「『고려사』 백관지의 특성과 역주」, 『高麗史』 百官志 譯註』, 신서원, 2009.

朴漢濟, 「胡漢體制의 展開와 그 性格」, 『講座中國史 Ⅱ』, 지식산업사, 1989.

方善柱, 「新唐書 新羅傳所載 長人記事에 對하여」, 『史叢』 8, 1963.

邊太燮, 「新羅 官等의 性格」, 『歷史敎育』 1, 1956.

서의식, 「신라 중위제의 추이와 지배신분층의 변화」, 『역사와 현실』 50, 2003.

서의식, 「新羅 重位制의 展開와 支配身分層의 變化」, 『新羅의 政治構造와 身分編制』, 혜안, 2010.

宣石悅, 「迎日冷水里新羅碑에 보이는 官等·官職問題」, 『韓國古代史研究』 3, 1990.

申瀅植, 「新羅兵部令考」, 『歷史學報』 61, 1974.

申瀅植, 「『三國史記』 志의 分析」, 『단국대학교 학술논총』 3, 1979.

申瀅植, 「韓國古代史研究의 成果와 推移」, 『現代 韓國歷史學의 動向』, 一潮閣, 1982.

申瀅植, 「新羅의 國家的 成長과 兵部令」, 『韓國古代史의 新研究』, 一潮閣,

1984.

여호규, 「중앙정치체제와 권력구조」, 『한국역사입문 ①』, 풀빛, 1995.

尹善泰, 「新羅의 寺院成典과 衿荷臣」, 『韓國史研究』 108, 2000.

尹善泰, 「新羅 中代의 成典寺院과 國家儀禮」, 『신라문화제학술발표논문집』 23, 2002.

尹薰杓, 「高麗末 改革政治와 六典體制의 導入」, 『學林』 27, 2006.

李基東, 「新羅 官等制度의 成立年代 問題와 赤城碑의 發見」, 『歷史學報』 78, 1978.

李基東, 「新羅 花郎徒의 社會學的 考察」, 『歷史學報』 82, 1979.

李基東, 「新羅 中代의 官僚制와 骨品制」, 『震檀學報』 50, 1980.

李基白, 「稟主考」, 『李相佰博士回甲紀念論叢』, 乙酉文化社, 1964(a).

李基白, 「新羅 執事部의 成立」, 『震檀學報』 25·26·27合併號, 1964(b).

李基白, 「韓國學研究 半世紀 - 古代史 - 」, 『震檀學報』 57, 1984.

李明植, 「新羅 統一期의 軍事組織」, 『韓國古代史研究』 1, 1988.

李文基, 「新羅時代의 兼職制」, 『大邱史學』 26, 1984.

李文基, 「新羅 上古期의 統治組織과 國家形成問題」, 『韓國 古代國家의 形成』, 民音社, 1990.

李文基, 「『三國史記』 雜志의 構成과 典據資料의 性格」, 『韓國古代史研究』 43, 2006.

李美子, 「『新唐書』 新羅傳·『太平廣記』 新羅條의 "長人國"기사에 관한 고찰」, 『白山學報』 92, 2003.

李成九, 「中國古代의 市의 觀念과 機能」, 『東洋史學研究』 36, 1991.

李泳鎬, 「新羅 中代 王室寺院의 官寺的 機能」, 『韓國史研究』 43, 1983.

李泳鎬, 「新羅 成典寺院의 成立」, 『新羅文化祭學術發表論文集』 14, 1993.

李泳鎬, 「統一新羅 政治史 研究의 現況과 方向」, 『白山學報』 52, 1999.

李佑成, 「高麗朝의 吏에 對하여」, 『歷史學報』 23, 1964.

李宇泰, 「韓國古代의 尺度」, 『泰東古典研究』 1, 1984.

李仁在, 「고려 초기 원주 지방의 역사와 문화」, 『韓國思想과 文化』 32, 2006.

이인재, 「나말여초의 사회변동과 후삼국」, 『한국중세사연구』 10, 2010.

이인재, 「고려시대 원주의 행정체계와 원주인의 동향」, 『북원경과 남한강 불교문화』, 혜안, 2016.

李仁哲, 「新羅 中央行政官府의 組織과 運營」, 『新羅政治制度史研究』, 一志社, 1993.

李載昌, 「佛敎鈔存·附註」, 『佛敎學報』 2, 1964.

이재환, 「新羅 眞骨 硏究」, 서울대학교 대학원 박사학위논문, 2015.

이재환, 「신라의 '골품제', 그간의 논의와 약간의 전망」, 『한국고대사연구』 87, 2017.

赤羽目 匡由 著·이유진 옮김, 「新羅東北境에서의 新羅와 渤海의 交涉에 대하여」, 『고구려발해연구』 31, 2008.

全德在, 「六部體制의 전개」, 『新羅六部體制研究』, 一潮閣, 1996.

전덕재, 「7세기 중반 관직에 대한 관등규정의 정비와 골품제의 확립」, 『한국고대의 신분제와 관등제』, 아카넷, 2000.

全德在, 「新羅 中央財政機構의 性格과 變遷」, 『新羅文化』 25, 2005.

全德在, 「王宮의 구조와 그 변화」, 『신라 왕경의 역사』, 새문사, 2006.

전덕재, 「신라 중대」, 『한국 고대사 연구의 새 동향』, 주류성, 2007.

田鳳德, 「新羅의 律令攷」, 『서울대학교논문집』 4, 1956.

鄭敬淑, 「新羅時代 將軍의 成立과 變遷」, 『韓國史研究』 48, 1985.

丁德氣, 「신라 중고기 중앙행정체계 연구」, 연세대학교 대학원 석사학위논문, 2009.

丁德氣, 「신라 중앙행정관직의 재검토 - 『삼국사기』 직관 上의 주요 6개 대표 관직을 중심으로 - 」, 『新羅史學報』 21, 2011.

정덕기, 「신라 중고기 公服制와 服色尊卑」, 『新羅史學報』 39, 2017(a).

정덕기, 「6세기 초 신라의 尊號改正論과 稱王」, 『歷史學報』 236, 2017(b).

鄭雲龍, 「신라 중대의 정치」, 『한국고대사입문 3』, 신서원, 2006.

정호섭, 「新羅의 國學과 學生祿邑」, 『史叢』 58, 2004.

조이옥, 「『新唐書』 新羅傳長人記事의 長人國 - 新羅의 靺鞨認識과 관련하여」, 『지역과 역사』 19, 2006.

朱甫暾, 「新羅 中古期 6停에 대한 몇 가지 問題」, 『新羅文化』 3·4, 1987.

朱甫暾, 「정치체제」, 『새로운 한국사 길잡이 上』, 지식산업사, 2008.

朱甫暾, 「신라 骨品制 연구의 새로운 傾向과 課題」, 『韓國古代史研究』 54, 2009.

蔡尙植, 「新羅統一期의 成典寺院의 구조와 기능」, 『釜大史學』 8, 1984.

崔貞煥, 「『高麗史』百官志의 體制와 構成」, 『『高麗史』百官志의 硏究』, 景仁文化社, 2006.

하일식, 「고려초기 지방사회의 주관(州官)과 관반(官班)」, 『역사와 현실』 34, 1999.

하일식, 「신분제와 관등제」, 『새로운 한국사 길잡이 上』, 지식산업사, 2008.

한정훈, 「6·7세기 新羅 交通機構의 정비와 그 성격」, 『역사와 경계』 58, 2006.

홍승우, 「『삼국사기』 직관지의 典據資料와 신라의 관제 정비 과정」, 『新羅文化』 45, 2015.

〈중문논문〉

兪鹿年 編著, 「歷代官制表析」, 『中國官制大辭典』, 黑龍江人民出版社, 1992.

〈일문논문〉

木村誠, 「6世紀新羅における骨品制の成立」, 『歷史學硏究』 428, 1976.

武田幸男, 「高麗時代の鄕職」, 『東洋學報』 47-2, 1964.

武田幸男, 「新羅の骨品體制社會」, 『歷史學硏究』 299, 1965.

浜田耕策, 「新羅の寺院成典と皇龍寺の歷史」, 『學習院大學文學部硏究年報』 28, 1982.

三池賢一, 「新羅內廷官制考 上」, 『朝鮮學報』 61, 1971.

李成市, 「新羅中代の國家佛敎と儒敎」, 『東洋史硏究』 42~43, 1983.

李成市, 「八世紀新羅·渤海關係の一視覺 -「新唐書」新羅伝長人記事の再檢討」, 『國學院雜誌』 92, 1991.

李成市, 「新羅王京の三市について」, 『古代東アジアの社會と文化』, 汲古書院, 2007.

井上秀雄, 「新羅政治體制の變遷過程」, 『古代史講座 4』, 學生社, 1962.

井上秀雄, 「三國史記にあらわれた新羅の中央行政官制について」, 『朝鮮學報』 51, 1969.

출 전

이 책은 학술지에 게재한 논문 중 5편을 토대로 쓴「新羅 上·中代 中央行政制度 硏究」(연세대학교 대학원 사학과 박사학위논문, 2019)를 내용·통계·문맥 등을 수정·보완해 단행본으로 구성하였다. 원 글의 서지를 아래에 밝힌다.

2장 | 이하 글 재수록
「신라 상고기 典의 운영과 재편」,『韓國古代史硏究』92, 韓國古代史學會,
    2018.
「6~7세기 신라 병부의 조직정비와 병마행정의 변화」,『한국고대사탐구』
    30, 韓國古代史探求學會, 2018 / 한국고대사탐구학회 편,『고대 군사사
    와 동아시아』, 景仁文化社, 2020.

3장 | 이하 글을 토대로 확장
「신라 중앙 행정관직의 재검토 -『三國史記』직관 上의 주요 6개 대표 관직
    을 중심으로 - 」,『新羅史學報』21, 新羅史學會, 2011.

4장 | 이하 글을 토대로 확장
「신라 中代 중앙행정관청의 계통과 등급」,『新羅史學報』44, 新羅史學會,
    2018.
「신라 중대 일반관청의 조직 구조와 原形」,『歷史學報』240, 歷史學會, 2018.

ㄱ

간접서술방식 142, 143, 144
監 130, 148, 150
監級 관청 222
監郎 195
監舍知 137, 148, 226
監臣 195
監典 37, 150, 163, 241, 244, 257, 268
開府權 89
卿 128, 129, 142
卿級 관청 222
京都事 38
京城周作典 56, 256
계량화 181, 196
계통 175, 209
高官 221
古官制 145
高官 조직 251, 256
골품제의 强制 20, 31
公服 111, 131
公服制定 41
官位 16, 113
관직 166

官廳 15, 113, 166
관청별 산술규모 210
관청의 격 141, 167
관호 정보 177
國事 38
國事의 專知 236
軍令權 45
軍事 76
軍政權 45, 87
금하신 127, 248
기본 조직 251

ㄴ

郎官의 제도화 262
郎이 관장하는 部(曹) 262, 268
郎中이 관장하는 司 265
內外兵馬事 75
弩 101
弩師 103
弩舍知 97
누각전 181, 234

物藏典　48

ㄷ

幢　156, 157
幢級 관청　222
唐·夷相雜　13, 261
당제 수용　170
대각간　138
大監　97, 148
大監系 卿　144, 147
大等系 卿　144, 147
大舍　131, 153, 156
大舍級 관청　222
大舍典　257, 268
大市　64
대일임전　183
大判官　233, 258
독서삼품과　160
東市　63
東市典　42, 62
두 개의 허리　39, 207, 208, 209
두 개의 허리 구조　39, 175, 207, 208,
　　　209, 260
두 번째 허리　228, 229, 260
等級　175, 209, 221

ㄹ

令　96, 127
令級 관청　222

ㅁ

物藏庫　48

ㅂ

변동 연대　178
변동 정원　178
병마 행정　76, 194
兵部　42
兵部令　43
部　91
部別 分司　183, 187, 189, 191
部·府　19, 25, 74, 108
部·府 사무　215, 248
분별 품목　135
分司統職　265
비교사적 방법론　39
非常位　135

ㅅ

史　96, 134, 155, 156
44관청　16
司書　158
史의 정원 비율　241
舍知　134, 153, 154
상고기 행정제도의 재편　33
상급 관인　221
상급 관청　235
上堂　128, 129, 142, 248
相當位　22
相當位체계　108
尙書令　139, 152
상서 6부　18

常位 135
서생 158, 159, 161
船府 99
船府署 99
成典 57, 147, 216
成典寺院 57
聖賢標位者 41
屬司 署 239, 241
水軍 98, 99
首都행정 25, 167, 225, 226, 227
丞 151, 152
市肆 65
시위부감 149
市典 63

ㅇ

아래에서 위로·소규모에서 대규모로
    37, 174, 244, 257
연락조직 250, 256
5등 직제 26
외래 요소의 참용 35
운영조직 251
員 219
原形 174, 241, 257
流內官 5등 직제 26
有司·所司 17, 32, 50, 51
육부 사무 215, 225
육부 사무 관계 관청 183, 212, 214,
    252
육부소감전 183, 184, 185
六部·六典體制의 수용 31
六典體制 19, 108
육전적 업무 분담 142

육전지향성 32, 170
율령 사무 관계 관청 233
夷·唐 相雜 36, 38, 41, 112, 229, 270
二元化된 조직 251
二重의 官僚制 構造 258
人 219, 220
1관직 - 복수관위제 22, 30, 108
일반관청의 기본 조직 240

ㅈ

將軍 81, 83, 87
장군직의 제도화 87, 91
掌內外兵馬事 45
赤位 131
典 47
전수조사 36
전읍서 183
전형적인 관료제 구조 172, 235
定員 166, 216
정원 구조 165, 204, 207
정원 단위 219
정원 정보 177
정원 통계 181
弟監 97, 148
弟判官 258
尊號改正 41
佐 130, 150, 151, 152, 233
佐官 151, 152
주요 6관직 30, 39, 112, 137, 161
주요 6관직 체계 135, 137
主典官 259
중간결재 259
중대의 사지일괄신설 170, 173

중대 중앙행정제도 169
중시 140
중앙행정제도 13, 31
중요 기준시점 23, 168, 178
직접서술방식 142, 143

ㅊ

天下행정 225, 226, 227
天下化 14
첫 번째 허리 39, 229, 257, 260
초치 연대 177
초치 정원 177
축성 85

ㅌ

태대각간 138

通判官 259

ㅍ

判官 151, 247, 249, 258
표본조사 36
標位 41
피라미드 구조 39, 167, 207, 208, 209, 258

ㅎ

下官 221
하관 조직 251
하급 관인 221
하급 관청 239
행정권의 독점 236
행정적 효율성 193, 209, 224, 259, 260

정 덕 기 丁德氣

연세대학교 역사문화학과를 졸업하고, 동 대학원 사학과에서 문학석사, 문학박사 학위를 받았다.
육군3사관학교 군사사학과 조교수(일반)를 거쳐, 연세대학교 역사문화학과, 국립한국교통대학교
교양학부 등에서 강의하였다. 현재 서울대학교 기초교육원, 육군사관학교 군사사학과 강사로
재직 중이며, 신라의 제도·예제·군사·관복(복식) 등을 공부하고 있다.

편저 : 『식민지 조선의 근대학문과 조선학 연구』(선인), 『고대 군사사와 동아시아』(경인문화사)
주요 논문 : 「신라 중앙행정관직의 재검토 - 『삼국사기』 직관 上의 주요 6개 대표관직을 중심으로 - 」,
「爲堂 鄭寅普의 實學인식과 학문주체론 - 「陽明學演論」을 중심으로 - 」, 「신라 중고기 公服制와 服色
尊卑」, 「6세기 초 신라의 尊號改正論과 稱王」, 「6~7세기 신라 병부의 조직정비와 병마행정의 변화」,
「신라 중대 일반관청의 조직 구조와 原形」, 「통일신라 연령등급제의 연령과 속성」, 「신라 중고기
병부의 人事權 掌握과 그 영향」, 「신라 上代 朝服의 구성 품목 검토」, 「신라 上古期 대외 방어
전략의 변화와 于山國 征伐」 등.

신라 상·중대 중앙행정제도 발달사

정 덕 기 지음

초판 1쇄 발행 2021년 10월 5일

펴낸이 오일주
펴낸곳 도서출판 혜안

등록번호 제22-471호
등록일자 1993년 7월 30일

주 소 ⊕ 04052 서울시 마포구 와우산로 35길 3(서교동) 102호
전 화 3141-3711~2
팩 스 3141-3710
이메일 hyeanpub@hanmail.net

ISBN 978-89-8494-667-5 93910

값 28,000원